钩沉历史资料

荟萃传统英华

载道启智化人

续写锦绣未来

《菏泽历史文化丛书》之十四

兵　家　孙　膑

荣海生　陈惠民　编著

图书在版编目（CIP）数据

兵家孙膑 / 荣海生，陈惠民编著 . -- 北京：中国文史出版社，2024.4

（菏泽历史文化丛书 / 韩广洁主编 . 第三辑）

ISBN 978-7-5205-4657-7

Ⅰ . ①兵… Ⅱ . ①荣… ②陈… Ⅲ . ①孙膑—人物研究 Ⅳ . ① K825.2

中国国家版本馆 CIP 数据核字（2024）第 080900 号

责任编辑：胡福星

出版发行：中国文史出版社
社　　址：北京市海淀区西八里庄路 69 号　邮编：100142
电　　话：010-81136606　81136602　81136642（发行部）
传　　真：010-81136655
印　　装：菏泽英华彩印有限公司
经　　销：全国新华书店
开　　本：787 × 1092　1/16
印　　张：21.25
字　　数：290 千字
版　　次：2024 年 12 月北京第 1 版
印　　次：2024 年 12 月北京第 1 次印刷
定　　价：1080.00 元（全 6 册）

《菏泽历史文化丛书》编委会

《菏泽历史文化丛书》编纂部

孙氏祠堂

孙膑纪念馆大门

碑　林

孙膑殿

牧牛（蜡像）

同师学艺（蜡像）

受刑（蜡像）

归故授业（蜡像）

戏曲（剧照）

公元前 353 年，魏将庞涓率军攻打赵国邯郸，赵王向齐国求救。齐以田忌为将、孙膑为军师出兵救赵。孙膑采用围魏救赵之策，在桂陵设伏、大败魏军，俘获庞涓。桂陵即今菏泽牡丹园一带。桂陵之战址确认后，菏泽社科联争取经费，建立了桂陵之战遗址纪念碑亭。

临沂汉墓竹简博物馆

《孙膑兵法》读本

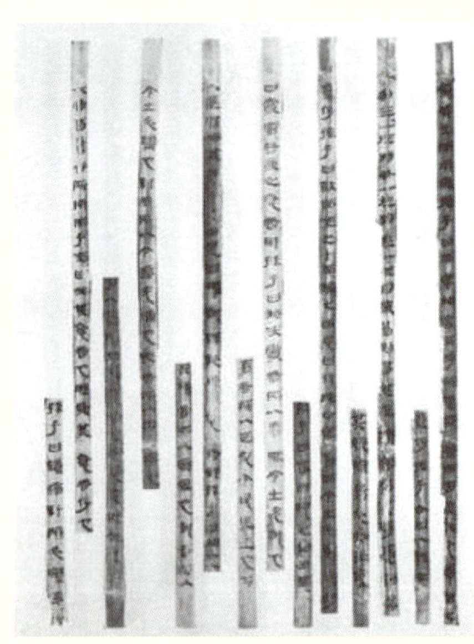

出土的竹简

传影

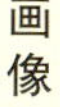

孙氏家谱

孙膑旅游城兵圣门

亿城寺

孙膑旅游城鸟瞰

孙膑墓

碑　林

孙膑纪念馆

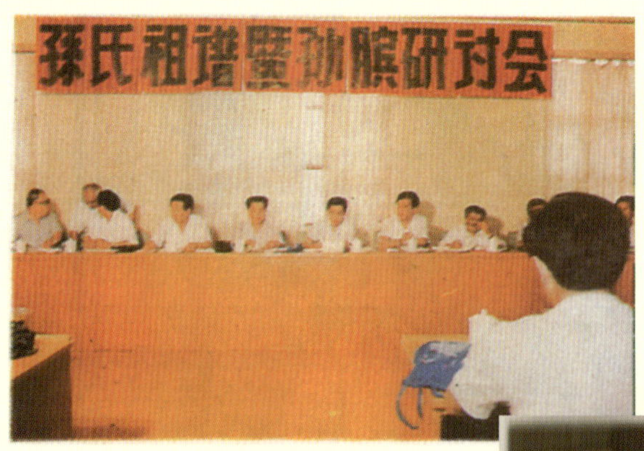

孙膑故里研讨会现场

专家查看资料

桂陵之战故址论证会现场

现场考察

目　录

序…………………………………………………………张　伦　李春英 1

引　言……………………………………………………………………韩广洁 1

前　言……………………………………………………………………荣海生 1

第一章　传奇人生……………………………………………………………1

第一节　膑脚于魏 ……………………………………………………2

一、出身世家 ……………………………………………………2

二、交友被骗 ……………………………………………………6

三、忍辱求生 ……………………………………………………14

第二节　建功立业 ……………………………………………………16

一、田忌赛马 ……………………………………………………16

二、桂陵之战 ……………………………………………………18

三、马陵之战 ……………………………………………………22

四、兵法修列 ……………………………………………………27

第二章　后世影响……………………………………………………………29

第一节　传说故事 ……………………………………………………29

第二节　诗歌 ……………………………………………………33

第三节　戏剧、影视作品 ……………………………………………45

一、戏曲 …… 45

二、影视作品 …… 49

第四节　小说、连环画 …… 53

第五节　新闻报道 …… 56

一、报刊报道 …… 57

二、电视台新闻报道 …… 69

第六节　孙膑故里题词 …… 71

第七节　孙膑拳 …… 77

第三章　《孙膑兵法》理论研究 …… 79

第一节　《孙膑兵法》概述 …… 79

一、《孙膑兵法》形成背景及传播 …… 79

二、《孙膑兵法》要义 …… 80

三、《孙膑兵法》序 …… 86

四、浅析《孙膑兵法》 …… 92

五、从“桂陵之战”和“马陵之战”看孙膑的军事思想 …… 98

第二节　对《孙子兵法》的继承和发展 …… 101

一、孙子序 …… 101

二、孙氏武、膑《兵法》概论 …… 102

三、论《孙膑兵法》与《孙子兵法》的师承关系 …… 113

四、孙武、孙膑战争观之比较 …… 123

第四章　故里考证 …… 131

第一节　孙膑故里佐证 …… 131

一、孙氏家祠序 …… 131

二、孙氏族谱序 ……131
三、孙膑传影 ……134
第二节 全国孙膑故里研讨会材料 ……135
一、研讨会会议纪要 ……135
二、专家观点选编 ……138
三、论文选编 ……145
第三节 孙膑故里别论 ……174
一、孙膑故里郓城说 ……174
二、孙膑故里阳谷说 ……190
第五章 孙膑故里及战争地之争 ……199
第一节 古籍记载 ……199
第二节 桂陵之战遗址 ……203
一、桂陵之战菏泽说 ……203
二、桂陵之战长垣说 ……234
第三节 马陵之战遗址 ……244
一、马陵之战郯城说 ……248
二、马陵之战莘县说 ……256
第六章 文化遗存遗址 ……270
第一节 功不可没的银雀山汉墓 ……270
一、汉墓竹简现世 ……270
二、内容丰富的汉墓竹简 ……271
第二节 风景览胜 ……276
一、孙膑故里 ……276

二、桂陵之战战址 …………………………………………………………282

三、马陵之战战址 …………………………………………………………283

第七章　简文《孙膑兵法》…………………………………………………288

第一节　上编 ………………………………………………………………288

第二节　下编 ………………………………………………………………301

序

历史是城市的记忆，文化是城市的灵魂。菏泽市中华文化促进会策划并组织编纂的《菏泽历史文化丛书》全部付梓，标志着这项历时十一年、填补菏泽文化通史空白的宏大工程圆满收官。这是菏泽文化强市建设的一件盛世喜事，对于挖掘、传承和弘扬菏泽优秀历史文化具有重要意义。

菏泽历史悠久、人文厚重，传说乃伏羲之桑梓、尧舜之故里，先为商汤之京畿，继属曹国之疆土，是中华文明的重要发祥地之一。翻阅历史长卷，步入文化长廊，这片古老美丽的土地孕育了绵延千年的灿烂文化，滋养了灿若星河的名人巨匠，曾数度成为中原地区重要的政治、经济、文化中心。远古至夏商时期，传说中的“三皇五帝”在此留下足迹，伏羲授渔猎、造八卦，帝尧制历法、兴禅让，虞舜耕历山、陶河滨，带领先民族群繁衍生息，开启华夏文明之源。西周至战国时期，菏泽人文荟萃、百家争鸣，齐鲁、荆楚、吴越、中原文化在此交汇融合，涌现出一批著名的思想家、文学家、军事家，被《史记》誉为“天下之中”。秦之后的两千多年封建社会时期，菏泽虽饱经沧桑、几经沉浮，但深厚的历史文脉赓续不辍，孕育了象征繁荣昌盛、幸福和平的牡丹文化，蕴含忠孝仁义、重信守诺的水浒文化，体现风俗人情、先民智慧的非遗文化，奠定了菏泽“一都四乡”的文化根基。近现代，作为冀鲁豫边区的首府，这里发生过彪炳史册的红三村保卫战，见证了刘邓大军强渡黄河的战略转折，更诞生了数不尽的仁人志士，用满腔热血和赤胆忠心浇灌出生生不息的“菏泽红”。

习近平总书记指出，修史立典，存史启智，以文化人，这是中华民族延续几千年的一个传统。《菏泽历史文化丛书》坚持以史为据、依史寻源，集中展现了菏泽历史概貌和文化辉煌时期，系统介绍了菏泽的贤哲志士、民俗风物、非遗艺文、战争史话和“一都四乡”等内容。这套丛书共十四卷十六册800余万字，文风朴实、秉笔直书，采撷英华、荟萃众美，钩沉历史、通贯古今，是一部全面反映菏泽历史文化的资料性文献。细细品读，定会深切感受到菏泽历史文化的厚重与璀璨、曹州大地的苍茫与崇高、先贤圣哲的智勇和才情、风土人文的深邃与隽美……历史是最好的教科书，只有铭记历史，才能深刻了解过去、全面把握现在、正确创造未来。我们要以高度的文化自信，深入挖掘菏泽历史文化，坚持创造性转化、创新性发展，古为今用、推陈出新，让历史文脉融入现代生活，让文化基因代代相传。

回眸来时路，菏泽市委、市政府始终牢记习近平总书记“后来居上”的殷切嘱托，全面贯彻落实党中央决策部署和省委工作要求，坚定不移推动高质量发展，经济总量、财政收入分别突破4000亿元、300亿元大关，均跃居全省第8位，实现了由“全省垫底”到“跻身中游”的历史性跨越。展望前行路，菏泽已站在新的历史起点上，全市广大党员干部群众要坚持以习近平新时代中国特色社会主义思想为指引，用好《菏泽历史文化丛书》，学史明理、以文铸魂，从历史经验中获得启迪，从文化传承中凝聚力量，从先贤实践中汲取智慧，全力加快突破菏泽、后来居上步伐，奋力谱写无愧于先贤、无愧于时代、无愧于后世的辉煌新篇！

是为序。

中共菏泽市委书记 张伦

菏泽市人民政府市长 李春英

二〇二三年十二月

引　言

菏泽市中华文化促进会策划并组织编纂《菏泽历史文化丛书》，始于2013年。菏泽市委、市政府对这套丛书的编纂高度重视，给予了有力支持。本市十几名专家、学者在编纂中付出了辛苦劳动和不懈努力。现在，这套丛书已陆续付梓。该丛书是菏泽历史文化的百科全书，堪为菏泽文化建设的一项重要工程。

菏泽历史悠久，文化底蕴丰厚。

远古至夏商时期，菏泽为中华民族的重要发祥地之一。历史文献、远古遗存显示，这里是华族、夏族和东夷族群社会与文化的交融之地，各部族首领和远古先贤们或诞生于此，或创业于此，开启了广阔深厚的远古文明。

两周时期，这里河网纵横，交通便利，人口繁盛，经济发达，为齐鲁文化、荆楚文化和吴越文化的交汇之地，被称为“天下之中”，曾孕育了影响深远的兵家文化、道家文化和儒商文化。

秦代之后的两千多年封建社会中，菏泽虽饱受黄河水患和战争离乱之祸，几经兴衰变迁，但深厚的文化传统仍脉延长续，历代名家贤达辈出，文化成就彰明昭著。

至近现代，菏泽作为民主思想的较早传播地和一方革命老区，民主运动和武装斗争风起云涌，薪火相传，以鲁西南战役为代表的革命战争文化永载史册。

在漫长的历史发展进程中，菏泽还孕育了灿烂的文化艺术，以牡丹、戏曲、书画、武术、民间艺术为主的特色文化，以诗歌、文赋、风物、民俗为基础的地域文化等，在中华民族的艺术百花园中大放异彩、耀眼夺目。

以上表明，菏泽在齐鲁和华夏文明的史册中，书写了一页页光辉灿烂、源远流长的历史篇章。

基于以上人文背景，我们经过广泛征集和挖掘资料、史料，精心打造了这套《菏泽历史文化丛书》，使之为继承弘扬中华民族的优秀传统文化，为建设美好、文明、富裕的菏泽服务。

《菏泽历史文化丛书》，是奉献给菏泽人民的精神食粮。这套丛书计14卷16册，分三辑先后编纂出版。丛书涵盖的主要内容为：菏泽史上四大文化辉煌时期、菏泽非物质文化遗产、菏泽历史名人、菏泽历代科举登科录、菏泽“一都（牡丹之都）四乡（戏曲书画武术等）”、菏泽水浒文化、菏泽艺文、菏泽风物、菏泽民俗和商周时期的菏泽杰出人物伊尹、范蠡、庄子、孙膑等。这套丛书的最大特点，一是时间跨度长，从远古至近现代，悠悠五千余年；二是史实涵盖面广，既包括古今重大文化活动、历史事件和名人志士，又包括个性鲜明的地方特色文化，充分展示了菏泽悠久的历史和丰厚的文化底蕴。《菏泽历史文化丛书》宏富博大，出版这套丛书具有重要的现实意义和深远的历史意义。

首先，丛书给人们提供了一份宝贵的文化遗产和精美的爱国主义教材。丛书从纵向和横向多层面、多角度，比较系统完整地记述了菏泽的历史、文化。横观世事知风雨，纵览史实知兴衰。丛书对于我们进一步了解菏泽，以史为鉴，增强自豪感，树立民族自尊心，陶冶热爱家乡、建设家乡的志向和情操，无疑是十分有益的。丛书各卷中许多史料、图片鲜为人知，是经过广泛走访民间，接触各种线索，查阅多种典籍，或与大专院校、研究机构的专家学者交谈、切磋而获得的。书中相当多的史实、成果是挖掘抢救出来的，弥足珍贵。若不是经过这次大规模收集整理和撰写，丢失难以避免，会留下无尽遗憾和不可挽回的损失。可以说，此套丛书的出版，在菏泽历史文化传承中作用极大。随着时间的推移和岁月的流逝，丛书的价值和重要性将会更加凸显。

其次，丛书有助于提高菏泽人民的人文素质、文化品位，因而对菏泽的文化、社会、经济发展都是十分有益的。文化是灵魂，文化是打开人们心扉、打开社会封闭之门的钥匙。这套丛书会让人们增长历史知识和历史智慧，明确文化与社会、经济的互动作用，自觉加快文化建设的步伐；随着文化品位的提升，文化翅膀将会使菏泽飞得更高、更远，让外部世界更多、更快地了解菏泽、认识菏泽，进而助推菏泽的突破、跨越。

对《菏泽历史文化丛书》的编纂，市有关部门和袁焕勇、冯林、陈一东等同志给予了鼎力相助，我们表示衷心的感谢。

历史是凝固的现实，现实是流动的历史，文化则是历史和现实的折射与升华。菏泽的历史文化、特色文化、革命文化底蕴丰厚、博大精深。在本书编写过程中，我们力求实现科学性、知识性与趣味性的统一，尽量做到图文并茂、雅俗共赏。但是，由于年代久远、资料欠缺，加之我们学识所限，在事件和人物选录、内容取舍、文字表述、图片配置，甚至史实等方面，都可能产生错讹或不妥之处，恳请社会各界有识之士批评指正。

菏泽市中华文化促进会主席　**韩广洁**

二〇二三年十二月

前　言

1972年，临沂银雀山汉墓出土的《孙子兵法》和《孙膑兵法》竹简，证实了《史记》所记载孙膑指挥桂陵之战、马陵之战及其兵法传世可靠无误。

司马迁《史记·孙子吴起列传》云:“孙武既死，后百余岁有孙膑。膑生阿、鄄之间，膑亦孙武之后世子孙也。”孙膑曾“与庞涓俱学兵法”。庞涓自认为“能不及孙膑”，便把孙膑骗至魏国，设计迫害。孙膑佯装疯癫，才得以脱身逃离。在齐国，孙膑得到齐威王的重用。庞涓领兵进攻邯郸，孙膑采取批亢捣虚之计，围魏救赵，于桂陵设伏，大破魏军。后来，孙膑又用减灶诱敌之计，于马陵道围困魏军，迫使庞涓自杀。孙膑以此名扬天下。

《孙膑兵法》继承和发展了孙武、吴起等前人的军事思想，总结了战国中期的战争经验，具有鲜明的时代特征，是我国历史上一部重要的军事名著。银雀山汉墓竹简一经面世，史学界对《孙膑兵法》体例、内容、军事思想与《孙子兵法》的关系及其家世等的研究，迅速形成热潮。在山东相继召开了几次有影响的学术会议，如在临沂召开的国际《孙子兵法》学术研讨会、在菏泽召开的桂陵之战战址研讨会、在鄄城召开的《孙氏族谱》及孙膑研讨会等，形成了一大批高水平的史学专著、论文成果。政府对于孙膑故里、孙膑庞涓作战地等的开发也高度重视，在临沂规划建设了汉墓竹简博物馆，在菏泽规划建设了桂陵之战遗址纪念碑亭，在鄄城规划建设了孙膑旅游城，在郯城规划建设了马陵山风景区等。不可否认，关于孙膑的史料较为简略，致使出现了孙膑出生地、桂陵之战址、马陵之战址的争议。甚至《孙膑兵法》哪些简文为孙膑所写、哪些非孙膑所写也有不同观点。为让读者对此有个更深入的了解，本书辑录了部分有代表性的争议观点，希望能给大家带来一些启示。

2021 年，菏泽市中华文化促进会韩广洁主席邀我梳理一下近些年孙膑研究的成果，把孙膑作为“菏泽历史文化丛书”的一个重要组成部分。我从 1992 年参与全国孙膑研讨会材料整理开始，从事文史工作 30 余年，近日查阅了一些近年来的研究资料，感觉确有必要把围绕孙膑形成的重要理论研究成果、进行的文化推广，特别是关于孙膑故里、桂陵之战战址、马陵之战战址的争议，简单明了地展示给大家，便欣然应允。我邀请菏泽医专的青年才俊王昀、宋鑫两位教师，加入课题团队，王、宋二人在收集资料、文稿校对等方面，做了大量工作。在本书的编写过程中，参考并引用了部分著作及网络资料的观点，摘录了部分论文，采用了一些珍贵的照片，这些都凝聚了原创者的劳动和智慧，在此一并表示感谢！

由于本人水平有限，书中不妥之处，恳请有关专家和广大读者批评。

荣海生

二〇二三年七月

第一章　传奇人生

春秋后期，随生产力水平大幅提高，各诸侯国的经济快速发展，政治形势也发生了相应的变化。弭兵运动的推广，使诸侯国内部卿大夫的势力慢慢发展起来，著名的如鲁国的三桓、郑国的七穆、晋国的六卿、齐国的田氏，他们控制和瓜分公室，并互相争斗，扩充领地。晋国的六卿争斗到最后，剩下韩、魏、赵三家。公元前 403 年，周威烈王正式承认三家为诸侯。周安王十一年（前 391），田民废黜了齐康公，自立为国君，也得到周王的承认。韩、魏、赵和田氏的胜利，宣布了强者生存、弱者淘汰的残酷政治法则。于是，以魏国的李悝改革为起点，各国争相进行以富国强兵为目标的变法运动，最终形成了七个有实力的大国。西汉末年刘向编著的《战国策》，记载的是春秋之后七国争雄时期发生的事情，人们将这一段历史称为战国时期。这个时期战争频繁。据统计，战国二百五十五年中，有大小战争二百三十次。战争打起来，双方动辄出动几万人至几十万人。同时期，在军事、政治、外交各方面的斗争也日趋激烈。在此情形下，形成了像《司马法》《孙子兵法》《吴起兵法》《孙膑兵法》等经世致用的兵家学说，涌现出了大批的兵家。其中，孙膑就是兵家的代表人物之一。

孙膑，战国时期我国杰出的军事家。他指挥“桂陵之战”“马陵之战”大败魏军而名扬天下，成为世界军事史上以少胜多的典范。孙膑晚年著有《孙膑兵法》。此书继承和发展了孙武的军事思想和战略战术，被誉为“兵学圣典”，在中国乃至世界军事史上都占有重要位置。

孙膑生于何时、何处？何以能形成传世兵书？史书上记载极少。

长期以来，由于《孙膑兵法》亡佚，在学术界即形成了孙膑即孙武的假说。梁启超在《中国历史研究法》中提出《孙子兵法》："若指为孙膑作，亦可谓之真。"此后，日本学者斋藤拙堂提出孙武与孙膑实为一人，武其名，膑其号，"十三篇"作者即为孙膑。这一说法，渐为世人所接受。1972 年 4 月，临沂银雀山发掘汉墓，出土竹简 4942 枚，其中有《孙子兵法》200 余枚，2400 余字，又有《孙膑兵法》400 余枚，11000 余字。这批出土文物证明孙武和孙膑是两个人，并各有兵法传世，与《史记》《汉书》记述的情况完全相符。

据《史记》记载："孙武既死，后百余岁有孙膑。膑生阿、鄄之间，膑亦孙武之后世子孙也。孙膑尝与庞涓俱学兵法……"孙膑用"批亢捣虚"的策略，成功地实现了"围魏救赵"；他采取"减灶诱敌，设伏歼灭"的战术，大败魏军于马陵，"孙膑以此名扬天下，世传其兵法"。

第一节　膑脚于魏

一、出身世家

孙膑受孙武的影响很大，《孙膑兵法》也传承于《孙子兵法》。

孙膑是孙武的后裔，其生死年份不详。《新唐书·宰相世系表》记载："齐田完，字敬忠，四世孙桓子无宇，无宇二子：恒、书。书字子占，齐大夫，伐莒有功，景公赐姓孙氏，食采于乐安，生凭，字起宗，齐卿。凭生武，字长卿，以田、鲍四族谋为乱，奔吴，为将军，三子，驰、明、敌……明生膑"，"孙武既死，后百余岁有孙膑……膑亦孙武之后世子孙也"。孙膑辅佐齐威王，建功立业。再据公元前 347 年秋，孟子曾带着门徒到齐国，受到了齐威王的欢迎，史学界认为：孙武与孔子是同时代的人，二人生活在春秋末年。孟轲受教于孔子的三世孙子思，这样，孙膑应该不是孙武的孙子，而其辈分应该更低。大约生于公元前 380 年，卒于公元前 320 年左右。

从姓氏起源来考究，孙膑的先祖是妫姓，即妫满，因功被周天子册封为陈国国君。后来由于陈国内部发生政变，公子妫完便携家带口，逃到齐国，投奔齐桓公。《左传·庄公二十二年》记载：陈厉公的儿子妫完（敬仲）年幼的时候，成周的太史去拜见陈厉公。陈厉公请他用《周易》为敬仲占卜，占的结果是《观》卦六四爻动，变成《否》卦。《观》卦为本卦，《否》卦为之卦。《观》卦卦象是地（坤）上有风（巽），意指观察学习，寻找机会。《否》卦卦象是天（乾）上地（坤）下，上下不交合。本卦和之卦的内卦均是土（坤），《观》卦外卦是风（巽），《否》卦外卦是天（乾）。《观》卦六四爻为动爻，外卦由风（巽）变为天（乾），就成了《否》卦。根据《易经》的传统说法，一爻变以本卦动爻爻辞为断辞。《观》卦六四爻的爻辞是“观国之光，利用宾于王”。周太史据此认为：“敬仲将要享有国家！但不在陈国这里，而在别国；不在敬仲这个人身上，而是在他的子孙。因为‘光’是从另外的地方照过来的，所以说‘出使他国观光’。庭中陈列的礼物很多，另有进奉的束帛玉璧，天上地下美好的东西都具备了，所以说‘利于作君王的上宾’。还有众人围观，所以说他的昌盛不在其本人，而在于他的后代子孙！风起于天际而行于土上，这就是山。有了山上的物产，又有天光照射，就能居于土地上，风行最后落在地上，所以说他的昌盛也不在本国而在别的国家！如果在别国，必定是姜姓之国。姜是太岳的后代。山岳高大可以与天相配。但事物不可能两者一样大，陈国衰亡，姜姓国兴起，这个家族才能昌盛！”历史上，陈国第一次被占领时，敬仲的后人陈桓子在齐国拥有了强大的势力；后来陈国被楚国灭亡，他的后人陈成子就夺取了齐国的君位。这就是历史上著名的事件——田齐代姜。为了说明这次预测的准确，《左传》同时还记载：懿氏要把女儿嫁给妫完，他的妻子为女儿占卜未来和吉凶。不知道用的什么方法，结果是“吉”。卦辞是：“凤凰相伴飞翔，唱和的声音嘹亮。妫氏的后代，养育于齐姜。第五代就要昌盛，官位和正卿一样。第八代以后，没有人可以和他争强。”

齐桓公听说陈公子妫完非常有本事，就想任命他为上大夫。妫完辞谢。最后，他被齐桓公委任为负责管理百工之事的工正。妫完在齐国定居以后，改妫姓为田，因此又称田完，大约过了一百年后，田完四世孙桓，生儿子无宇，无宇生了两个儿子，一名恒，一名书。自此以后，田氏家族渐渐人丁兴旺，地位也日益显赫，不少人身居卿大夫等要职。其中，田书文韬武略，出类拔萃，领兵出战每仗必胜，做了齐国大夫。他领兵征伐莒国，大获全胜，深受齐景公器重。齐景公把乐安封给他作为采邑，并赐姓孙氏。因此，田书又称孙书。孙书的儿子凭，做到齐卿，地位已非常显赫。凭生有一子，名武，字长卿。孙武通过家传和专研，精通韬略，有鬼神不测之机，天地包藏之妙。他密切关注时势变化，总结前人兵法，精心写下了兵法十三篇，期待有朝一日施展抱负，一飞冲天。此时，强盛的齐国内部已危机四伏，开始出现重重矛盾。

齐景公初年，左相庆封灭掉了右相崔杼。接着田、鲍、栾、高等四大家族又联合起来，赶走了庆封。此后，齐国公室同四大家族矛盾，四大家族相互之间争权夺利的斗争，愈演愈烈。孙武对这种内部斗争极其反感，不愿纠缠其中，萌发了远奔他乡、另谋出路去施展自已才能的念头。当时南方的吴国自寿梦称王以来，联晋伐楚，国势强盛，大有新兴气象。孙武认定吴国是他理想的施展才能和实现抱负的地方。大约在齐景公三十一年（前 517），正值青春年华的孙武，毅然离开乐安，告别齐国，长途跋涉，来到了吴国。在吴国，孙武得到吴国大臣伍子胥的推荐。孙武拜见吴王阖闾，将其所写兵法十三篇献给吴王。阖闾逐篇仔细阅览，不觉大喜，心中暗想：观此兵法，此人真乃不世奇才。他有心拜孙武为将军。但是吴王阖闾深知兵法毕竟是刻写在竹简上的，与带兵打仗、攻城略地大有不同。于是问孙武："孙先生，你写的兵法论述精妙，堪称瑰宝，但不知先生能不能带兵打仗，冲锋陷阵呢？"孙武回答："大王尽管放心，有此兵法，不光是男人大丈夫，就是女人我也能带她去行军打仗、冲锋陷阵。"阖闾一听大笑："先生莫不是在说笑话，自古哪有女人们打仗的？"孙武便说："大王如果不信，可让宫女们先来试一试。”阖闾便命人挑选一百八十名宫女供孙武调遣。孙武严肃地将军纪向宫女们进行了讲述，并将她们分为两队，阖闾最宠爱的两个妃子分别做队长。这两个妃子穿上军装、手持长矛，还以为是玩游戏，嘻嘻哈哈，不听号令。宫女们一看队长这样子，全都乱了套，有操练的，有跑的，有坐着的。孙武让她们停下来，进行了警告，再次强调了军纪。接着训练，宫女们仍然大笑不止，孙武这下火了。他问执法官：“军士不听号令，该当何罪？”执法官忙跪下说：“按军法应当斩首。”孙武便命令将两名队长绑了。阖闾一看两个妃子被武士绑了，忙传令过去：“我已知孙先生善于用兵的才能了，放了这两个人吧。”孙武说：“我既然奉大王之命指挥练兵，理当有令必行、有禁必止，不然何以能攻城略地，战无不胜呢？”即刻令武士将两个妃子砍了。这下可吓坏了其他宫女，操练起来再也不敢嘻嘻哈哈地打闹了，阵容整齐，态度认真。阖闾尽管有丧失爱姬之痛，可打心里佩服孙武。吴王阖闾于是就拜孙武为大将军，把兵权交给了他。

孙武和伍子胥一起，帮助吴王阖闾的儿子夫差打败了楚国、齐国，臣服了越国，成就了霸业。虽然孙武助吴国称霸，但夫差在称霸后却陷入了越国精心设计的美人计中，杀死帮助自己即位的老臣伍子胥。孙武于是退隐江湖，并以其战争经验完善了传世巨著——《孙子兵法》；还有一种说法，孙武在伍子胥被杀后不久，亦被吴王夫差处死。

据鄄城县孙老家村孙膑后裔保存的《孙氏族谱》的记载和民间传说，孙武之后，孙家家业颓败，到孙武的孙子孙操时，已经是无固定安居之所了。孙操虽然也曾习文练武，但却没有什么成就，倒成了个有名的铁匠，能打造刀枪剑戟等各种兵器。孙操夫妻俩以打铁为生业，领着三个儿子到处流浪。这年，他们流浪到鄄邑，在冷家庄住下来。冷家庄原有冷、葛两姓，这一下就成了冷、葛、孙三姓了。多年以后，冷、葛两姓人家衰败，孙氏家族渐渐兴旺起来，再加上黄河的不断泛滥，冷家的人走的走、逃的逃，人口所剩不多，冷家庄就改名为孙庄，后世人称孙老家。

《孙子兵法》的传承是由孙操的儿子孙膑完成的。《史记·太史公自序》中写道："孙子膑脚而论兵法。"这个膑了脚的"齐孙子"就是孙膑。

当时强国争雄，战乱纷起，田园荒芜，民不聊生。怎样才能保全自己？要么隐居山林，要么主动加入斗争的队伍。没有别的办法。

孙膑的家乡鄄邑，是齐国的西边陲，地理位置非常重要，是兵家必争要地。诸侯国之间在这里征伐不断，百姓深受战乱之苦。

英雄起于乱世。在这乱世出英雄的年代，孙膑非常想外出寻访名师，闯荡一番。于是，辞别家人，外出拜师学艺去了。

二、交友被骗

孙膑在外出学艺时，结识了庞涓，并结拜为生死弟兄。关于庞涓残害孙膑，历史上有很多不同的细节，现根据《孙膑研究》一书，叙述如下。

河南有一座云梦山，又名鬼谷山，是鬼怪聚居之地。当时人们传说：山中有一得道真人，人称鬼谷子，姓王名诩（又名王禅），卫国朝歌人。鬼谷子学问渊博，精通数学，日星象纬，占往察来，尽在掌中；精通哲理，广记多闻，明理审势，出词吐辩，万口莫当；精通处世，修身养性，服食导引，祛病延年；精通兵学，六韬三略，变化无常，布阵行兵，鬼神莫测。鬼谷子淡泊名利，平生所重养怡天年。他常年隐居山里采药、修道、授徒，自得其乐。孙膑和庞涓二人经过一番周折，叩见了鬼谷子，一同拜师开始学取本领。

鬼谷子按照孙膑和庞涓各自的优长，让孙膑侧重学谋略而兼战法；让庞涓主学战法而兼学谋略。孙膑和庞涓跟随鬼谷子间隔着一天学习兵法，一天练习武艺，一天种田打柴。鬼谷先生授徒教习认真严谨，不许偷懒迟到，更不许弄假耍滑。由于二人所学侧重不同，后来鬼谷先生让二人轮班学习和干活，对他们二人分开教授。庞涓每次种田、打柴回来，都让孙膑把一天所学悉数告诉自己。而轮到孙膑干活回来，他又总以先生昨天已教过孙膑或没有教授新内容来搪塞，隐瞒欺哄，不肯透露给孙膑鬼谷先生所传。孙膑虽然察觉，并不介意。这一切，鬼谷子都非常清楚。在鬼谷子的细心教导下，孙膑和庞涓刻苦学习兵法理论，精心研究布阵战术，并不断地实地演习，二人对垒练拳，武艺日益精湛。孙膑为人忠厚，天资聪明，勤奋好学，深得先生的器重；庞涓为人狡诈，善于谗谄面谀，功利心很强。

眼见时光荏苒，三年有余，二人经过了各种磨砺，学了不少东西。学海漫漫，二人心里面想离开鬼谷山，到外面闯世界的欲望越来越强烈。

当时的大国中，魏国是战国时期最早进行变法的国家，因而也是最先强盛起来的国家。当年在魏、赵、韩三家分晋时，魏国占有原晋国最重要的河东地区，这里土地肥沃、交通发达，有较好的经济基础。到魏文侯时，曾拜孔门弟子卜子夏和田子方为师，虚心学习治国之道；又以贵客礼待段干木，以求获得有益指点。他招贤纳士，朝中聚集了一批杰出的文臣武将，其中文有李悝、西门豹，武有乐羊、吴起，都是非常著名的人物。李悝用“尽地力之教”的经济改革方案，提高人民的生产积极性；他还提出“食有劳而禄有功”的官吏制度，废除官僚世袭，使魏国日益富强。文侯、武侯重用军事家吴起，实施“武卒制”，从公元前 413 年起，魏国就不断地进攻秦国，占领了秦的河西之地，吴起守河西，“秦兵不敢东向”。公元前 404 年，魏联合赵、韩攻破齐长城，大败齐军。武侯时，又向南发展，攻占了郑、宋、楚的大片土地，并占领了大梁。魏国先后伐齐、讨楚、攻赵、败韩、战秦，打遍诸侯，称雄天下，为魏国的霸权和领土扩张打下了坚实的基础。此外，魏国还有西门豹、乐羊等杰出人物，他们各自贡献才华做出贡献，促成了魏国的最先富强和快速崛起。魏惠王即位后，他继武侯之后又采取了一系列改革措施。把国都迁至大梁，兴修水利，调整对外政策，通过战争，确立了霸主地位。因此魏惠王也就不再称侯而改称“王”了。魏惠王为了一统天下，到处招揽人才，为他出谋划策，领兵打仗，掠取土地。

有一天，庞涓听说魏国出重金访贤聘能，征召将相，心里再也按捺不住了，心想：大展宏图的机会到了。他急忙回到山中向鬼谷子辞行。鬼谷子同意庞涓下山求取官职，让孙膑送其下山。庞涓噙着泪对孙膑说：“我与师弟有八拜之交，情同手足，今生发誓要同生死、共富贵，此行如能求得一官半职，得到晋升之阶，我一定尽力举荐师弟、共同建立功业。”孙膑问：“师兄说的可是实话？”庞涓说：“愚兄若有谎语，天地不容，愿死于乱箭之下！”孙膑急忙止住：“师兄深情厚谊，为弟多谢，何必发此重誓！”两人挥泪揖别。

庞涓向鬼谷子辞行以后，就径直去了魏国，见到了魏惠王。庞涓向魏惠王展示了自己所学的学问，取得了魏惠王信任。魏惠王委任庞涓为将军。庞涓带领魏军一连打了好几次大胜仗，宋、鲁、卫、郑等小国，慑于魏国的实力，都来朝拜魏王。后来魏王又授予庞涓元帅，庞涓统率魏军，又打败了入侵的齐军，从此名声大振。庞涓带领魏国军队威震三晋，成为当时头等强大的国家。不过，魏国也与周围邻国结下了冤仇。魏惠王决心招来更多的英雄豪杰为其效力。

孙膑下山以后，鬼谷子将孙武子所著的《兵法》十三篇，传授给了孙膑。孙膑得此兵书，昼夜研读，仔细琢磨其中的奥妙。

庞涓在魏国有了用武之地，也有了功名利禄，在洋洋得意之余，内心深处却时刻有块心病：老师偏向师弟，自己下山已三年，这三年间，孙膑的才学韬略可能已远远超过了自己，如孙膑下山，不论到哪个国家效力，都必将是自己的竞争对手。庞涓思前想后，心生一计，向魏惠王推荐了师弟孙膑。

孙膑来到魏国，得到庞涓的盛情款待。过了几天，梳洗打扮之后，庞涓带着孙膑一起来拜见魏王。魏惠王问孙膑：“先生乃孙武子之后，定得其兵法秘传。寡人望先生之来，如渴思饮。我魏国四面受敌，国家安危堪忧，寡人寝食不安，孙先生可有治国良策？”孙膑回答说：“当今天下，诸侯争霸，无兵难以立国，要固国安邦，只有用自己的强大军队去消灭敌人的军队，去夺取战争的胜利，然后才能建立起强大的国家，天下诸侯也都顺服了。”这番话正合魏惠王心意，连连称妙。魏惠王又问孙膑如何带兵打仗、治国安邦，孙膑都一一陈述己见，魏惠王听后十分满意。魏惠王见孙膑仪表堂堂，而且又是世外高人的高徒，就要拜他为军师。

政治沉浮，生死祸福难料。庞涓见状眼珠一转，计上心来，庞涓建议魏惠王让孙膑取代自己。孙膑一点功劳没有，不得不极力推辞。庞涓见魏惠王没有表态，马上说：“孙膑是臣的同窗兄弟，现在还没有战功，要不就暂且拜为客卿，一旦有了战功，我马上让贤。”魏惠王听了很高兴，认为庞涓很讲信义，又有原则，就照庞涓的话拜孙膑为客卿。客卿者，半为宾客，无须用臣礼，外示优崇，实际上不能分享兵权。不过客卿地位还是很高的。孙膑觉得如此安排很合适，对庞涓十分感激。就这样，孙膑和庞涓这对同窗好友就在魏国同朝为官了。

有一次，庞涓得胜回府，一时高兴，设宴与孙膑对饮，两人酒过数巡，自然谈及兵法韬略、攻防之术。庞涓所问，孙膑无不对答如流。等到孙膑问及庞涓时，有不少问题令庞涓难以回答。庞涓问：“这是孙武子《兵法》上的计谋？”

孙膑谈兴正浓：“是的。此书经师傅注解，比原本更加完善，师傅只让我看了不长时间就索回去了，我也未抄录下来。”

庞涓听了，心里很是不安：师傅将孙武子的兵法传给师弟而没有传给我，太偏心了。孙膑果然计谋高我一筹，我得设法将兵法骗到手。“师弟还记得书中内容吗？”此时，庞涓巴不得孙膑立时就把兵法传授给他。“倒背如流。”孙膑自豪地说。可庞涓心里却更加不安：孙膑的本领胜于我，难以同他共享魏国的荣华富贵，一定要尽快设计套出他的《兵法》十三篇。

此后一段日子，魏国和周边国家连续作战，说来也怪，庞涓领军作战，接连失利。魏惠王派孙膑指挥，则连续获胜。魏惠王对孙膑敬重起来，对庞涓有些疏远。庞涓心想：这样下去，自己的位置不就被孙膑夺去了吗？他越想越害怕，越想越气愤。暗暗地起了邪心：师弟，不要怪师兄我无情，当今天下，有我就不能有你。

光阴似箭，孙膑到魏国不觉之中已半年。一天，有一个操着鄄邑口音的人来找孙客卿。孙膑将来人招来一问，原来是老家来的买卖人，他带来了一封信。孙膑打开书信一看，是他久别的兄长写的，信中说要他回国去建功立业。看过信后，孙膑不禁放声大哭，可他还是决心留在魏国，于是就写了一封回信，让来人带回。

这位齐国的商人离开了客卿府，又进了将军府。原来这是庞涓派人假扮的。庞涓得到了孙膑的回信，心满意足，心想：孙膑啊，孙膑，你不是事事都比我能吗，今天我就让你栽在我庞涓的手里。于是让人模仿孙膑的笔迹重写了一封信，大意是我此时仕魏，魏国情况已了如指掌。我心系故土，在此是身不由己。不日就将辞魏赴齐，建功立业等。

庞涓见到魏惠王，将假信呈上，说："孙膑留恋故土，看来不能安心在魏国为官了。请大王速做决断。"

魏惠王看完信后，说："孙膑思恋故土，是不是因为没有得到我的重用？"

庞涓说："孙膑本来就是齐国人，他的家人亲族多在齐国，怎么能不想回国呢？俗话说得好：叶落归根，光宗耀祖。目前齐国正和我们作对，孙膑在我国居住这么长时间，对魏国了如指掌。孙膑一旦回到齐国为齐王所用，必然会危害我魏国。到那时我们就很难对付他了。"魏惠王一听慌了，忙问"这可怎么办呢？"庞涓回答说："大王请放心，我和孙膑虽是同窗好友，又是生死之交，但为了大王您的江山社稷，我也要大义灭亲，甘愿落个不仁不义的名声。"

齐国是魏国争雄的劲敌。魏惠王称王后，其他诸侯也不甘示弱，陆续称王，以表明自己与魏国地位平等。尤其是齐威王任用邹忌为相，对齐国进行了政治革新，在整顿吏治、招揽人才、学者议政等方面都有显著成就。比如在用人上，齐威王采取文武兼取的措施，一旦发现有真才实学的人就大胆使用，任命要职。他让檀子守南境边城，楚人不敢北进侵扰；让肦子守西境高唐，赵人不敢过境渔猎；让黔夫守北境城邑，燕人感到很畏惧；让种首负责国内治安，人民安居乐业，路不拾遗。一次，魏惠王与齐威王会见，魏惠王向齐威王炫耀宝物，说自己有直径一寸大小、能同时照耀十二辆车的十枚夜明珠，问齐国有什么宝物。齐威王回答，齐国没有夜明珠之类的宝物，但是有檀子、肦子、黔夫、种首等国宝，并一一列举他们的事迹，最后说："我的这些国宝能光照千里，岂止是十二辆车呢！"齐威王一席话说得魏惠王哑口无言、面色羞愧。除招用治国人才，齐威王还广揽文人学士，让他们参议政事，充当齐国智囊团，各国文士争相投奔齐国，逐渐形成稷下讲坛，有力地促进了齐国的发展。齐国通过威王改革，国势大振，发兵西击赵、卫，夺取失地。燕、楚不敢犯境，赵国乖乖地退还了侵占的齐国长城。

魏惠工听了庞涓一席话，认为孙膑是个靠不住的人，决定要杀了他以绝后患。

从王宫出来，庞涓又来到孙膑的府中，对孙膑说："听说师弟接到家信了，一定非常想回去与亲人团圆。不如向魏王请几天假，我再向魏王说说，保证能准你回家看望亲人。"孙膑觉得有道理，非常感谢庞涓。

过了一天，孙膑果然向魏王辞行。魏惠王正担心孙膑私通齐国。如今见他果然急于回齐国去，认为他已有心背叛魏国。魏惠王大怒，以私通齐使的罪名，立刻吩咐左右斩杀孙膑。庞涓急忙在魏王面前假意求情，请求赦免师弟的死罪。魏惠王恩准，命人将孙膑关进了大牢，等候发落。

庞涓又对魏惠王说："孙膑精通兵法，杀了太可惜，两全之计，把他的膝盖骨剜下来，让他不能随便走动，就不会做出叛国的事情了。留他一条命，好好看管，以后还可以让他为魏国出力。"

春秋战国时期，受过刑的人被看作下贱的奴隶。庞涓之所以不杀孙膑而把他软禁起来，是想让他终身不能出仕为官，也不能逃离魏国，更不能驰骋战场，而只能著书立说，专为自己指挥战争作参考。魏王准奏，下令“刖而鲸之”，使其为废人，终生不能通齐。

庞涓又假惺惺地去看望孙膑，说：“都是我害了师弟，让你受此委屈。”孙膑说：“这怎么能怪师兄你呢，是我命运不济，该遭此大难。”庞涓安慰他说：“师弟不必害怕，有我在就能保证你的性命，我这就给你求情去。”庞涓急急忙忙地跑了出去。一会儿，庞涓又慌慌张张地跑了回来，一见孙膑泪流满面地说：“大王怒气不消，认定你已有心私通齐国，背叛魏国，一定要定你死罪。我再三求情，并以全家性命担保，总算留住了你的一条命。可是，按照晋国刑法，要给你膑刑，把膝盖剜下来。我也无能为力了。”孙膑痛苦万分，说：“师兄，我受此酷刑，可总算能保住性命。你以全家性命为我担保，这大恩大德，我永生不忘，日后定当重报。”就这样，孙膑被剜去了两块膝盖骨，刀斧手又在他的脸上刻上“私通外国”四个字。孙膑成了终身残疾，永远也站立不起来了。

孙膑自从受刑以后，一直住在庞涓的府中养伤，庞涓亲自给孙膑上药，又安排人侍候茶饭，照顾得无微不至。

孙膑天天依靠庞涓过日子，心里老觉得过意不去。想离开吧，自己已是残疾之人，行动不便，心情非常苦闷。三个月后，孙膑的伤势见好，想到自己的罪名，怕连累庞涓，提出要搬出庞府。庞涓诚恳劝阻，说：“师弟不必如此，你我手足之情，这个时候，千万不要考虑这些。你只管住我这里，我会向魏王解释清楚。”

有一天，孙膑对庞涓说“师兄，你侍候我多日，我的伤也好了，以后你派个人照顾我就行了。”他接着说：“这些天我总在考虑，我是个废人，以后什么事情也办不成了，我想把祖传下来的《兵法》和我平生所学知识一并写出来。如今诸侯争霸，连年争战，这些东西对你也许有用。你对我的大恩大德，我无以为报，从明天起我就刻写出来，也算是我的一点心意。”庞涓心中暗喜，恨不得立刻就能看到此兵法，可嘴上却说：“你我乃生死之交，何以言“报恩”

二字。师弟不必过于劳累，想写时写点，也就可以了。”

于是，孙膑每天就在庞涓的府上默写《兵法》。转眼又是一个月，天渐冷了。庞涓急不可耐，觉得孙膑写得太慢。于是把服侍孙膑的牢头诚儿叫去，问道：“孙将军每天能写多少呀？”

“孙将军因为腿脚不便，每天睡多起少，一天也就写上二三策吧。”

庞涓大怒道：“如此缓慢，什么时候才能写完？”诚儿不知怎么回事，只好低头退出。诚儿十分不解，就问庞涓的贴身侍卫：“将军让孙客卿闲暇时刻写《兵法》，为什么还这样催促？”

“你这个傻瓜，”侍卫说，“元帅和孙膑表面上是手足兄弟，实际上他就是为了得到《兵法》，才没要了他的命。什么时候把《兵法》写完了，孙膑的脑袋也就要搬家了。”

诚儿一听，大惊失色，心想：元帅原来是如此无义之人，连我们这些下人都不如。孙客卿是个好人，不能让这样的好人无辜丧命。诚儿急急忙忙回到孙膑身边，将事情的来龙去脉向他说了一遍。孙膑一听如雷击顶，他这才如梦初醒，真是悔恨交加、肝肠寸断，恨不得把庞涓千刀万剐，剁成肉酱。想当初，自己认为庞涓是好朋友，魏国又是一个地处中原的强国，正是自己发挥才智和施展抱负的好地方，高高兴兴来到魏国。可如今，竟中了庞涓这个卑鄙之人的奸计，自己的膝盖被他剜去，落得终身残疾，人不像人鬼不像鬼，只能像猪狗一样地爬着走。这算什么朋友，什么同窗师兄弟，我怎么还能将《兵法》传给他？在云梦山时，鬼谷先生就说庞涓生性狡诈，要我提防，没想到他竟如此狠心！可是，如若不继续刻写《兵法》，庞涓一定会要我性命，这却如何是好？孙膑越想越感觉到危机四伏，生死难卜。唉，如果师傅能在身边就好了。

孙膑思前想后，焦急万分。晚上辗转反侧，睡不着觉。具有雄才大略的孙膑，刚一走上人生的舞台，便遭“好友”的暗算，不能逃跑，无力反抗，身陷逆境，左思右想，无计可施。正在焦急万分之时，窗外一阵凉风扑面而来，风中似乎还夹着一句沉稳而清晰的话语："锦囊……锦囊……"孙膑猛醒道："我下山时，师傅曾赠我一个锦囊，说万分危急时方可拿出查看。这一定是师傅来提醒我。"

于是，孙膑取出包裹，小心地将锦囊取出，打开一看，"要想活诈疯魔"六个大字赫然在目，他恍然大悟。

三、忍辱求生

第二天，孙膑依然认真地刻写兵法。晚餐时，孙膑正要拿筷子，突然座椅不稳，往后倒下，直摔得孙膑口吐白沫，不省人事。良久，才醒过来，却变得手舞足蹈，喜怒无常。愤怒时一把将饭菜泼在地上，口中大骂："你怎么敢下药毒我！我是玉皇大帝的儿子，有天兵天将相助，你们能怎么样！？"边骂边将刻写好的竹简一一扔进火炉焚烧。

诚儿不知是假，连忙向庞涓报告。庞涓疑惑不定，第二天亲自来看。只见孙膑衣服被撕得布条缕缕，披头散发，痰迹满面，忽而哈哈大笑，忽而号啕大哭。庞涓心中起疑，就问："师弟为何而笑？为何而哭？"

孙膑呙斜着眼说："我笑魏王还想杀我，我是玉皇的儿子，十万天兵相助，能奈我何？我哭魏国若不用我，魏国从此无大将，危在旦夕了。"说着，又歪着头看了庞涓一眼，突然扑向庞涓，一把拽住他的裤子，不住地磕头："鬼谷子先生，带我回去吧，他们要害我呀！带我走吧，先生，救我一命。"庞涓忙说："我是师兄庞涓，不是鬼谷子先生。"

孙膑突然十分惊恐地松了双手："你不是鬼谷子先生，你，你是魏王！天哪！"孙膑用双手捂住了双眼，躲到墙角。

庞涓离开后，左思右想不敢相信这是真的。他让诚儿认真观察，把孙膑的每个活动细节都观察清楚，及时报告。孙膑时而大笑，时而哭闹无状，言语疯癫，精神憔悴，没露出一点破绽。庞涓还是不放心，估计到孙膑可能佯装，命令手下人将孙膑拖到猪圈，试其真伪。孙膑不管不顾，倒身卧于粪污之中，与猪一同吃住。庞涓又命令手下人，诈称是同情者，给孙膑送上饭菜，悄悄告诉孙膑：庞涓害你，我很同情，望先生保重身体，日后报仇。孙膑将饭菜泼洒在地，对着来人傻笑。来人又给孙膑猪粪、泥块，孙膑拿过来就吃。庞涓这回放心了，心想我这个师弟是真疯了。于是放松了对孙膑的看管，任其到大街上乱爬。

孙膑披头散发，满脸污泥，衣不蔽体，饥不择食，到处乱爬乱滚，早晚睡在猪圈之内或混宿市井间，或自言自语，或悲号不已。如此过了一段时间，庞涓又放松了对他的监视。孙膑在街头装疯卖傻，而在心里时刻没忘逃离魏国，报仇雪恨。可是三年过去了，他仍然没有逃出魏国的都城。孙膑流浪街头，既得到了不少好心人的施舍，也遭受了种种令人难以忍受的欺辱。他逆来顺受，不敢有丝毫的反抗，以防露出破绽，被庞涓识破。

一天深夜，孙膑正靠着井栏倚着，有一衣着华丽之人走上前来，和他打招呼。孙膑张着嘴，用呆滞的眼光看着来人。来人看看周围没人关注，悄悄对孙膑说："孙卿吃苦了。我是墨翟的弟子禽滑厘。我家先生将孙先生的冤情向齐王说了，齐王很是惋惜，有意救你出去。"

孙膑在云梦山见过禽滑厘。他睁大眼睛仔细观看：不错，是禽滑厘！听禽滑厘这么一句话，他激动得泪流满面，半天才说话："没想到我孙膑濒死之人还有这一天。只怕庞涓他疑心重，我出不去。"

"先生不要着急，我自有安排。过不了几天就会有齐国使者来找你。"

淳于髡是齐国大臣，很有学问。禽滑厘约见孙膑几天后，淳于髡受命到魏国进贡茶叶，并游说魏王双方休战。魏王欲拜他为卿相，被他婉言谢绝了。这天，他以观赏魏都市景为名，到大街上闲逛，查看孙膑所在的位置。根据禽滑厘提供的线索，在水井旁果然看到一个披头散发、衣衫褴褛的叫花子，蹲在一个墙角里打瞌睡。他走到孙膑旁边，停了停一言不发就离开了。孙膑猜想可能齐国来人了。当天夜里，淳于髡领着手下偷偷走出驿馆，直奔孙膑憩身处。淳于髡走过去小声问道："我是齐国的淳于髡，你是鬼谷先生的弟子孙膑吗？”

“我是孙膑。”孙膑白天看到了淳于髡，猜测到这可能就是禽滑厘安排好的。

“你想回齐国吗？”淳于髡问。

“盼了三年了。”孙膑紧紧地抓住淳于髡的手说道。

淳于髡点了点头：“我们这就走！”

“庞涓耳目众多，恐我还出不了魏国，就被庞涓发现。会连累您的。”

“我自有安排。”淳于髡招呼随从把盛茶叶的箱子搬来。

淳于髡让随从把孙膑装进一个大茶叶箱子里，把木箱连夜运出魏国。又命一个随从穿上孙膑的破衣烂衫，披散头发，灰泥涂面，假扮孙膑继续在大梁行乞，掩人耳目。第二天，淳于髡辞行回齐。狡猾的庞涓怕孙膑被带走，偷偷派人到井栏处查看。假孙膑披头散发、满脸泥污躺在井旁，蒙混过了关。约莫着淳于髡一行已进入齐国地界，假孙膑寻机也逃跑了。

淳于髡给孙膑换了衣裳，剃了头，为他换上了华贵的马车。齐威王听到孙膑被请来，出城十里，迎接孙膑。并把他安排在大将田忌家中暂住。田忌很欣赏孙膑的才能，也很同情孙膑的不幸遭遇，待孙膑为上宾。

第二节 建功立业

一、田忌赛马

邹忌鼓琴自荐，被齐威王任为相国。邹忌劝说威王吸纳谏言，主张革新政治，修订法律，选拔人才，奖励贤臣，处罚奸吏，并选荐得力大臣坚守四境，从此齐国又开始强大起来。

齐王闲来无事，常与贵族臣子们赛马赌胜，以此为乐。田忌虽有不少好马，每次参与赛马，大多都输给齐王。一次，田忌引孙膑到赛场观看，孙膑见其马力不相上下，而田忌三轮比赛皆输。孙膑看完赛马后，对田忌说：“你下次再与齐王赌马，我可保您必胜。”

田忌说：“先生如能使我得胜，我就与齐王以千金为赌。不知先生有何妙计？”

孙膑说：“将军尽管去挑战吧。到时可如此这般……”

田忌听了不住地点头。

约定的时间，贵族们都按时带着马队来到赛场。赛场内旗帜飘扬，锣鼓阵阵，人头攒动。参赛的战马，皆身高体壮，装饰华丽，尤其是威王的马匹，皆是名马，马身上披着金色饰布，夺人眼球。田忌走到威王面前，抱拳施礼道："为臣每次比试皆输，今天臣想让大王赏些钱花，不知大王愿不愿意与臣赌上千金？”威王哈哈大笑:“好啊。输了可不要后悔！诸位大人，都与我作证，本王赢钱赏与大家。”教场内的人一片沸腾，齐声叫好。

于是，其他贵族大臣都把马拢到一边，静心观看威王和田忌将军赛马赌钱。赛马的规矩是双方从上、中、下三个档次的马匹中各选出一匹马对决，三局决胜负，每局双方各出一匹马，赢下两局方为胜。威王让骑士把精选的三匹马牵了出来。三匹马分上、中、下三等，差别明显。田忌也让骑士把自己的三匹马牵了出来，三匹马也是分上、中、下三等。比赛开始，威王亲自骑上了上等的战马，立于起跑线前，田忌看到威王亲自上阵，也骑马上阵，不过他骑的是下等马。锣声一响，威王的马像箭一样就冲了出去，田忌在后面拼命追赶，无奈下等马能力有限，被越拉越远。第一局齐威王大胜。第二局，威王让骑士牵出中等马，田忌则派人拉出了上等马，比赛结果，田忌稍稍胜出。双方战成平局。第三局比赛，威王的下等马对阵田忌的中等马，田忌再次胜出。田忌二比一获得了最后的胜利。田忌以三局两胜赢了齐王。齐威王很觉诧异，人、马没变，赌资大了，田忌为什么就能反败为胜？于是，威王拿出千金奖与田忌。询问田忌其中原因。田忌说：“孙膑先生给我出了好主意，以我的下等马对大王的上等马，上等马对大王的中等马，中等马对大王的下等马，所以能赌三赢二。”威王听了，不住地点头称赞。

这个小小的故事，揭示了军事上一条很重要的规律，就是在战争中要从全局着眼，善于统筹，为了总体的胜利，可以牺牲局部利益。正确运用这一规律，就可以从全局上使处于劣势的一方，采取出奇制胜的策略，达到预期目的。正因为这个小故事里蕴含着真理的内核，所以一直传为佳话，流传至今。

对孙膑来说，这不过是略施小计，田忌却由此对孙膑更加佩服。孙膑在田忌家休养数日后，沐浴更衣，由田忌推荐正式拜见齐威王。

齐威王问孙膑用兵的道理："敌我双方的军队势均力敌，谁也不敢先采取行动，遇到这种情况怎么办呢？"孙膑回答："先用小股部队去试探敌人，激怒敌人，用精锐部队从侧面袭击敌人，敌人必然慌乱，大军乘势攻击，必能大获全胜。"齐威王又问："我强敌弱，我众敌寡怎样采取行动呢？"孙膑拜而回答说："军队人多兵强，大王还问用兵之法，大王确实深知安国之道啊。人多势众，就应该故意使阵列混乱，迷惑敌人，引诱敌人主动进攻，这样就可以消灭进犯的敌人，夺取胜利。"齐威王又问："敌强我弱，敌众我寡，怎么办呢？"孙膑回答说："隐蔽好部队，做到能攻能退，手持长柄兵器的部队在前，短兵器的在后，多备箭弩，在危急的时候，以机动的弩兵救应，不要轻举妄动，以静制动，看看敌人如何采取行动，然后乘隙而攻。"威王又问："以一击十，有办法吗？"孙膑说："有，攻其无备，出其不意。"齐威王听后心悦口服，说道："先生果然熟悉兵法战策，善于用兵，真是太好了！"

齐威王又问治国之道，孙膑尽吐平生所学，两人谈得很投机。齐威王对孙膑的军事才华很是欣赏，想到赛马之事，更感到谋略的重要，立刻就要拜孙膑为军师。孙膑推辞道："臣未建寸功，不敢受爵。而且庞涓一旦听说我在齐国受到重用，就一定会对齐国有所防备。不如先将此事隐下，待有用臣之时，自当效力。"齐王听此一说，欣然赞同。

二、桂陵之战

孙膑受到齐威王的重用，帮助田忌日夜操练兵马，齐国从此训练出一支强大的能征善战的军队。

当时，各诸侯国之间为了争夺霸权，扩大地盘，连年征伐，战火不息。周显王十五年（前354），赵国为了扩张势力，出兵卫国，迫使原来依附魏国的卫国对赵国屈服。这当然是魏国所不能容忍的。魏国为争夺属国，就出兵攻打赵国。庞涓带兵八万，战车五百乘，大举进攻赵军，很快便攻到了赵国的都城邯郸。在围攻邯郸的同时，魏国还胁迫另一个小国宋国出兵相助，企图一举灭赵，称霸中原。

宋国既不敢违抗魏国，又不愿同赵国结怨。因此，宋国国君就偷偷地派使臣到赵国，说明宋国的处境和态度，希望赵国谅解。最后双方商定，由宋国出兵进入赵境,包围赵国边境的一座城池,表面上装作围攻的样子给魏国看，实际上并不强攻。赵军顽强地抵抗魏军，誓死坚守邯郸城。但是，日子一久，赵军渐渐感到支持不下去了。第二年，赵国派出使臣向齐国请求救援，表示愿献出中山之地，请齐国出兵援救。

齐国虽然也是一个强国，但国力没有魏国强大，而且还曾经被魏国打败过。因此，这次赵国前来求救，齐威王就不得不慎重考虑。齐威王召集大臣商议，说："魏攻打赵国的邯郸，赵求救于我齐国，我们救还是不救？"宰相邹忌认为："齐、魏有休战协议书，魏国不犯我齐国，不如不救为好。"大臣段干朋说："赵国有难求救于我们，如不救援，不但有失大国风范，对我们今后称霸也不利。"齐王惊讶地问："为什么？"段干朋回答："魏国如果攻下邯郸，吞并了赵国，就会继续向北攻占燕国，届时将更强大，魏国与我为邻，对我们齐国来讲时刻都是大威胁。如果我们趁此机会攻打卫国的襄陵，一方面可获取土地，另一方面可牵制魏军，便可解邯郸之围。"卫国是魏的附庸国，三面被魏国包夹，势弱而小。威王心动了，于是决定接受赵国的请求，出兵解救邯郸。

齐王想拜孙膑为大将领军出征。孙膑推辞说："我是受过刑罚的人，如为大将，显得齐国无人，必为他人耻笑，不如以田忌为将，我暗中相助，一战而可胜强魏。”邹忌与田忌不和，怕田忌立功，本想反对。谋士公孙阅对邹忌说：“您应该建议田忌率军出征攻打邯郸的魏军，齐军战胜有功，是您策划的结果；战败，田忌或死或逃，他的命运就掌握在您的手里了。”于是，邹忌就向齐王提议：“我齐国和魏国虽然有约，但邯郸是赵国的都城，魏国欲灭赵国，我们出兵邯郸，并非不可。如果魏国退兵，赵围可解，赵将臣服于我；如魏不退兵，齐、赵联合，战胜魏军，也可扬我大齐国的威风。可派精兵，由田忌将军带兵攻打邯郸。”齐王见邹忌不计前嫌，推荐田忌带兵，大喜，就以田忌为将，孙膑为军师，派军八万、战车六百乘，前去解邯郸之围。孙膑由一个“刑余之人”成为统率大军的将军，在群雄逐鹿的舞台上，开始走向前台，大显身手。

当时，邯郸在魏军的围攻下，情况非常危急。田忌与孙膑共商作战方案，田忌主张以威王之命，率领大军直接进军到赵国，与魏军决一死战，以解邯郸之围。孙膑对田忌说：“这不是一条上策。赵军的统帅不是庞涓的对手，魏军尽占优势，邯郸城不日将破。我军说不定尚在前往邯郸的途中，邯郸就陷落了。到那时魏军以得胜之师，以逸待劳击我疲惫之师，我军救援不成反受累。”田忌说：“赵国的都城很快就要保不住了，除了直接去解救以外，还有什么更好的办法吗？”孙膑就对田忌作了详细的分析，提出了“批亢捣虚”“围魏救赵”的作战策略，他说：“要想解开一团乱丝，只能用手慢慢地去理，不能一把抓在手里强拉硬扯！要劝解开两个人打架，只能从旁劝说，不能自己插身进去帮着打。解围的道理也是这样，只能采取避实击虚的策略，不要去同围城的敌军主力正面交锋，而是要乘虚攻击敌人的后方。敌人看到形势不利，自然就会解围而走了。现在魏国已经把精兵全部调到前线，留在国内的，只不过是些老弱残兵罢了。您不如统率大军直接攻打魏国的大梁，占据它的交通要塞，袭击它的薄弱环节。邯郸城下的魏军得到这个消息，就一定会撤围回国救大梁。这样，既可以解邯郸之围，又可以调动敌军，使他们长途跋涉，来回奔跑。然后，您选择有利时机消灭他们，这岂不是一举两得吗？”田忌采纳了孙膑的意见，依计而行。

当时魏军的战斗力很强，不仅齐军北上邯郸没取胜的把握，而且即使采取“围魏救赵”的策略，如果被庞涓识破，速率魏军精锐部队回师自救，对齐军仍是一个很大的威胁。为了麻痹庞涓，继续削弱魏军的力量，孙膑又提出先派出一支队伍进攻卫国的边城襄陵。襄陵在魏国与卫国的边界，地理位置非常重要。庞涓得到消息，马上派兵一路急行军，在边境截击。魏军刚到茬丘，田忌又摆出队伍将直插西南，同进攻襄陵的军队互相呼应，两面夹攻大梁的态势。庞涓此时竭尽全力，已将邯郸城攻下，还未来得及喘一口气，忽听齐军要攻大梁，心中大惊：“大梁有险，后方震动，不容有失。”于是，庞涓不顾将士疲劳和损伤，立刻下令全军回撤，马上回军卫国的要塞东阳，他则亲率五千魏军长途行军，回救大梁，庞涓准备左右包夹齐军。

形势突变，田忌问：“军师，下一步我们该如何出招呢？”“请南攻平陵！”孙膑说。

平陵，其城小而县大，人众多甲兵盛，南有宋，北有卫，位置非常重要，不易攻取。田忌问：“如何攻打？”孙膑答：“让从来没有打过仗的齐城、高唐的县尹带兵攻城，迷惑庞涓，增长他的傲气。”于是，田忌派齐城、高唐的县尹带兵攻城。不料他们还没走到平陵，就被打败了。田忌再派齐军攻城，结果遭到守城魏军的顽强抵抗，齐军久久不能攻破。庞涓见齐军攻打平陵，判定田忌不懂军事，就轻敌起来。田忌见还没和魏军主力交战，自己却先吃了败仗，急了，问道：“我们损兵折将，也没看到取胜的希望，下一步该如何办？”孙膑不慌不忙地说：“攻城的队伍已完成任务。请将军遣轻车西驰梁郊，以怒其气。”齐军向大梁派出一部分精兵，以突然而猛烈的攻势，直逼大梁，虚张声势。庞涓闻讯大惊，立即丢掉辎重，率精兵轻骑星夜赶来急救。待庞涓回到大梁附近，准备与齐军决战，才发现原来齐军不堪一击，节节败退，魏军一路追赶，被引到了宋国的地域内。

宋是小国，想称霸没有实力，只好倡导崇尚弭兵运动，对于大国的征战，敢怒不敢言。孙膑在宋国的桂陵地区（今菏泽牡丹园一带）设下埋伏，以逸待劳，静候魏军入彀。

桂陵，沟壑纵横，树木茂密，易于设伏。不出孙膑所料，“性傲轻敌，急于取胜”的庞涓率领五千人马匆匆渡过黄河，便被齐军引进了包围圈。魏军到达桂陵，庞涓发现道路崎岖难行，他毕竟是熟知兵法之人，察觉到地形危险，命士兵快速通过，话还未落，忽然，一阵金鼓之声，四下呐喊，树林之中立即伏兵四起，弓弩齐发。庞涓见势不妙，命士兵沿原路冲杀逃命，无奈齐兵太多，所到之处，旌旗飘展，旗上俱有“军师孙”字样。庞涓大惊：“原来这个瘸子逃到了齐国，我中计了！”以逸待劳数十倍于魏军的齐国军队，将魏军团团围住。魏国五千精兵全部被歼，庞涓被活捉。这就是著名的桂陵之战。《孙膑兵法》第一篇“擒庞涓”记录的便是此次战役。

在这次战役中，孙膑运筹帷幄，指挥若定，运用了灵活机动的战略战术，声东击西，抓住要害，攻其必救，以逸待劳，始终掌握主动，牵着敌人的鼻子，待时机成熟时，给敌人以重创，充分显示了卓越的军事才能。

桂陵之战使齐国声势大振，赵国亡而复存。魏国虽然打了败仗，但是实力并没有受到很大的削弱，仍旧保持着霸主的地位。

三、马陵之战

《孙膑兵法·陈忌问垒》中写到了马陵之战杀死庞涓的事情，应该是在桂陵战役后齐军放了被擒获的魏将庞涓。

虽然庞涓兵败桂陵，因他屡立战功，魏王免予治罪，仍任其为统兵大将军。庞涓感激涕零，向魏王献计说：“齐国大将田忌勇冠三军，孙膑辅佐，如虎添翼，如不除去二人，必为魏国称霸天下的后患。齐国邹忌、田忌将相素来不和，大王不妨派人离间二人。”威王赞赏，以计而行。

桂陵之战结束后，齐威王对田忌和孙膑十分宠信。邹忌恐田忌代己为相，谋士公孙阅向邹忌献计：诈称田忌的家人，拿十斤黄金求神保佑田忌夺取王位，欲拥兵造反。齐威王派人查对，证明为无事生非。田忌听说后，欲领兵抓捕邹忌，没能成功。便托病辞了兵权，孙膑也谢去了军师之职。次年，齐威王去世，其子辟疆即位，是为齐宣王。

魏、赵、韩三国本是一家，是由古晋国分裂而成，世称“三晋”。公元前352年，魏国结好于韩，魏、韩联军在襄陵打败宋、卫与齐的军队，迫使齐国向魏求和。这时，秦国出兵攻魏，魏无法承受两线作战，与赵讲和，退还邯郸。魏、韩、赵三国联合先后打败了楚、秦的侵略。魏国内部加强整顿，发展生产，国势日强。魏惠王称霸之心再次膨胀，于是，在公元前344年，梁惠王在逢泽会盟诸侯，再次被立为盟主。韩国抵制没有参加会盟，魏惠王问罪，韩国暗中结盟齐国，对抗魏国。公元前341年，即桂陵之战后的第十三个年头，齐、魏双方又发生了著名的马陵大战。

战争的起因是：公元前342年，魏国进攻韩国，韩与赵亲近，联赵抗魏，仍然处于劣势。魏军主力压向韩国时，韩国派使者向齐求救。当时，实力逐渐强大起来的齐宣王同样也有称霸的野心，他认为大好时机来了，于是召请田、孙二人回朝，官复原职。并召集群臣，商议要不要出兵援助韩国。相国邹忌认为：魏与韩、赵两国互相火并，不管哪一方打胜了，实力都要受到损伤。这样对齐国是有利的。因此，他主张隔岸观火，拒绝韩国的请求，不出兵相救。

田忌不同意邹忌的意见，他认为双方相争，韩、赵必败，魏国取胜，势力将更大，此时不救，日后必殃及于齐，他主张赶快出兵救韩。他说：“如果不及早出兵，万一韩国抵挡不住，就有向魏国投降的危险。我们将失去机遇。”

二人争执不下，齐宣王征求孙膑的意见。孙膑虽然也主张攻魏救韩，但不赞成立刻出兵。他说：“现在韩、赵与魏双方正在交锋，谁胜谁负，还说不定。如果现在就出兵援救韩国，实际上等于让我们代韩国承担抗击魏军。这样，不但我们自己的实力受到损失，而且也不见得有把握打败魏军。”接着，孙膑提出了自己的见解，他说：“我认为应当先接受韩国的请求，答应派兵去援助他们，但是不必立刻出兵。韩国知道我们将要出兵相救，必定拼死抗击魏军。魏军受到韩军的顽强抵抗，实力一定会大大消耗。到那时候，我们再发兵进攻魏军，岂不是轻而易举，稳打胜仗吗？”孙膑一席话，鞭辟入理，令人信服。宣王又问：“如何回复韩国使者？”孙膑答：“高规格接待，答应他们我们一定马上出兵救援。”宣王说：“好！”于是宣王热情地接待韩国使者，向韩使者承诺“齐救兵旦夕将至”。韩感觉到有齐国做后盾，奋力抗击魏军，双方连续打了五次战役，韩国实在是没有力量抵抗了，又来催促齐国出兵。此时魏军已经被拖得非常疲惫了。齐威王任命田忌为主将，田婴为副将，孙膑为军师，统率大军数万，战车数百乘，起兵前去救援。孙膑仍用桂陵之战的老办法，大军不去韩国正面作战，而是直趋魏都大梁。

魏惠王得到齐军进攻大梁的消息，立刻命令庞涓从韩国撤围回国。同时，派太子申率领留在国内的军队，前去迎敌，打算让太子申同庞涓回援的军队会合，夹攻齐军。

庞涓屡胜赵、韩，功业唾手可得，却被齐军扰乱，非常恼怒，得到魏王命令，马上撤围班师回国。齐军进入魏国境界不久，就得到庞涓从韩国回师迎战的情报。田忌召集田婴和孙膑马上商讨破敌之策。田忌说：“魏军两路夹击，来势凶猛，我们当如何应战？”大将田婴说：“我们可以分兵两路，一路拖住庞涓，一路继续进军大梁。”孙膑说：“此计不妥，贸然迎战，恐难保取胜。”他接着分析道，“魏军自以为兵强马壮，轻视齐国军队，认为齐军胆怯，不敢同他们决战。而且，庞涓这次从韩国回来，轻装急进，日夜不停，恨不得一下子把我军吃掉。兵法上说：‘如果用急行军走一百里去争利的，部队必然疲劳不堪，万一发生意外情况，就有折损主将的危险；如果用急行军走五十里去争利的，因为前后不能接应，部队只有一半能够赶到。’现在，魏军正是犯了兵法上的大忌，轻兵冒进，急于求战。善于用兵的人，就应该利用这种形势来决定作战计划，把敌军打败。”接着，孙膑说出了一套退兵减灶、诱敌深入的计策。这个计策的要点是：立刻带领军队向东撤退，躲避魏军的锋锐，不同他们打硬仗；在撤退途中，逐日减少宿营地所筑的军灶数目，造成敌人的错觉，滋长他们的轻敌情绪，引诱魏军冒险深入；然后，选择有利的时间、地点，采用伏击的方法，集中力量，一下子把敌人消灭掉。田忌、田婴认为孙膑的分析非常正确，作战部署很巧妙，就决定按照他的计策行动。

孙膑为了激怒庞涓，故意让士兵在魏国大肆抢掠。庞涓率领魏军回到魏国的时候，看到国土之上一片狼藉，又听说齐军撤退不久，于是就下令全军紧紧追赶。庞涓赶到齐军的宿营地，看见齐军遗留下来的军灶，密密麻麻的到处都是。他让人清点了一下，那些军灶排列有序，足够供十万人做饭吃。但是，到了第二天，魏军追到齐军新的宿营地，庞涓又进去察看，发现齐军建起的军灶已不如昨日，数量也减少了近一半，只够供五六万人用的了。到了第三天，庞涓发现齐军宿营地的军灶非常粗糙，数量更少了，大约只够供三四万人用的了。沿途庞涓还抓住了一些齐国的“逃兵”，询问了路上“逃亡的百姓”，庞涓从他们嘴里得到的信息是：齐军逃跑得很匆忙，几乎溃不成军。庞涓没有想到，这些“逃兵”和“逃亡的百姓”都是齐人专门向庞涓提供假消息的。庞涓被这种假象迷惑住了，开始时，庞涓怕齐军有诈，比较谨慎，各队之间联络有序。后来他发现齐国军队锅灶越来越少，丢弃的东西越来越多，他猜想齐兵本性懦弱，听到魏国大军到来，不战而逃，士气低落，这是大败齐军的天赐良机。于是滋生了轻敌思想，决心要与齐军决一胜负，雪桂陵之耻，一举歼灭齐军。他望着齐兵丢下的盔甲，一边命令整顿兵马，一边兴奋地对部下说：“我早就知道齐军素来胆怯，不敢同我军作战。这三天当中，逃亡的士兵就超过了半数。我们这次一定能把他们全部消灭，一洗桂陵战败的耻辱！”亢奋中的庞涓当即决定，步兵护送辎重徐行，只挑选一支轻骑部队，由他亲自带领，马不停蹄，日夜兼程，沿着齐军撤退的方向穷追不舍。庞涓率魏军不觉追到了边境附近，还不见齐军的踪影，太子申对庞涓说：“庞将军莫要追了，免中齐军诡计。”庞涓说：“现在齐军士兵逃亡过半，士气低落，连日奔逃，亦当疲惫，我军正好乘势追击，灭敌于国门之外，也好扬威天下，怎可空手而归！”太子申见说服不了庞涓，只好许其率兵追赶。

田忌按照孙膑的计策，有条不紊地部署队伍撤退，表面上还故意使队伍显得凌乱、无队形。他还派出大批哨探，侦察并随时报告魏军的情况。当孙膑得知庞涓的骑兵到了沙鹿山时，他估算庞涓日暮时分当至马陵。马陵地势险峻，一条狭窄道路夹在两山之中，两侧地势多有阻隘，可以埋伏军队。孙膑命齐军停止前进，砍伐树木，在前方堵塞道路，设置障碍，并布重兵埋伏于马陵道两侧，布下了八卦迷魂阵。只待杀声一起，即可冲出。马陵道的中部有一片小平地，中间有一棵大树，孙膑命士兵留下这一棵大树未砍，并将大树削去一段外皮，露出白木，在上面写下了“庞涓死于此树之下”八个大字。又派近万名弓弩手就近伏于道路两侧的丛林里，命令他们说：“晚上魏军通过时，只要看到树下有火光亮起，就朝火光处弓弩齐发。”

庞涓一路追赶，快马加鞭，没做停息。看到齐军丢弃的东西和行军的痕迹，他判定齐军就在前方不远处了。经过一天的急行军，眼看太阳已落山，夜色笼罩着马陵道。山道、林间，薄雾渐渐升腾起来，疲惫的士兵想休息一下，庞涓不允，要人马连夜穿过马陵道。其时正值十月下旬，月色暗淡。魏军正行进间，忽然探马来报：“前面道路全给路障挡住了，难以前进。”庞涓下马探察一番，大声对将士们说：“齐国人怕咱们今晚追上他们，堵住了道儿。齐军心怯，大家赶快动手搬开路障，继续追击。”庞涓亲自指挥士兵，很快搬开一条狭窄的通道。在山沟中往前又行了一段路，庞涓抬头四下观望，只见路两旁山坡上树木全被砍倒，前方一棵大树没有砍伐。庞涓感到有些奇怪，军士报告说那棵树显露出一段白木，上面影影绰绰的好像还写有字迹，看不清楚是什么字。庞涓命人点上火把，查看究竟。众军士在大树下点燃火把，庞涓在火光下凝神观看，上面写的竟是：庞涓死于此树之下。庞涓大吃一惊：“我们中了孙瘸子的诡计了！”急忙命令军队撤退。可是，一切都已经晚了，火把是信号，引来齐军如下雨一般的弓箭，魏军立时大乱，纷纷夺路逃命，怎奈山道狭窄，又看不清地形，且多路障相阻，哪里跑得出去？人马自相践踏，死伤惨重，庞涓指挥士兵左冲右突，始终走不出去，山前山后、山左山右，全是埋伏的齐军，自己早就被团团围住，陷于孙膑的八卦迷魂阵中。魏军在齐军攻击下毫无反抗之力，一时间魏兵尸横遍野。庞涓自知智穷兵败，无法挽救败局，叹道："吾恨不杀此刖夫，遂成竖子之名！"说完便拔剑自刎了。

经过一夜的鏖战，战场平息下来，魏国的士兵不是战死，就是受伤，其余的全部投降。田忌、田婴又统领大军乘胜发动反攻，魏兵无心应战，轻重军器、车马粮草尽被齐军所获，太子申被俘。这就是著名的马陵之战。

经过马陵一战，魏军元气大伤，魏国国势一蹶不振，战国初期以来魏国称霸中原的局势为之改变，齐国威服诸侯，取得了中原霸主地位。

四、兵法修列

战争是残酷的，政治同样也是残酷的。马陵之战的胜利，解除了齐国的外患，却激化了齐国上层统治阶级内部的矛盾，主要表现为齐相邹忌和齐将田忌二人争权夺利，二人在政治、军事上处处对立。

马陵道大捷，齐军凯旋回师临淄。齐宣王为齐军庆功，提升田忌为相，田婴为大将，孙膑为辅国军师。

邹忌嫉妒田忌和孙膑屡建奇功，受宠于齐王，危及了自己的地位，再次对他们进行陷害，想置二人于死地。孙膑一进入人生舞台，便遭好友陷害，对社会的复杂和险恶，非常敏感，邹忌虽不露声色，但孙膑却隐约之中看出了邹忌的用意，在马陵之战胜利回齐国时，他就建议田忌派兵守住狭道隘口，出兵占领泰山、天唐（高唐）、高宛（广饶）等战略要地，率精锐部队袭取临淄，驱逐邹忌。但田忌既没有意识到国内斗争的尖锐复杂性，更没有胆略起兵，回朝后即遭邹忌等人的谗害，最终竟遭排挤，与孙膑一同流亡楚国。楚王得知这一消息，马上赐封田忌江南之地。

周慎靓王二年（前 319），孙膑由楚国返回齐国，回到故乡鄄邑孙家花园隐居。孙花园距孙老家 10 里许，是孙膑当年大摆迷魂阵，操练兵马的地方。

孙花园背靠青山，前有月厌河，鸟语花香，风景优美，这里离都城较远，可以远离喧嚣和纷争，是安度晚年的好地方。孙膑回想起自己的往事，决心把自己的军事理论传诸后人，他认真总结自己一生的军事实践，潜心研究前人留传下来的各种兵书，取其精华，并加以完善和发展。一些久仰其名的青年，前来拜在门下，跟他学习兵法。孙膑一面收徒授艺，演练阵法，一面努力著书立说。

孙膑穷尽毕生精力，终于完成了军事著作《孙膑兵法》。

《孙膑兵法》的问世，在中国古代军事史上留下了光辉灿烂的一页！据《汉书·艺文志》记载：《孙膑兵法》八十九篇，图四卷。它不仅是孙膑毕生所学及军事实践的总结，也是孙膑对春秋战国以上丰富的战争实践经验的总结。《孙膑兵法》早在战国后期就已流传于世，可惜至唐、宋时失传。1972年，在山东临沂银雀山汉墓中出土了《孙膑兵法》竹简，约有万余字。上编有“擒庞涓”“见威王”“陈忌问垒”等十五篇，下编有“十阵”“十问”“略甲”等十五篇，其余不详。这三十篇兵法，不但具有很高的学术价值，还为我们提供了许多栩栩如生的历史素材。

第二章　后世影响

第一节　传说故事

关于孙膑的传说故事在民间非常多，历经两千多年，仍广为传颂。在皮革、制鞋、烧炭、制作豆腐和泥塑等行业，孙膑还被尊为业界鼻祖和护佑神。

传说一：孙膑被庞涓暗害，被处以膑刑后，双腿残疾。一到阴雨天气和冬季，双腿疼痛，为保护被削去髌骨的双腿，孙膑用兽皮制成有史以来第一双过膝皮靴。后米的腿部残疾人纷纷效仿，再后来皮靴就普及了。后世的靴匠因此而尊孙膑为鼻祖。

传说二：孙膑下山遇到一位被毒蛇咬伤的樵夫，生命堪忧。为了不让蛇毒攻心，孙膑用剑将樵夫的双脚砍去，然后砍下自己的双脚，接在樵夫的腿上。为了隐藏上下不一致的脚，樵夫根据孙膑的提议，制作了鞋子穿在脚上。为感激孙膑的救命之恩，樵夫夫妇制鞋送人，使鞋匠一行逐渐兴旺。鞋匠们后来就尊孙膑为制鞋业的祖神。

传说三：孙膑被庞涓用计挖去髌骨之后，只好爬着行走，手掌和腿部磨得非常疼。他用兽皮缠裹手和膝部用以保护。因为兽皮干燥后非常硬，他就将兽皮去毛后蒸煮加工，使兽皮变得非常柔软。他用这种柔软的皮子制成手套和绑腿，使用起来非常舒服方便，从此便出现了皮革这一行业，而孙膑也成了这个行业的始祖。

传说四："无烟炭"的故事。有一天，鬼谷先生交给孙膑、庞涓每人一把斧头，让他们两个人上山砍柴。并说在十天之内看谁砍的柴多、好烧而且无烟，就先教给谁兵法。

孙膑和庞涓都想在师傅面前露露脸，先学到本领。孙膑觉得自己力小身薄，宜智取不宜强争。他想起跟随父亲讨饭时山里人烧炭的情景。他们烧出来的木炭又好烧又好放。于是孙膑就拿定了主意，第一天来到山上，孙膑依山崖拿锹依势挖了一个大肚子小门的窑洞，每天把砍来的柴放进窑洞，然后空手回鬼谷洞。庞涓则依凭着自己身强力壮，砍柴时拣最大最干的树枝砍，每天挑一担干柴下山，放在鬼谷先生面前，显示他的成绩。到了第九天晚上，孙膑把堆满的一洞木柴引着，柴火燃烧起来，等到一定火候后才封闭了窑门。第十天，火完全熄灭了，孙膑扒开窑洞门，搬出来一堆堆木炭，用绳子捆绑好，挑回放在老师面前。十天期满，鬼谷子在洞中点燃了庞涓的干柴，火势虽然很凶，但浓烟呛得人透不过气来，师徒三人只得到窑洞外面去躲避。接着又点燃了孙膑的木炭，火势既旺又没有烟。从此，人们把孙膑尊为烧炭业的祖师。

传说五：鬼谷子生病，在孙膑伺候他的时候，为他磨制了豆浆，正巧晾晒的盐被露水化成盐水流进豆浆里，豆浆凝固变成了豆花（还有一个传说是庞涓往豆浆里撒了泡尿）。鬼谷子吃完豆花后，非常有精神，要孙膑再继续为自己做豆花。庞涓十分嫉妒孙膑，在孙膑磨好豆浆后，偷偷地往里面加了点石膏水，没想到制成了更好吃的豆腐。从此以后，人们就把孙膑和庞涓供奉为豆腐业的祖师爷和保护神。

传说六：孙膑曾随父母流浪，学会了做泥人。后来孙膑通读天书，用法术把泥人用在了战场上。他出任齐国军师后，在齐、魏大战中，以泥人、泥马布阵，破了庞涓的“五雷阵”。无锡惠山人传承了孙膑捏泥人的技艺，延续了这一非物质文化遗产项目。

传说七：孙膑慕鬼谷子之名前往鬼谷拜师学艺，路上遇到毛蒙、庞涓。三人一同拜见鬼谷子。鬼谷子出题检验三人的才智。鬼谷子说：“我坐在山洞里，你们谁能让我走出山洞来，我就收谁为徒。”毛蒙第一个应试。他对鬼谷子说：我劝不出来您，我收拾东西下山走了。他下山后不久又匆忙回来，痛哭流涕地来到洞内对鬼谷子说："有人捎信来，您的老母亲突然得病了，您快下山见她老人家最后一面吧！"鬼谷子被骗出了洞。第二个是孙膑。孙膑对鬼谷子说："我没有办法把您从洞里请出来。如果您在洞外，我有办法让您进洞去。"结果鬼谷子自己走出了洞。第三个是庞涓，他在洞口点燃干柴，又放进干辣椒，滚滚浓烟里夹杂着辛辣味道，把鬼谷子熏得受不了，只好走出洞来。于是，鬼谷子收三人为徒。

传说八：孙膑自幼家贫，少年时他就为冷姓人家放牛。附近的水堡村头有片荒草地，地头有块石碑，孙膑常把牛系在此碑上，然后或研读兵书，或习演布阵，或和孩子们做打仗游戏。牛吃饱后，有乱舔的习惯，时常用舌头舔这块石碑。天长日久，石碑上竟留下一道深二三寸的牛舌舔的痕迹。这块碑便是后来的牛舔碑。

传说九：孙膑和庞涓在云梦山共同学艺三年，二人觉得学业有成，就拜别师傅下山求取功名。在下山的路上，孙膑见一老婆婆拿了根铁棍，在磨石上蘸了水磨绣花针。孙膑省悟自己功夫不到。后又见一大汉拿锤子、凿子凿山，欲凿通东海取水。孙膑省悟返回，继续学习。此后，鬼谷子把八门遁法、六丁甲文等奇术妙艺，一应传授给孙膑，成就了孙膑的军事才能。

传说十：送寿桃的来历。孙膑离开家乡，到千里之外的云梦山学习兵法。一去两年多没有回家。在他老母亲八十岁生日那天，孙膑要回家探母，鬼谷子摘下一个桃子送给孙膑，说："令堂八十大寿，为师没什么贵重礼品相送。我送给你一个桃子，带回去给令堂上寿吧。"孙膑回到家，把师傅送的桃子孝敬给了母亲。老人家接过鲜桃吃了一口，容颜马上变了。雪白的头发变成了如墨的青丝，昏花的双眼变得明亮了，掉了的牙齿又长了出来，脸上的皱纹也不见了，走路也不用拐杖了。人们听说孙膑的母亲吃了桃变年轻了，也想让自己的父母长寿健康，便都效仿孙膑，在父母生日的时候送鲜桃祝寿。但是鲜桃的季节性强，于是人们在没有鲜桃的季节，就用面粉做成寿桃给父母拜寿，这种习俗一直延续到今天。

传说十一：比赛吃馒头。一次，鬼谷子先生让孙膑与庞涓比赛吃馒头。一共五个馒头，鬼谷子要求他俩每人一手只能拿一个，吃完了才能再拿，看谁吃得多。鬼谷子说完，庞涓就急不可耐地一手拿了一个馒头，狼吞虎咽地吃起来。而孙膑只是拿了一个馒头吃。吃完了这个馒头，就把剩下的馒头一手一个，抓在手里慢慢吃，赢了这场吃馒头比赛。

传说十二：孙膑算卦。孙膑要下山投奔庞涓。鬼谷子要为孙膑占卜。鬼谷子让孙膑去摘一朵山花。孙膑等不及山中采花，见先生几案上供有黄菊，就随手拔下一枝，呈给鬼谷子，鬼谷子看后又插入瓶中。鬼谷子说："此花被折断，不为完好，你此去必有大灾。但菊花性耐岁寒，经霜不坏，虽有残害，不至于丧失生命。此为供养瓶中之花，为人所爱重。瓶乃范金而成，钟鼎之属，终当威行霜雪。此花已经提拔，恐一时不能得意；仍旧归瓶，你的成功之处，应还是在故土。"

传说十三：师兄弟斗阵法。孙膑到魏国后，魏王要测试孙膑的本领，就决定在校场阅兵，让庞涓和孙膑二人，各演兵法战策。庞涓布了几个阵，孙膑立刻指出阵的名称以及破阵的方法。可孙膑摆出了一个阵，庞涓却不认识。他怕魏王轻视自己，就悄悄地问孙膑："这是什么阵？""此乃'颠倒八门阵'。"孙膑回答。"可以变化吗？""遭到进攻就变成'长蛇阵'了。"于是庞涓对魏王说："这是'颠倒八门阵'，遭到攻击就可以变为'长蛇阵'了。"魏王认为孙膑、庞涓二人为同门师兄弟，本领相当。

第二节　诗歌

春秋战国门孙膑

【唐】周昙

曾嫌胜己害贤人，钻火明知速自焚。
断足尔能行不足，逢君谁肯不酬君。
燕齐争战几时休，今日孙膑不自由。
苏代大夫赍圣旨，故宣鬼谷下山头。
齐国功成定太平，诸邦将士各还京。
纵横斗智乐孙辈，青史昭垂万世名。

马陵白书

【唐】胡曾

飒飒寒风九月天，驱戎独过马陵前。
路傍古木白书处，记得将军破敌年。

《史记索隐》述赞

【唐】司马贞

孙子兵法，一十三篇。
美人既斩，良将得焉。
其孙膑脚，筹策庞涓。

赠崔立之评事

【唐】韩愈

崔侯文章苦捷敏，高浪驾天输不尽。
曾从关外来上都，随身卷轴车连轸。
朝为百赋犹郁怒，暮作千诗转遒紧。
摇毫掷简自不供，顷刻青红浮海蜃。
才豪气猛易语言，往往蛟螭杂蝼蚓。
知音自古称难遇，世俗乍见那妨哂。
勿嫌法官未登朝，犹胜赤尉长趋尹。
时命虽乖心转壮，技能虚富家逾窘。
念昔尘埃两相逢，争名龃龉持矛楯。
子时专场夸觜距，余始张军严韅靷。
尔来但欲保封疆，莫学庞涓怯孙膑。
窜逐新归厌闻闹，齿发早衰嗟可闵。
频蒙怨句刺弃遗，岂有闲官敢推引。
深藏箧笥时一发，戢戢已多如束笋。

孙庞二将

【宋】邵雍

孙膑伏兵称有法，庞涓钻火一何愚。
兵家诡诈尽如此，利害今人自不殊。

晦日即事示同游

【宋】韩淲

从来评道德，亦必在耕猎。
好恶空纷拏，利害漫慑怯。
郡国有惠养，朝家有调燮。
孙膑为断足，范雎至折胁。
尚能变轩昂，未信衹萎苶。

和吕秘校其四

【宋】徐积

能建功名是俊豪，区区时辈乃儿曹。
班超投笔宁无志，樊哙横行谢见褒。
兵法每羞孙膑诈，将才惟爱武侯高。
他年不负东平约，待假偏师入不毛。

足弱二首

【宋】姜特立

脚力虽云弱，心灵尚宛然。
休轻刖孙膑，犹解杀庞涓。

孙　膑

【宋】徐钧

百年家学妙兵机，知彼犹怜己未知。
绝爱奇功成砍树，何缘卫足不知葵。

种桃斋写神赞

【宋】白玉蟾

南海琼山子，香山居士孙。
习文不若陆贾，习武不如孙膑。
八千余里琴剑，二十一年水云。
偶过庐山之下，痛饮蟾溪之滨。
纵饶画得十分似，何似天边一月轮。

夜　坐

【宋】郭印

永夜不可寐，霜风悩北窗。
一室何所有，书帙对寒釭。
当今苦乏才，九鼎从敌扛。
翠华尘屡蒙，南北分大江。
有酒强排遣，饮湿难空缸。
孙膑不再生，畴能死穷庞。
肉食无远谋，狐裘正茸龙。
我欲叩阊阖，钟以寸筳撞。
理乱非吾事，忧心如是降。
宴坐鸣天鼓，和声听逄逄。

观诸公打马诗

【宋】朱翌

酒酣侑坐展博局，分曹并进角马足。
过关验齿出天衢，入关未掩绕日轴。
十骥并驱纵来往，一将折箠制起伏。
击前叠后看腾骧，避堑守狭良局促。
缓时秘若出门殿，妙处正须蚁封逐。
孙膑能令田忌胜，诸人徐贺塞翁福。
障泥在前解则行，杜蘅可采带宜速。
莫疑檀溪坠三丈，终使青云成一蹴。
吾家款段乃如狗，敢上夷涂陪骥騄。
但能书与尾而五，未免以策数曰六。
归欤秋满华山阳，荷麦倍收连苜蓿。

独足诗

【元】吴会

貌取失子羽，形嗤惭赵娥。
不见平原君，宣尼宁重过。
郤克何使国，孙膑尚挥戈。
支离役且及，塞翁得如何？

孙　膑

【明】胡奎

孙膑古名将，庞涓俱学兵。
刖足见齐使，始识田将军。

指麾辎车中，号令若风霆。
引兵走大梁，遂解邯郸城。
救韩示怯战，减灶功乃成。
马陵书大木，弩发如流星。
跛鳖信千里，刑余安可轻？

齐军师孙膑

【明】傅汝舟

无足走有足，庞涓奔不速。
岂有十万灶，两日死二六。
捣梁以救赵，兵法较谁熟？

孙　膑

【明】俞允文

筹荣之行，六以其时。
徨徨刑徒，卒为国师。
更驷显画，损灶曜奇。
齐是以强，魏是以危。
秘哉筹荣，雠灭名垂。

过马陵关庞涓墓下作

【明】宋讷

救韩齐将出关门，魏国追兵胜负分。
减灶一筹输竖子，伏林万弩待将军。
书名斫树无遗迹，埋骨依山有旧坟。
断足不知勍敌在，谋身踈阔可怜君。

骁　将

【明】唐文凤

天赋骁勇姿，世称万人敌。
猛奋拔山势，健伸扛鼎力。
叱咤声如雷，群马皆辟易。
出没声若风，独鸷自搏击。
古将应难俦，今人更无匹。
伏弩发马陵，烈焰炽赤壁。
怒瞋目流电，威震须森戟。

自　述

【明】林希元

孙膑既刖足，犹能破魏军。
范雎既折胁，犹能霸嬴秦。
英布曾黥面，而乃受茅分。
马迁下蚕室，史记迄有闻。
曰予虽蒙难，性命幸苟存。
著述犹可勉，天未丧斯文。
风云如有会，犹解策华勋。

题孙子祠

【明】孙梦豸

孙子祠槐枝干苍，玲珑蟠曲透晴光。
叶浓九夏云屯绿，花落三秋雨点黄。
一代威名雄战国，千年风景萃都昌。

里人漫说擒龙事，且坐清荫趁举觞。

文敬携叠韵诗见过且督再和去后急就一首

【明】李东阳

黄门筵中客满座，回首光阴如鸟过。
宦途颠蹶亦有之，不见黄门已州佐。
人言官重不如身，我身幸全何害堕。
自断吉凶皆付天，不须重问梁丘贺。
闻君此语唯复阿，如病得医逢扁陀。
亦知身世等梦幻，实恐名教遭讥诃。
孙膑刖膝尚酣战，幼舆折齿还高歌。
何如乐正一伤足，忧心抱痛如创戈。
君方大笑复出户，五十漫劳嗤百步。

孙　膑

【清】文鸿云

百里老贱媵，乃为秦良弼。
子胥穷丐夫，卒能霸吴国。
范雎折辱余，雄图逞蚕食。
孙膑惫矣甚，马陵终奏绩。
四子俱伟人，勋业光史册。
当其处艰危，几莫保朝夕。
千古叹才通，半生悲遇塞。

杂　诗

【清】华长卿

结交贵以淡，常耻脂与韦。
酒食相征逐，贵贱生嫌隙。
欲广绝交论，毋宁甘守雌。
孙膑杀庞涓，苏秦害张仪。
束发皆同学，嫉妒成参差。
善哉子夏言，不可者拒之。

行路难

【清】吴俊

吁嚱呼，
泰山坦坦蜀道平，一心两意殊阴晴。
又无秦时照胆镜，虽有热血向谁倾。
朝为刎颈暮刖足，庞涓孙膑日向逐。
未央宫中烹功狗，广武俎上分翁肉。
世事纷纷何足云，与君尽此樽中绿。

读史记杂诗

【清】汪日桢

同师授法有薪传，智不如葵亦可怜。
幸得成名真竖子，谁言孙膑胜庞涓。

孙　膑

【清】罗惇衍

独卧辎车破敌兵，马陵敢诩遂成名。
但教此树书留白，聊报当年法坐黥。
驷竞急徐金作埒，灶神增减铁为营。
庞涓终竟才难及，阴计何能贼友生。

孙膑洞

【清】张祥河

缒险悟兵法，呀然云烟通。
举火若见马陵树，白书对面分雌雄。
浑河冥冥引石罅，万弩下激声当风。
尝闻古清溪，中有鬼谷洞。
膑与师名相伯仲，墓碣房山见者众。
当时谁成竖子名，忌才轻敌空斗兵。
阴厓兀向设诡计，石佛俯视如有情。

孙膑营

【清】冯云鹏

膑生阿、鄄似寻常，减灶成功在大梁。
率乃祖风传武子，教宫人战想吴王。
诈谋纵出庞涓右，谟略终无乐毅长。
听说城南多壁垒，升平难觅古沙场。

杂　感

【清】邓显鹤

卞和足遭刖，璧价重连城。
孙膑足遭刖，竖子遂成名。
谅彼自有真，何心计屈伸。
谓事已至此，便是未了因。
荆山一得剖，燕石愧缇申。
马陵一算胜，将军树下嗔。

张桓侯庙访旧不值，遂看菊于孙膑祠

【清】莫友芝

张侯庙前栖断霞，孙子祠边多菊花。
弄霞高人向何处，菊花邀我过孙家。
孙家碧槛临溪水，菊花照影娇罗绮。
罗绮成行两队开，祖风却忆吴宫里。
吴宫卫灶已成尘，争似黄花岁岁新。
老兵失却老兵在，可惜昨日茅台春。
茅台昨日不须惜，急管繁弦动秋碧。
隔岸方祠涿鹿侯，当轩又赛阿、鄄客。
花东歌罢花西舞，为问两君尔何取。
鼓刀未必辱雄名，刑余竟要成初祖。
世间遇合真纷纷，屠子靴工休疆分。
乞我菊花双鬓满，长谣搔首一思君。

独角牛歌

【清】吴克思

瓦城社，孙子宫，孙子神牛亦英雄。
独角日行八万里，花蹄往来如生风。
曾助宁戚成相业，不数田单用火攻。
触墙何须分八字，卦书要与阴符通。
由茧而栗而握尺，首尾都是麒麟容。
天地、山川、社稷、宗庙皆不享，
留与孙子成大功。
马陵阵前逞雄骏，乘韦十二俱无庸。
黄姑收去归天上，铸像屡烦攻金工。
而今屹立山门外，黑精幻化牡丹红。
会当乘之入函谷，煌煌紫气来于东。

孙膑歌谣

（流传于郓城）

二月二，龙抬头，
孙膑下山骑青牛。
手里拿着紫金棍，
他与庞涓结怨仇。
孙膑艺高本事大，
同窗庞涓害了怕。
生个点，
使个坏，

骗了孙膑把他害。

孙膑一恼布奇兵，

庞涓到死哼一声。

第三节　戏剧、影视作品

一、戏曲

关于孙膑、庞涓同门相害的戏曲非常多，主要戏曲种类有：京剧、秦腔、豫剧、婺剧、评剧、温州鼓词、老调、太平歌词等，剧情大多是孙膑受迫害、为报仇与庞涓斗智斗勇的故事。

京剧《孙膑与庞涓》

剧情：孙膑、庞涓两人告别师傅鬼谷子下山，受到重用。庞涓见孙膑处处比自己强，便用计陷害孙膑。孙膑被挖去膑骨致残。孙膑后来发觉庞涓阴谋后，装疯卖傻才得以活命逃脱。最终在马陵道两军对决，庞涓中计自杀，孙膑报仇雪恨。

秦腔《孙膑坐洞》

剧情：孙膑与庞涓一同在鬼谷山跟随王诩学艺。后来二人同到魏国效力。庞涓为得到孙膑的《兵法》，设计陷害孙膑。孙膑逃到齐国，被封为军师，于马陵道设伏诱庞涓入包围圈，庞涓中计自刎，孙膑报仇。此后，孙膑不愿在朝为官，到天台山玉帘洞修身养性。秦始皇派大将王翦攻打燕国。孙膑的父、兄、妹皆被杀，其母差遣孙燕到天台山搬孙膑，孙燕说服孙膑下山报仇。孙膑下山，用五雷碗和沉香拐与玉灵官大战于玄关。该剧又称《过玄关》。

婺剧《孙膑与庞涓》

剧情：孙膑、庞涓俱在鬼谷子门下练武学艺，二人情深意笃，结为生死弟兄。庞涓先行到魏国求官，因功封为大将军。庞涓向魏王推举孙膑。不料魏王听了孙膑对兵学的见解，赞赏不已，当即封孙膑为军师，这让庞涓心生忌妒。从此，孙膑开始连遭厄运：先是以私通齐国罪险被斩首，经庞涓苦苦求情，改为膑刑。孙膑感念庞涓救命之恩，日夜刻写祖上传下来的《孙子兵法》欲献给庞涓。云娘是庞涓派来伺候并监视孙膑的，出于怜悯之心说出实情，原来这一切都是庞涓设下的圈套，只为骗取《孙子兵法》。孙膑恍然大悟，为保命而装疯卖傻。在云娘和禽滑厘的帮助下，孙膑逃回齐国。十三年后，庞涓率兵攻打韩国，韩王向齐王求救，齐王以孙膑为军师领兵前去救援。孙膑采用减灶诱敌之计，将庞涓引至马陵道。魏军遭遇伏击，全军覆没，庞涓自杀。

评剧《孙庞斗智》

剧情：战国时期，魏惠王重用大将军庞涓的同门师弟孙膑，庞涓怕被魏惠王冷落，便设计陷害孙膑。孙膑被处膑刑致残。庞涓假意照顾孙膑，留其住在府中，故献殷勤，孙膑不知其险恶用心，为其刻写兵书一十三篇。竹简刚刻完，庞涓便送来毒酒欲害死孙膑，侍女告知内情，孙膑烧毁兵书。依鬼谷先生所赠锦囊之计，装疯癫逃出，到齐国做了军师。齐魏交战，庞涓中孙膑之计，死于马陵道。

豫剧《孙膑下山》

剧情：东周时期，王翦受秦王之命伐齐，杀了孙膑全家。孙膑之侄孙燕搬孙膑下山救齐，替全家报仇，遇毛遂与孙膑对弈不胜，败兴而归，误将孙燕认作“弈棋高手”荐于孙膑。孙燕请求孙膑下山，孙膑推脱不去。毛遂献计，孙膑最终随孙燕下山。《孙膑下山》又名《孙伯龄下山》《孙燕搬兵》《阴五雷》

等，属豫剧传统剧目。怀调、四股弦（五调腔）均有此剧目。

最具代表性的当属马致远写的四折元曲杂剧《燕孙膑用智捉袁达庞涓夜走马陵道》。主要剧情：

第一折：云梦山水帘洞修道的鬼谷子王禅有两个弟子，一个是庞涓，一个是孙膑。二人均欲下山求官。鬼谷子当面测试二人智谋计策，许庞涓先下山。孙膑送行，二人商定，庞涓居官后举荐孙膑。庞涓在魏国立下战功，被封为武阴君。庞涓向魏王保举孙膑，魏公子申让孙膑、庞涓一起排兵布阵，庞涓知孙膑才能超过自己。

第二折：鬼谷子料到庞涓会陷害孙膑，在水帘洞作法施救。庞涓设计诬陷孙膑谋反，将孙膑绑缚杀场，欲杀孙膑。孙膑骗庞涓愿献出师傅所传《六甲》天书，庞涓想得到天书，改杀孙膑为刖双足。刽子手告知孙膑真相。

第三折：孙膑佯装疯魔，骗过庞涓。齐国上大夫卜商到魏国进贡茶叶，探知孙膑在魏国受迫害之事，试探孙膑。卜商、孙膑二人设计，骗过庞涓，逃往齐国。

第四折：孙膑到齐国后，被拜为军师。齐军会合赵、楚、燕、韩、秦等国军队，用增兵减灶之计，将庞涓诱进马陵山谷包围圈，孙膑报仇，杀死庞涓。

曲子最后有一段戏词，总结了全剧内容：

奈庞涓擅起戈矛，生扰乱六国诸侯。
自恃的英雄无敌，妒孙子假意相求。
只等待下山入魏，便与他赌胜争筹。
因打阵结成嫌隙，索天书百计图谋。
强中手偏生犯对，诈风魔一命终留。
卜大夫载回齐国，拜军师坐拥貔貅。
诸国将皆来助战，喊杀处雾惨云愁。
用减灶佯输诡计，引追兵直过鸿沟。
伏万弩马陵山谷，题大树决斩庞头。

果然得分户奏凯，还报了刖足深仇。

在民间影响最大的当属太平歌词《孙庞斗智》，明显带有说教色彩，歌词简洁明快。戏词如下：

天下云游四大部洲，人的心好比长江水自流。

君子人交友淡淡如水，小人交友蜜里调油。

淡淡如水人情在，蜜里调油不到头。

交朋友总学桃园三结义，莫学那瓦岗寨上断香头。

前七国有一段孙庞斗智，那也是君子小人水不容油。

云蒙山有一个水帘洞口，鬼谷仙师要把徒收。

孙膑庞涓结了一拜，师兄师弟共把道修。

那庞涓鼠耳鹰腮多奸诈，老仙师赶他下了山头。

留下了孙膑把桃园看，来了个小小的白猿把桃偷。

孙膑念他是孝顺子，忙把仙桃赠猿猴。

白猿把天书托在手，赠与三哥把道修。

孙膑把天书全读透，又谁知塌天大祸震当头。

庞涓在魏国招了驸马，约请三哥统貔貅。

好一个孙膑多么忠厚，哪知道天罗地网要把口收。

刖去了双膝留下活口，装疯卖傻在十字街头。

到后来齐国救走了燕孙膑，百万大军报冤仇。

庞涓来到了马陵道，观则见大树以上把皮抠。

上写着庞涓命丧此，今日要报往日的仇。

三爷摆手说放箭，弓声响亮射贼酋。

马陵道箭攒了庞驸马，苍天不把恶人留。

争名夺利终何用，富贵荣华又怎么到头。

阎王爷好比打鱼的汉，无常小鬼把人勾。

生死簿造定三更死，谁敢留你日当头。

穿白戴孝给活人看，谁管你家财万贯做过王侯。

花棺彩木量人的斗，万顷江山一个坟头。

今晨看罢了桃花柳，明晚又看月当头。

为人但把良心正，恶鬼敲门也不发愁。

家中孝顺二父母，何必到西天去把佛求。

此外，关于孙膑的戏剧，还有山东梆子、越调《青龙阵》，大平调《孙膑下山》，豫剧《马连道孙庞斗智》，山东琴书《火烧孙膑》，秦腔《孙膑坐洞》《划河》《阴火阵》，苏州评弹《孙庞斗智》，温州鼓词《孙膑与庞涓》等。

二、影视作品

20世纪60年代以来，我国拍摄了一系列反映孙膑智谋、孙庞斗智的电影、电视剧作品，通过艺术手法，反映了战国时期诸侯国之间复杂的斗争，展现了孙膑的隐忍大气、足智多谋，突出了庞涓的阴险狡诈。

1. 电影类

《马陵道》

剧情简介：战国时期，庞涓因忌妒孙膑精通《孙子兵法》，恐其被魏惠王重用，将其骗到魏国。庞涓一面派亲侄庞茅与诚儿热情侍奉孙膑，背后又在惠王和太子面前诋毁孙膑。庞涓设下圈套，诬告孙膑私通齐国。惠王欲治孙膑死罪，庞涓假意向惠王求情，孙膑被减刑挖去膑骨。孙膑报庞涓救命之恩，欲将《孙子兵法》默写出献给庞涓。庞涓则想在得到《兵法》后毒死孙膑，被庞茅、诚儿揭穿。孙膑被庞茅、诚儿与齐国使臣淳于髡救出，逃往齐国，得到齐王重用。魏军进攻韩国，齐国出兵救援。齐王问计于孙膑，将庞涓诱杀于马陵道，全歼魏军。该片导演李晨风，主演：张瑛、吴楚帆、李清、梁慧文、朱克等。

《孙膑下山斗庞涓》

剧情简介：孙膑是鬼谷子的弟子，为了下山，和师兄弟进行了一系列的比试，最后技高一筹的孙膑，提前出了师门。孙膑来到魏国。魏王命令他训练后宫女兵。魏王的爱妃和侍女不配合孙膑的指挥，孙膑斩杀了魏王的两个爱妃。魏王非常生气，但最终没有治他的罪。庞涓嫉妒孙膑的才华，怕孙膑抢了自己的职位，于是设计陷害孙膑，砍去孙膑双腿。后来，孙膑和其他师兄弟一起，利用鬼谷子传授的阵法，打败了庞涓。逃跑的庞涓又误中了自己设下的陷阱。最终，庞涓被自己布下的弓箭手射死。该片由金翁执导，岳华、高雄、黄玲主演，是台湾华语动作片电影。

《战国》

剧情简介：战国时期，七雄争霸。齐将田忌率兵与魏军交战，田忌原以为胜券在握，不料被孙膑用计谋打败，齐国锐气大挫。田忌之女田夕独闯齐军大营力擒孙膑。求贤若渴的齐王招降孙膑，并将其安排为田夕的门客。河洛大会上，孙膑帮齐国赛马，才华初露，偶遇昔日的同门师兄庞涓。此时的庞涓已为魏国大将军，他将孙膑交换回魏国。魏王为人多猜忌，庞涓又忌恨孙膑独得鬼谷子的绝学，故而设计剜去孙膑的膝盖骨。庞婉知道了庞涓陷害孙膑和称霸天下的野心，为了劝阻庞涓她烧掉了粮草，并且献出了自己的生命。孙膑逃离魏国到齐国后，率领齐军在马陵道报仇雪恨，逼死了庞涓。孙膑为了田夕滚下崖坡。该片以战国时期孙膑与庞涓两位名将之间的争斗为历史背景，包含了爱情、战争等电影元素。《战国》是由金琛执导，孙红雷、吴镇宇、景甜、金喜善等主演的古装历史电影。

2. 电视剧

《奇门鬼谷》

剧情简介：战国时期，孙膑、庞涓二人是患难之交，同学道于鬼谷子门下。孙膑的叔父孙乔为保《孙子兵法》，一家惨遭屠杀，孙乔临终前安排孙膑拿回兵法。孙膑在鬼谷子协助下，找到孙兰，不料孙兰又被杀，孙兰临终前把女儿百里香托付给孙膑，二人随鬼谷子回鬼谷学道。

司马静之父司马平被杀。司马静投靠鬼谷子。孙膑、庞涓、百里香、司马静等慢慢产生了一段多角恋情，孙膑钟情于钟离艳。后来，庞涓下山投奔魏国，得到重用后邀请孙膑到魏国效力，魏王特别看重孙膑，司马静暗恋孙膑，庞涓忌妒，便设计陷害孙膑。孙膑受尽屈辱，逃过一死。受难期间孙膑得到司马静无微不至的照顾，两人感情日增。孙膑最后逃到齐国，施计杀死了庞涓。钟离艳、百里香因助孙膑而死，孙膑和司马静返回鬼谷，从此隐居世外。本剧导演李国立，主演欧瑞伟、黄日华、王绮琴、龚慈恩、郑艳凤等。

《兵家孙膑》

剧情简介：战国时期，孙膑、庞涓为同门师兄弟，庞涓完成学业后赴魏国参加比武选拔，受到魏王重用，成为魏国大将。师傅鬼谷子在庞涓走后秘密传授孙膑《孙子兵法》。庞涓得知孙膑精通《孙子兵法》，将其骗至魏国，逼迫孙膑将兵法写出来给自己。孙膑拒绝被处以刖刑，其师妹园园和孟云儿也一同受到酷刑。孙膑忍辱偷生、立志报仇。齐王得到消息，派人将孙膑秘密救回齐国。后来孙膑、庞涓各自率领齐、魏两军在战场相遇，齐军大败魏军，庞涓战死。

《兵家孙膑》是由李兴权执导，多位实力派明星加盟，王志刚、白俊杰分别出演孙膑和庞涓。全剧共 13 集。

《东周列国·战国篇》

《东周列国·战国篇》演绎的是战国时期的一段历史。从第 10 集开始至第 12 集，孙膑、庞涓成为齐魏相争的主角。孙膑与庞涓同门学艺，情同手足。庞涓走出师门在魏国建功立业，回到鬼谷请孙膑出山，两人立誓要共享富贵。只有深谙两人性格的师傅鬼谷子对此不以为然。孙膑到魏国后受到魏王重视，而庞涓却开始受到冷落。庞涓用计陷害孙膑，以假装癫狂作掩护的孙膑逃到齐国，在大将田忌手下做了军师。孙膑通过围魏救赵战术打败庞涓率领的魏军，在马陵道再次大败魏军，庞涓自杀。孙膑报仇了雪恨。

《孙子兵法与三十六计》

该剧将《孙子兵法》和《三十六计》融为一体，全面展现了战国时期齐、魏战争及孙膑和庞涓二人斗智斗勇的故事。

战国时期，世外奇人鬼谷子有两个得意弟子，一个是孙膑，另一个是庞涓。庞涓下山到魏国得到重用，此后鬼谷子将失传的《孙子兵法》传于孙膑。庞涓率领的魏国大军与楚国军队相持不下，孙膑帮助庞涓运用《孙子兵法》之计策大败楚军。庞涓因此嫉妒孙膑的才能，开始陷害孙膑。孙膑被处以膑刑。蒙在鼓里的孙膑感谢庞涓救命之恩，为他日夜刻写《兵法》。庞涓的谋士公孙阅为得到美女钟离秋，把庞涓的阴谋告诉了孙膑。孙膑假装痴癫，将刻写的《兵法》全部烧毁。钟离秋试探孙膑，向孙膑倾吐真情，孙膑不为所动，暗中监视孙膑的庞涓因此相信孙膑真疯了。钟离秋的姐姐钟离春得知孙膑装疯的真情后，到齐国请求大将军田忌解救孙膑。田忌派门客禽滑厘前往魏国，救出孙膑。孙膑到齐国被任命为军师，齐魏交战，孙膑在马陵道设伏复仇，庞涓自杀。该剧由仇永力、杨洪武等主演。

《孙膑》

《孙膑》是一部2008年11月出品的国产电视剧，导演夏刚，编剧周文京等。

剧情简介：孙膑自幼随其父习练兵法。八九岁父母双亡成了孤儿，以放牛为生。青少年时期的孙膑，灵活运用计策，惩罚恶霸。之后，他拜师鬼谷子，赢得了师妹苏睿卿的爱慕，引起师兄庞涓的嫉恨。庞涓为求取功名，下山到魏国领兵打仗，成为大将军。之后，庞涓骗孙膑下山到魏国效力。孙膑到魏国后屡立战功，引发庞涓妒忌。庞涓诬陷孙膑叛国，孙膑被魏惠王施以膑刑。孙膑忍辱负重，用“诈疯魔”之计骗过庞涓，后被救回齐国，封为军师。孙膑以“不战而屈敌人之兵”之计，招抚了叛将；用“围魏救赵”之计在桂陵打败了庞涓；以“偷梁换柱”之计，打败了楚国入侵之敌；最后以“减灶诱敌”之计，在马陵道大败魏军，庞涓自杀。

《孙子兵法》

由袁志成导演，郑则仕、郭晋安、莫少聪、吴毅将、林俊贤等主演的《孙子兵法之战国传奇》又称《孙子兵法孙膑篇》。该剧通过孙膑与庞涓同学技艺，到庞涓忌妒孙膑设计陷害，再到马陵战役中孙膑与庞涓斗智斗勇，报仇雪恨，最终丰富发展《孙子兵法》而形成《孙膑兵法》，使其成为古今中外的旷世军事著作。

第四节　小说、连环画

有关孙膑的小说，主要通过对孙膑人生经历的描述，展现其跌宕起伏、波澜壮阔的传奇一生。内容包括：孙膑与庞涓跟随鬼谷子同道学艺，庞涓用计陷害孙膑而使其致残，孙膑逃离魏国投奔齐国，孙膑助田忌赛马，辅佐田忌两次击败庞涓，取得了桂陵之战和马陵之战的胜利，奠定齐国的霸业。

古今小说有：

《全相平话乐毅图齐七国春秋后集》

此为长篇讲史话本，元至治（1321—1323）年间建安虞氏刊行的《全相平话五种》之一。原本藏日本内阁文库，中华人民共和国成立后由商务印书馆影印回国并出版。

该书分上、中、下三卷。主要描写的是：战国时期，燕国丞相乐毅出兵伐齐与孙膑斗智的故事。孙膑智斗庞涓大破魏军之后，齐王始有吞并天下之心。孟子游说齐国，被齐王封为上卿，齐国大治。此时，孙膑得知父亲孙操在燕国被囚辱，即奏准齐王，率二十万大军讨伐燕国，并杀了燕王脍。然而，齐国此时内部发生宫廷政变，杀了齐宣王，另立愍王，齐国大乱。孙膑极为失望，诈死隐居。而此时的燕昭王广施仁政，招贤纳士，燕国得以复兴。不久，乐毅受到燕昭王重用，被封为亚卿，执掌国政。为了复仇，燕王以乐毅为帅，联合秦、赵、韩、魏四国，讨伐齐国，破齐七十余城，攻破齐都，杀死了齐愍王。齐国人心涣散。在国家生死存亡关头，隐居山林的孙膑下山助齐，大败燕军，为齐国争得喘息的机会。乐毅又一次兴师伐齐，与孙膑对阵。二人遂各显神通，摆阵斗法，不分胜负。双方各请援兵助战。最终双方讲和，天下太平。

小说通过孙膑与乐毅斗法的过程描写，较好地塑造了孙膑和乐毅的形象，突出了孙膑智慧、正直、沉着、勇敢的品质。孙膑是齐国功臣，遭到邹忌国舅的妒忌，被迫隐退，但是他仍时刻关心着齐国的命运，在齐国危亡之时，毅然挺身而出，表现了他的爱国精神和不凡气度；面对齐军的一败涂地，他明察形势，一方面使反间计，使燕王召回乐毅，一方面使火牛计，杀得燕军大败，迅速扭转了整个战局，表现了他的智慧和才能；面对乐毅的强大攻势，他只身入虎穴，进燕营劝说乐毅回师，表现了他大智大勇的沉着气概。诸如此类富有传奇色彩的描写，使孙膑的形象被鲜明地表现出来。由于作者较多地吸取了民间传说故事，对孙膑进行了艺术性的夸张描述，具有明显的神异色彩。而故事本身，也多与史实不符。

《孙庞斗智演义》

《孙庞斗智演义》又名《孙庞演义》《前七国孙庞演义》，章回体小说，四卷二十回，一般认定其作者为明末清初时人吴门啸客，成书于明崇祯九年（1636）。

内容简介

战国初，七雄割据，燕驸马孙操之子孙膑上云梦山跟随鬼谷子学艺。同学庞涓奸诈阴险，嫉贤妒能。鬼谷子故意传假天书于孙膑，被庞涓骗去读后烧毁，庞涓下山求官。孙膑留山中，得真天书，尽学鬼谷子才能。

庞涓下山后在魏国得到重用，擒齐将田忌，被招为驸马。庞涓派人把孙膑骗下山辅佐自己，发觉孙膑才能超过自己，设计诬陷孙膑谋反，魏王下令刖其足。庞涓献殷勤骗孙膑写天书。孙膑得知受骗真相，佯装疯癫成为乞丐。后被齐大夫卜商救至齐国，居田忌府中。

孙膑辅佐田忌，与魏国交战，孙膑用减灶法及缩地术，诱庞涓至马陵山，活捉庞涓，分尸齐国。孙膑被封齐国总兵军师，不受而归隐。

《孙庞斗智演义》作为以历史故事为依据进行演绎写成的通俗小说，虚实结合，故事情节扣人心弦，较好地塑造了孙膑、庞涓等人物。该书虽然依照史书，但与正史多有出入。如孙膑是齐人，书中说他是燕人，且为孙武的孙子；卜商是春秋时人，秦将白起、赵将廉颇都是战国末人，作者却将他们组合在了一起，等等。

《东周列国志》

《东周列国志》是明末小说家冯梦龙著、清代蔡元放改编的长篇历史演义小说，成书于清代乾隆年间。

在该书中，孙膑于第八十七回《说秦君卫鞅变法　辞鬼谷孙膑下山》中登场。该书以《史记》为依据，对孙膑、庞涓二人相斗及齐、魏两国发生的战争进行了细致的刻画描写。

《孙膑与庞涓》

内容简介：本书取材自《东周列国志》中的孙膑与庞涓斗智这一历史事件，从孙膑、庞涓学艺到孙膑箭射庞涓结束，中间穿插孙膑刖足黥面、淳于髡救孙膑、田忌赛马、围魏救赵、箭射庞涓等情节。作者李存源。

《孙膑演义》

《孙膑演义》是评书艺术家田连元创作的中篇评书。作品创作于 20 世纪 80 年代，共 12 回，主要讲述了孙膑拜鬼谷子为师，下山后被师弟庞涓陷害，最终脱险来到齐国，受到齐王重用而出兵伐魏，在马陵道大胜魏军，杀庞涓报仇雪耻的故事。

有关孙膑的连环画故事有：

《孙膑下山》《孙膑和庞涓》《孙膑斗庞涓》《孙膑减灶》《围魏救赵》《孙庞斗智》《马陵道》《兵圣两孙子》《中国古代残疾人画传》等。

第五节　新闻报道

1991 年 7 月，“《孙氏族谱》暨孙膑研讨会”在山东菏泽召开。与会专家通过认真考证，一致认定《孙氏族谱》和《孙氏家祠序》可证明孙膑故里在鄄城县孙老家。1992 年元月，在山东菏泽再次召开了“《孙膑传影》暨孙膑故里论证会”。与会专家、学者在充分肯定 1991 年会议成果的基础上，对孙老家的方位、孙氏家族的世系排列、《族谱》记载的史实，及新发现的《孙膑传影》反映的信息等，进行反复辨析和认真论证，会议进一步认定孙膑故里就在鄄城县红船镇孙老家一带。这两次会议形成的重大成果,国内外的报刊、广播电台、电视台等新闻媒体纷纷作了报道,在世界范围内引起了强烈反响。现将收集到的部分报道摘录如下。

一、报刊报道

1991年8月10日新华社（济南）通稿

孙膑出生地被确认

一批著名史学家对珍藏的“孙氏族谱”和“孙氏家祠序”进行了认真考证，确认两千多年前的著名军事家孙膑的出生地为今山东省鄄城县红船镇孙老家村。

孙膑生在何处？一直是个悬题。史籍中对孙膑出生地的记载仅见于汉代司马迁所著《史记·孙子吴起列传》，其中写道：“膑生阿、鄄之间，膑亦孙武之后世子孙也。”

近年来，山东省菏泽地区的社会科学研究工作者，经过周密的考察，在鄄城县红船镇孙老家村发现了与孙膑有关的族谱、祠堂和牌位。此村距鄄城东北四十里，村内百分之九十五居民姓孙。问起孙膑，全村老幼皆知为始祖。村中还保存一座孙氏祠堂，每逢年节，供奉孙膑牌位。村中老人孙志一献出珍藏的“孙氏族谱”和“孙氏家祠序”以及“孙老家家族分支概况表”。经专家们研究考证，确认了孙膑出生地。（记者刘关权）

1991年8月14日《人民日报》（海外版）以“孙膑出生地被确认”为标题转发。

1991年8月11日《光明日报》以“孙膑出生地为山东鄄城”为标题转发。

1991年10月27日《中国青年报》以“孙膑故里确认在鄄城县孙老家”为标题转发。

1991年8月11日《天津日报》以“孙膑出生地为山东”为标题转发。

1991年8月11日《济南日报》以“孙膑出生地被确认”为标题转发。

1991年7月22日《大众日报》刊发消息

古代杰出军事家孙膑故里确定

——首次在鄄城发现的《孙氏族谱》及《孙氏家祠序》为孙膑研究提供贵重史料

记者从7月10日至12日在菏泽召开的"《孙氏族谱》暨孙膑研讨会"上获悉：距今2300多年的我国古代杰出军事家孙膑故里，被确定是我省鄄城县红船镇孙老家村。会上首次展示了记载孙膑出生及身世的《孙氏族谱》《孙氏家祠序》等一批贵重史料。来自山东大学、山东师范大学、曲阜师范大学、山东省社科联以及河南大学、郑州大学的专家、学者，着重对新近发现的《孙氏族谱》和《孙氏家祠序》等史料，进行了科学分析和研讨。专家认为：孙老家所处的地理方位与《史记》记载相符。孙老家位于鄄城东北20公里，恰处于鄄城与东阿之间，这和司马迁《史记》中记载的"膑生阿、鄄之间"是相符合的；《孙氏族谱》及《孙氏家祠序》所记载的时间与历史上的年代是一致的。（记者　何荣德　刘天江）

1991年8月21日《农民日报》刊发消息

鄄城孙老家确认为孙膑故里

前不久，在山东省鄄城县孙老家首次发现《孙氏族谱序》及《孙氏家庙碑记》，其中详细记载了我国古代杰出军事家孙膑的出生地、生平事迹和孙氏家族的变迁及后代繁衍情况。这是继1972年临沂银雀山《孙膑兵法》竹简出土后的又一重大发现。经专家、学者科学论证，确认鄄城孙老家为孙膑故里。（杨列慎）

1991 年 8 月 22 日《社会科学报》刊发消息

认同孙膑故里系山东鄄城孙老家村

为考证我国古代军事家孙膑的故里所在地，7 月中旬，来自山东、河南的专家、学者出席了在山东菏泽召开的"《孙氏族谱》暨孙膑研讨会"。与会者对《孙氏族谱》和《孙氏家祠序》作了鉴定，认为它们所记史实与《史记》等记载相符，且发现孙老家村位于鄄城东北 40 华里，恰处于鄄城和东阿之间，与《史记》"膑生阿、鄄之间"记述吻合，由此可确定为孙膑故里。

孙老家村有两千多人，95% 属孙氏家族，族中男女老幼皆以孙膑为始祖。族谱前半部于 19 世纪 50 年代战乱中亡佚；后半部于"文革"中被毁，现存为手抄本。家祠序原刻于碑，碑立于明景泰五年（1454），该碑于 1958 年被砸，现存家祠序亦为手抄件。（戈言）

1991 年 8 月 17 日《联合周报》刊发消息

寻访孙膑故里

孙膑，战国时期齐国人。司马迁《史记》载："孙武既死，后百余岁有孙膑。膑生阿、鄄之间。"多年来人们便认定山东西部的鄄城、郓城、阳谷等县是孙膑的故乡。除出土文物佐证外，更令人重视的是在这一带有数以百计以"孙"字命名的村庄。菏泽地区社会科学联合会的同志，组织专业人员，逐乡逐村进行调查，诸多孙姓人都说是从孙老家迁来的。

孙老家也叫孙古路沟，是鄄城东部偏北 20 多公里红船镇的一个普通村庄。庄内 2000 多人中，绝大多数的人姓孙，村内至今尚有孙氏祠堂。最近，孙老家的一位老族长献出了珍藏多年的《孙氏族谱》。《孙氏族谱》不但记下孙氏历代继承情况，还记载了历代支派外传的一些内容。自 47 代起至 65 代的近 20 代中，先后有 100 多支孙氏族人由于各种不同的原因离开孙老家，先后迁居鄄城、郓城、菏泽、莘县、阳谷、濮阳等县的一些地方。他们每到一地，起初仍是全族聚居，故其居地多以"孙"字命名，如孙庄、孙村、孙店、孙庙、孙楼、孙堂、孙林、孙花园、孙家营、孙沙窝、孙吴庄等。这些地方的孙氏族人皆视孙老家为自己的祖籍，有的按时到孙老家祭拜先祖。千百年来，一种无形的力量把孙姓子孙联系起来。在他们中间还盛传着孙膑写兵书、摆迷魂阵、马陵道孙膑擒庞涓等脍炙人口的故事。

今年 7 月初，召开了孙膑学术讨论会。专家们赴菏泽、鄄城做了考察，到孙老家瞻仰了孙氏祠堂，研究了《孙氏族谱》的史料价值。

专家们还就怎样对这一历史遗产“古为今用”等问题进行了讨论，专家认为不仅要研究《孙膑兵法》在军事、政治、经济等方面的现实意义，还要研究孙膑在逆境中成功的历史经验。（乐山）

1991 年 10 月 16 日《解放军报》刊发消息

孙膑出生地为山东鄄城

孙膑生在何处？一直是个悬题。一批著名史学家对珍藏的“孙氏族谱”和“孙氏家祠序”进行了认真考证，确认两千多年前的著名军事家孙膑的出生地为今山东省鄄城县红船镇孙老家村。

近年来，山东省菏泽地区的社会科学研究工作者，经过周密的考察，在鄄城县红船镇孙老家村发现了与孙膑有关的族谱、祠堂和牌位。经专家们研究考证，确认了孙膑出生地。（王宣、世民报道）

1991 年 11 月 6 日《光明日报》刊发消息

孙膑故里确认在鄄城县孙老家

不久前，菏泽地区召开了全国孙氏族谱及孙膑故里论证会。到会的专家、学者根据史料和现实，主要从以下四个方面进行了论证。

一、从地理位置上论证孙膑的出生地。司马迁在《史记》中记载:“膑生阿、鄄之间。”经过考证，专家、学者认为孙老家正处于古地理的阿、鄄之间，这与司马迁在《史记》中记载的孙膑出生地是相符合的。二、从族谱碑文的记载中分析论证孙膑是孙氏的始祖。专家、学者根据最近发现的《孙氏族谱序》及《孙氏家庙碑记》的记载从几方面进行了考证，一致认为，孙膑为孙氏家族的始祖是有根据的，符合事实的。三、从孙老家的悠久历史来考证孙膑故里。族谱序言和家庙碑文不仅记载了孙膑的生平事迹，而且还记载了孙氏家族在历史事件中的变迁情况，完全符合历史事实。孙老家历尽沧桑，毁而复建，几经演变，在战国时立村，是孙膑故里不谬也。四、从孙氏的繁衍情况考证孙老家是孙氏家族的大本营。专家、学者从时间上推算，孙氏家族的世系繁衍与最为完整的孔氏族谱世系排列大体一致，人口的衍续与历史的发展相符合。（孙世民）

1991 年 11 月 28 日《社会科学报》刊发消息

历史学界新近又一重大发现

——《孙氏族谱》印证了古代大军事家孙膑生平业绩

正当有些地区的一些人，利用族谱恢复族权统治时，山东省鄄城县孙老家发现的《孙氏族谱序》和《孙氏家庙碑记》，有力地印证了战国时代杰出军事家孙膑的历史问题。这是自 1972 年临沂银雀山《孙膑兵法》竹简出土后又一重大发现。

杰出的古代军事家孙膑，是大军事家孙武的后世子孙。史书上把他和孙武并称为孙子，所著《孙膑兵法》是对《孙子兵法》的完善和发展，与《孙子兵法》同被称为“兵学圣典”。孙膑是哪里人？司马迁在《史记》里说：“膑生阿、鄄之间。”阿即东阿县；鄄即鄄城县。大体属今山东菏泽地区。新发现的《孙氏族谱序》和《孙氏家庙碑记》记载：“孙老家处于灉水之右”“山左鄄邑，黄河故道边”即在今鄄城县东北40里处。经考证，孙老家正处古代阿、鄄之间，同司马迁记载的出生地完全相符。

族谱、碑文都记述了孙膑的生平事迹：“孙膑曾辅佐齐威王，官居军师，与田忌将军齐名，建功立业，为齐之梁栋。”同史书记载也完全一致。孙氏家族战国中期开始迄今为止，在孙老家繁衍已78世。族谱中记载孙膑字伯灵，祠庙中供奉的孙膑神位，明确写着夫人是苏氏。专家、学者对如此明确的记载感到吃惊，可在孙老家却家喻户晓，妇幼皆知。族谱和家庙碑文还详细记载了孙氏家族两千多年来的变迁情况。

《孙氏族谱序》和《孙氏家庙碑记》的发现，说明只要正确认识和利用家谱、族谱，是可以让这些史料在历史研究和爱国主义传统教育中发挥积极作用的。但绝不是让它们在恢复和重建落后的宗族宗法统治方面起作用，那只会把人们引向歧途。（孙世民）。

1991年12月24日《解放日报》刊发消息，标题为“鄄城发现《孙氏族谱序》”（孙世民）。

1991年第五期《东岳论丛》刊发文章，标题为“《孙氏族谱》暨孙膑研讨会述要”（公羽）。

1991年第四期《烟台大学学报》刊发文章，标题为“全国孙氏族谱及孙膑故里研讨会纪要”（孙世民）。

1991年第三期《管子学刊》刊发文章，标题为“孙膑故里的新佐证”（孙世民）。

1992 年 1 月 18 日新华社（济南）通稿

新的考古发现确证孙膑故里所在

中国专家最近在山东省鄄城县红船镇孙老家村发现了称孙膑为始祖的《孙氏族谱》和两幅孙膑画像。

山东大学历史系教授田昌五和郑州大学历史系教授高敏等专家称，这些新发现进一步证实了鄄城孙老家村乃孙膑故里。

据山东省文物局专家鉴定，这本《孙氏族谱》系多次抄本合订而成，按纸质及抄写字体断代，谱序是民国初年抄录；族谱起首及分谱共约二十余页是清初抄写；其余均是清末民初抄录。另有碎页谱序三张，被确认是嘉庆、道光年间的抄本。

两幅孙膑的画像中，一幅为站像，画高 1.7 米，宽 0.7 米，上题“孙氏始祖”四字，专家鉴定为清光绪年间物。另一幅乃坐像，画高 2.2 米，宽 0.8 米，粗布质，画面上的孙膑正坐在双轮木车上用左手掐算着，目光平和深邃，似乎在筹划兵法大计，身右后有参天大树和山水，画像左上方写有“始祖膑公传影，大明万历岁次己卯端月”的字样。山东省文物局研究员关天相确认，这一传影是清代中期根据万历七年（1579）的画像临摹的，距今已有二百多年的历史。

孙膑是中国古代的著名军事家，为兵圣孙武的后代，著有《孙膑兵法》。这部军事著作失传了一千多年后，1972 年在山东临沂银雀山汉墓中被发掘出土，重现于世。学术界认为《孙膑兵法》是《孙子兵法》的继承和发展。而海内外关心的“孙膑故里到底在何方？”一直是个未解之谜。

去年 7 月，来自中国各地的专家、学者，曾以去年上半年发现的光绪年间的手抄本家谱和家祠石碑等实物资料为依据，确定孙老家为孙膑故里。近日的新发现为这一结论提供了确凿无疑的证据。（记者朱文志　通讯员董学清）

1992 年 2 月 11 日《解放军报》以“鄄城新发现《孙氏族谱》和孙膑画像”

为标题，转发消息。

1992年2月1日《文汇报》以“鄄城发现《孙氏族谱》、孙膑画像”为标题，转发消息。

1992年2月11日《陕西日报》以“鄄城新发现《孙氏族谱》和孙膑画像”为标题，转发消息。

1992年2月11日《甘肃日报》以“鄄城新发现《孙氏族谱》和孙膑画像”为标题，转发消息。

1992年2月11日《海南日报》（时事）以“鄄城新发现《孙氏族谱》和孙膑画像”为标题，转发消息。

1992年2月11日《黑龙江日报》以“鄄城新发现《孙氏族谱》和孙膑画像”为标题，转发消息。

1992年2月11日《天津日报》以“鄄城新发现《孙氏族谱》和孙膑画像——进一步证实孙老家村为孙膑故里”为标题，转发消息。

1992年2月11日《湖北日报》以“鄄城发现《孙氏族谱》和孙膑画像”为标题，转发消息。

1992年2月11日《长江日报》以“鄄城新发现《孙氏族谱》和孙膑画像”为标题，转发消息。

1992年2月11日《沈阳日报》以“鄄城新发现《孙氏族谱》和孙膑画像”为标题，转发消息。

1992年2月11日《人民日报》转发新华社（济南）通稿

鄄城发现《孙氏族谱》和孙膑画像

山东省鄄城县红船镇孙老家村最近陆续发现又一称孙膑为始祖的《孙氏族谱》和两幅孙膑画像。专家称，这些新发现进一步证实了孙老家村乃孙膑故里。据山东省文物局专家鉴定，这本《孙氏族谱》系多次抄本合订而成。两幅画像中，第一幅为站像，上题“孙氏始祖”四字，鉴定为清光绪年间物。

另一幅为坐像，山东省文物局研究员关天相确认它是清代中期根据明代万历七年（1579）的画像临摹的，距今已有200多年的历史。（记者刘关权）

1992年1月22日《人民日报（海外版）》刊发消息

鄄城为孙膑故里无疑

全国孙膑故里论证会去年7月确定山东省鄄城县红船镇孙老家为孙膑故里后，最近，又在孙老家东北约五公里处的孙花园村，挖掘出明代嘉靖年间记载孙膑墓址的石碑，且发现了孙膑的画像。孙膑晚年曾隐居孙花园，齐王念其有功，在孙花园村附近建有一处驿站，后驿站改为驿城寺。孙花园村每代都要有一人出家到寺内当和尚，作为每年8月孙膑逝世祭祀日主持。寺中最后一代和尚法号觉立，至今仍健在，已八十有余。据他说，驿城寺前是孙膑墓址，每年祭祀孙膑都在这里举行。新发现的墓碑是明朝嘉靖三十七年重修驿城寺时立的。另外，孙花园的老农民孙学义又主动献出过去曾供奉在驿城寺的孙膑画像。这些进一步证明，孙膑故里在鄄城孙老家确切无疑。（记者傅绍万）

1992年1月26日《大众日报》刊发消息

鄄城发现《孙膑影像》与《孙氏族谱》

孙膑故里经专家论证确定在鄄城县孙老家后，最近又在孙老家发现了明代万历年间的孙膑传影和清代顺治年间的《孙氏族谱》。

最近在菏泽参加“孙膑故里建设规划论证会”的国内一批史学、文物考古、古建筑设计专家，专程到孙老家进行实地考察，详细观看了孙氏家祠和新发现的孙膑传影与孙氏族谱。孙膑传影是在古旧的粗棉布上绘制的，布长2.2米、宽0.93米、影高0.72米。像中孙膑坐在双轮木车上，神采奕奕、长髯飘拂。影的右上部书“始祖膑公传影”六个大字。所画时间是“大明万历年岁次已卯端月”。清代顺治年间的《孙氏族谱》系古式线装本，几页序言已残破不堪，拼凑一起，内容尚完整清晰。其中明确记载孙膑是孙氏家族的始祖，同时记录了孙膑辅佐齐威王建功立业的生平事迹以及孙老家在历史动乱中几经迁徙往返重建的情况。（孙世民）

1992年4月3日《解放日报》刊发消息，标题为“孙膑故里又添新佐证——鄄城发现《孙膑传影》和《孙氏族谱》”（孙世民）。

1992年4月15日《人民日报（海外版）》刊发消息，标题为“孙膑故里又有重大发现”（孙世民）。

1992年5月3日《中国青年报》刊发消息，标题为“孙膑故里新发现”（孙世民）。

1992年5月9日《青年导报》刊发消息，标题为“山东发现《孙膑传影》和《孙氏族谱》”（孙世民）。

1992年6月11日《中国劳动报》刊发消息，标题为“山东鄄城发现《孙膑传影》和《孙氏族谱》”（孙世民）。

1992年2月13日《中国旅游报》刊发消息

鄄城发现珍贵史料孙膑故里已可确认

山东鄄城县孙老家不久前首次发现《孙氏族谱序》和《孙氏家庙碑记》。这些珍贵史料，对孙膑的出生地、生平事迹及孙膑后代的衍续情况有着明确的记载。这是继1972年临沂银雀山《孙膑兵法》竹简出土后的又一重大发现，为研究孙膑故里提供了可靠的证据。

最近，我国著名史学专家、教授、学者60余人，在山东菏泽地区召开了“全国《孙氏族谱》及孙膑故里论证会”。与会专家、学者，通过实地考证和对族谱碑文的详细辨析，从孙老家的地理方位和历史记载、孙氏家族的繁衍分支和世系排列、当地对孙膑的传统供奉和民间传说等方面进行了科学的论证，一致认为：孙老家所处的地理位置与司马迁《史记》中记载的“膑生阿、鄄之间”是相符合的。族谱、碑文的记述完全符合历史事实，孙膑的故里就是鄄城县

孙老家。孙膑故里的确定，对进一步研究孙膑及其兵法，将产生深远的影响。（孙世民）

1992 年 2 月 18 日《农民日报》刊发消息

山东：鄄城县发现《孙膑传影》

自从孙膑故里被认定在山东省鄄城县红船镇孙老家村之后，去年年底和今年元月，又在该村发掘出《孙氏族谱》和《孙膑传影》（画像）。这一发现，为证实孙膑故里提供了新的可靠佐证。《孙氏族谱》系清初顺治十年所修，谱中详细记载了孙膑的出生地、生平事迹和孙氏家族的变迁、后代繁衍以及本县和周围几县同姓而不同族的情况，其内容与原来发现的清光绪年间续修的《孙氏族谱》是完全一致的。《孙膑传影》绘制在两幅缝合在一起的白棉布上，丝绸镶边，长 2.3 米、宽 1.6 米，传影虽然破旧不堪，但影像和字迹尚能辨清，其右上方撰写着“始祖膑公传影”，第二行是绘制时间“大明万历年岁次己卯端月”。经一些著名考古专家鉴定后认为，《孙氏族谱》和《孙膑传影》是真实可靠的，孙膑故里是鄄城县孙老家村，确凿无疑。（王忠美）

1992 年 3 月 1 日《中国青年报》刊发

简　讯

最近，在山东省鄄城县宋楼乡孙花园村，挖掘出记载战国时期著名军事家孙膑墓址的残碑和《孙膑传影》（画像），以及战国时期的铜铲、铜戈、绳纹陶片等文物。经专家、学者认真鉴定和科学论证，认定孙膑墓址在孙花园村后、旧驿城寺遗址前。这是继孙膑故里确定在鄄城县孙老家之后，对孙膑研究的又一突破。（王忠美）

1992 年 5 月 13 日《人民代表报》刊发消息

孙膑故里新发现

孙膑故里经史学家、考古专家论证确定在山东省鄄城县孙老家后，最近，又在孙老家发现了明朝万历年间的《孙膑传影》和清朝顺治年间的《孙氏族谱》，这一重大发现，引起文物部门和史学界的浓厚兴趣和极大关注。

在菏泽参加“孙膑故里论证会”的国内一大批著名史学专家、文物考古专家、古建筑专家等 80 余人，专程到孙老家进行了实地考察。详细观看了孙氏家祠和新发现的《孙膑传影》与《孙氏族谱》。《孙膑传影》是在古旧的粗棉布上绘制的，布长 2.2 米、宽 0.90 米，周围用绫子镶边，影高 0.72 米。孙膑端坐在双轮木车上，神采奕奕、长髯飘拂。左手掐指运算，目光慈祥而又深邃，好像在筹划着千里之外的战争，悠然自得，仙姿绰约，影后配有远山近树，浓淡相宜。整幅画面既协调幽雅又空旷深远。影的右上方篆书“始祖膑公传影”六个大字，下面书写着绘制时间“大明万历年间岁次己卯端月”，即万历七年（1579），距今已有四百多年的历史。这幅传影是孙老家孙纯武老农保存下来的。

《孙氏族谱》系古式线装本，其首几页序言已残破不堪，拼凑一起，其内容尚清晰可辨。族谱明确记载：孙膑是孙氏家族的始祖孙膑的出生地、孙膑辅佐齐威王建功立业的生平事迹和孙氏家族繁衍分支的分布情况等。考古专家确认，这本族谱是多次手抄本，按纸质及字体断代，历经顺治、康熙、嘉庆、道光和清末，按人口的繁衍顺序写，这是符合谱系学逻辑的。

专家、学者对孙老家所处的地理方位、孙氏家族的世系排列，族谱的史实记载，《孙膑传影》等，进行了反复的辨析和翔实的论证。一致认为：孙老家所处地理位置与司马迁在《史记》中记载的“膑生阿、鄄之间”是相吻合的，孙氏家族从孙膑至今已排列到 78 世，是吻合历史延续规律的，族谱的记述符合历史事实，孙膑传影真实可靠。历经四五百年的沧桑变化，能够保存下这些珍贵史料，对考证孙膑故里的价值非常之大。传影和族谱的本身已

充分证明：孙膑故里就在鄄城县孙老家，这是确信无疑的。（孙世民）

1992 年 7 月 25 日《四川工人日报》刊发消息

鄄城发现孙膑墓址和孙膑画像

最近，在山东省鄄城县孙膑故里附近的孙花园村，挖掘出记载孙膑墓址的石碑和战国时期的铜戈、铜箭、齐刀币等大批珍贵文物。石碑长 2.7 米、宽 0.9 米、厚 0.21 米。碑文风化剥蚀严重，但细辨内容尚清，明确记载："瀰右水堡之阳旧有驿城寺一区……孙膑墓址深邃。"此碑是明朝嘉靖三十七年（1558）立，距今已有 400 多年历史。

孙膑画像由孙花园村老农孙学义家保存。画像绘制在粗棉布上，布长 2.27 米、宽 1.15 米、像高 1.7 米，画工精致。孙膑神采奕奕、长髯飘拂，手拿拂尘，运筹自若。像左上角写着"孙氏始祖"四个大字。右下角记有"光绪三十三年丁未孟冬成辰"的绘制时间。这一新发现又进一步证明孙膑故里就在鄄城县孙老家。（孙世民）

1992 年 8 月 1 日《华东信息报》刊发消息，标题为"鄄城发现孙膑墓址、画像"（孙世民）。

1992 年 11 月 20 日《中国人口报》刊发消息，标题为"孙膑故里添新证"（孙世民）。

二、电视台新闻报道

考古新发现：明代孙膑画像

孙膑是中国二千三百多年前战国时代著名的军事家，他所著的《孙膑兵法》与中国古代另一部兵书《孙子兵法》齐名。最近，在孙膑故里——山东省鄄城县发现了明朝万历年间绘制的《孙膑画像》和清朝顺治年间的《孙氏族谱》。

最近，在山东省鄄城县一个姓孙的农民拿出了绘于中国明代的《孙膑画像》。画像高73厘米，孙膑端坐在双轮车上，目光慈祥而深邃，掐指运算。画像左上方篆书“始祖膑公传影”六个大字，下面是绘制时间：“大明万历年间岁次己卯端月”即万历七年（1579），距今已有四百多年的历史。《孙膑画像》绘制在粗棉布上，丝绸镶边。布长2.2米、宽93厘米。据专家介绍，当时棉布比丝绸还要贵重。与《孙膑画像》同时还发现了《孙氏族谱》。《孙氏族谱》为古式线装本，上面明确记载着孙髌为孙氏家族的始祖，孙膑辅佐齐威王建功立业的生平事迹以及孙氏家族的世系变迁。

孙膑是孙武的后世子孙，战国时期著名的军事家和思想家。他曾辅佐齐威王，官居军师，与齐将田忌一起指挥了历史上著名的“桂陵之战”和“马陵之战”，名扬天下。他撰写的《孙膑兵法》继承和发展了《孙子兵法》的军事思想，与《孙子兵法》同被称为“兵家圣典”。

孙老家村是孙膑的故里。《孙膑画像》就是这个村的老农民孙纯武保存下来的。据他讲已经传了十多代：“四十年前我大爷爷当着我父亲的面把传影（画像）交给我，在接影时，他严肃地对我说：‘这幅影是咱孙家的始祖——膑公老祖宗，是祖祖辈辈传下来的。现在我把影传给你，你一定要尽心尽意地保存好，并还要世世代代传下去。’我牢记爷爷的教导，怀着崇敬的心情，把影完好地保存到今天。”《孙膑画像》和《孙氏族谱》的发现，引起了文物考古部门和史学界的浓厚兴趣和极大关注。专家、学者一致认为：历尽四五百年的沧桑变化，能将这些史料完整地保存下来，是十分珍贵的。中央电视台在“中国报道”栏目里自1992年3月21日始，以“国珍闻”醒目标题用汉语、英语、法语多次向全世界报道孙膑故里的专题片——考古新发现：明代孙膑画像。（记者李春利、周勇、孙世民、王鲁南录制报道）

该专题片经由中央电视台“中国报道”栏目用中、英、法文播出后，在世界范围内引起巨大轰动，世界上多国电视台纷纷报道，现将中央电视台“中国报道”栏目提供的报道情况摘录如下：

日语版寄送日本广播协会电视台（NHK），NHK通过卫星覆盖东亚广大地区，并加以改编，供东京六个地台播出。

中文版寄往美国洛杉矶熊猫台、旧金山华声台、纽约中文台、芝加哥中文台、夏威夷中文台，原版播出。

英文版寄往美国华盛顿英文台、旧金山英文台、芝加哥英文台原版播出。

法语版寄往法国，电视三台播出。

上述版本还提供给我国驻各国领事馆，并由领使馆推荐给所在国家和地区的电视台，他们都及时地播出，孙膑故里的消息已遍及全世界。（本消息由中央电视台“中国报道”栏目提供）

第六节　孙膑故里题词

武圣孙膑

——李德生（原中共中央副主席、上将）

一部兵法，百世之师。

——彭冲（原全国人大常委会副委员长）

文韬武略

——耿飚（原全国人大常委会副委员长）

研究孙膑兵法，振兴鄄城经济。

——杨得志（原中共中央政治局委员、中央书记处书记、中国人民解放军总参谋长、上将）

胸中自有雄兵百万

——张爱萍（原中央军委副主席、国防部部长、上将）

运筹帷幄，决胜千里。

——迟浩田（原中央军委副主席、上将）

战国名将，齐之栋梁。

——杨成武（原全国政协副主席、中央军委副秘书长、中国人民解放军代总参谋长、上将）

流传古今，名扬四海。

——王平（原中央顾问委员会常务委员、中央军委副秘书长、上将）

简藏雄兵

——张宗逊（原中共中央委员、中国人民解放军总后勤部部长、上将）

孙膑兵法，实践总结。

——陈士榘（原中共中央委员、中国人民解放军工程兵司令员、上将）

孙膑故里

——伍修权（原中国人民解放军副总参谋长、外交家）

孙膑兵法国之瑰宝，千古流芳国之荣耀。

——赵健民（原山东省省长）

古为今用，富国强兵。

——赵志浩（原中共山东省委书记）

孙子武经七书之首，世界古代兵学之冠。

——王秉璋（原中共中央委员、第七机械工业部部长、空军第一副司令员、国防科委副主任、中将）

兵家人杰，圣人灵地。

——杜义德（原中共中央委员、兰州军区司令员、中将）

兵家鼻祖

——黄新廷（原中共中央委员、中国人民解放军装甲兵司令员、中将）

孙膑军事理论和军事思想，万古千秋人人敬仰。

——滕海清（原中共中央委员、北京军区副司令员、中将）

膑翁韬略世传扬，为救邯郸围大梁。

减灶计成敌断误，马陵道上魏军亡。

——万毅（原中央顾问委员会委员、中国人民解放军总参谋部装备计划部部长、国防科委副主任、中将）

孙子兵法国之宝也，人类财富世界共享。

——杨秀山（原中央顾问委员会委员、武汉军区副司令员、中国人民解放军后勤学院院长、中将）

古代名将，兵法大师。

——方强（原中央顾问委员会委员、第六机械工业部部长、海军副司令员、中将）

孙膑兵法，中华瑰宝。

——孔石泉（原中央顾问委员会委员、广州军区司令员）

古为今用，振兴中华。

——郑维山（原中央顾问委员会委员、北京军区司令员、中将）

兵法圣典流惠千古，运用之妙存乎一心。

——饶守坤（原中央顾问委员会委员、济南军区司令员、中将）

兵法鼻祖，华夏骄子。

——旷伏兆（原中央顾问委员会委员、空军副政治委员、铁道兵第二副政治委员、中将）

孙膑兵法

——郭化若（原中央顾问委员会委员、南京军区副司令员、军事科学院副院长、中将）

孙子兵法是唯物辩证法的军事思想，善于运用则百战百胜，因此为古今中外军事家所重视、所爱学。

——阎揆要（原中央顾问委员会委员、济南军区副司令员、军事科学院副院长、中将）

兵学圣典

——蔡顺礼（原中纪委常委、昆明军区副政治委员、政治学院院长、国防科委副主任、中将）

名扬四海，誉满九州。

——欧阳毅（原中国人民解放军公安部队政治部主任、炮兵副政治委员、中将）

学习研究孙膑兵法

——胡奇才（原中国人民解放军工程兵司令员、中将）

决胜千里

——莫文骅（原福州军区副政治委员、中国人民解放军装甲兵政治委员、中将）

兵学之圣典，千古之名将。

——孙毅中（原中国人民解放军总参谋部军训部副部长、总参谋部顾问、中将）

巧用孙膑兵法，促进经济发展。

——陈正湘（原北京军区副司令员、中将）

纪念孙子，古为今用。

——谢有法（原沈阳军区副政治委员、政治学院委员、中将）

兵法武圣

——李耀文（原中共中央委员、中国人民解放军海军政治委员、少将）

孙膑兵法，驰名中外。

——肖全夫（原中共中央委员、沈阳军区副司令员、参谋长、乌鲁木齐军区司令员、少将）

夫道者，上知天之道，下知地之理，内得其民之心，外知敌之阵，阵则知八阵之经，见胜而战，弗见则静，此王者之道也。

——李贞（原中央顾问委员会委员、中国人民解放军

军事检察院副检察长、少将）

博大精深

——贺晋年（原中央顾问委员会委员、中国人民解放军装甲兵副司令员、少将）

黄河岸边育千古奇才，神州内外颂孙膑兵法。

——谭友林（原中央顾问委员会委员、兰州军区政治委员、少将）

银雀山竹简、孙氏族谱、桂陵之战遗址的发现，使古代孙膑兵法展现在面前，史记何等真实可信。

——段苏权（原中国人民解放军军政大学副校长、军事学院政治委员、少将）

孙膑兵法与故里重光

——陈锐霆（原中国人民解放军炮兵副司令员、少将）

孙膑兵法，流芳百世。

——何正文（原中国人民解放军副总参谋长、少将）

知己知彼，百战不殆。

——宋承志（原中国人民解放军炮兵司令员、少将）

弘扬祖国优秀文化传统，振兴中华。

——华楠（原中国人民解放军总政治部副主任、少将）

军事天才，兵法大师。

——钟辉（原中国人民解放军炮兵副司令员、少将）

兵学圣典，国之瑰宝，千古人杰，百世宗师，武圣孙膑。

——高存信（原中国人民解放军炮兵副司令员、少将）

兵法之存，百世之师。

——丁本淳（原中国人民解放军炮兵副政治委员、少将）

孙膑兵法，驰名中外。

——李元明（原中国人民解放军炮兵参谋长、少将）

千古奇才，不朽之作。

——廖鼎琳（原中国人民解放军炮兵学院政治委员、少将）

兵学圣典，名扬古今。

——徐斌（原铁道兵副司令员、少将）

孙子兵法扬五洲，六韬奇策振环宇。

——史进前（原中国人民解放军总政治部副主任、少将）

孙膑兵法，兵法圣典。

——张正光（原北京军区副政治委员、总参谋部第三部第一政治委员、少将）

活赵国歼魏军桂陵跃武，救韩王毙庞涓马陵扬威。

——高体乾（原中国人民解放军军事科学院副院长、少将）

围魏救赵，以智取胜。

——陶汉障（原中国人民解放军军政大学副校长，军事学院副院长、少将）

因势利导，捣敌空虚，此乃孙膑兵法之精华，千古名训。

——张向善（原中国科学院顾问、少将）

书奇人更奇，垂范千古：鄄城人多奇志，继往开来。

——周正（画家）

弘扬孙子兵法，开创经济建设新局面。

——祝玉璋（国防科学技术大学校务部部长）

简藏韬略，世传哲理。

——蔡子民（原中华海外联谊会副会长）

遭涓忌苦受膑刑，策良谋大败魏军。

——权希军（书法家）

齐军之师

——蔡仁山（原中国人民解放军济南军区副政治委员、中将）

雄风

——李乐武（书法家）

文韬武略，纵横九州。

——张西帆（原中国人民解放军北京卫戍区副司令员）

智慧之星，光照千秋；兵圣殊荣，蜚声中外。

——周克玉（原中国人民解放军总后勤部政委、上将）

研究孙膑兵法，发展现代军事科学。

——李宣化（原北京军区政治部副主任、乌鲁木齐军区政治部主任、中将）

敌众且武，必胜有道乎？孙子曰：有，壁垒广志，严正辑众，避而骄之，引而劳之，攻其无备，出其不意，必以为久。

——马法冉（原解放军出版社社长、书法家）

第七节　孙膑拳

孙膑拳是中华武术中起源较早的古拳法之一，传说为战国时孙膑所创，后历代以口传身授的方式在山东一带流传，因其演练出击时常以长袖藏手，故又称“长袖拳”。

清朝嘉庆年间，山东茌平县的武术名家张景春是孙膑拳高手，他将此拳法传与阳谷县的爱国武术家杨金栋，后杨金栋的真传弟子葛振玉又将其传至郓城，孙膑拳在郓城以“以师带徒，口传身授”的模式传承一百多年，逐渐形成了孙膑拳“行拳出手顺达流畅，手足并进力达四梢，结构严谨攻防巧，精、气、意识尤重要”的独特风格，成为孙膑拳法的一个重要分支流派。

孙膑拳套路繁多，共三百六十五手，每一手一个用法，可以互相串联，进攻时“一掌不到二掌跟，三掌四掌齐跟进”，给人以“一招不成，再来一招”的轮拳滚打之势。

孙膑拳主要技击方式是点穴，拳诀是“孙膑长袖技击放，以柔克刚似海江。

拳内玄机虚实诓，寻经点穴手中藏”。实战特点是蹲走跛行，要求以“圆、角、线、点”为原则，左晃右移，走弧走圆不停，时刻保持侧身对敌，出拳时张开双臂，身根略晃，走曲不走直，有真有假，有虚有实，采用“空诓虚实晃，速巧绵软小”的十字要诀，拳法凌厉诡异，深沉莫测，以不招不架、转向进取为表象，使对手产生错觉，在看似偏离飘忽中，曲中求直，迅猛发力，一击即中要穴，从而制服对手。孙膑拳在练功时强调静功与动功密切结合，要练动功时掌握“动中有静”，在练静功时要体会“静中有动”，达到事半功倍的效果。

孙膑拳是传统武术百花园中的一朵奇葩，是研究孙膑兵法思想的重要依据，尤其在近代历史中，众多弟子曾在清末反压迫运动和抗日战争、解放战争中，凭借功夫优势多次立下战功，发挥出了巨大作用，是研究中华武术、宗教发展和民间运动等方面的重要依据，具有重要的历史价值、健身防护价值、教育价值和经济价值等。

第三章　《孙膑兵法》理论研究

第一节　《孙膑兵法》概述

一、《孙膑兵法》形成背景及传播

公元前354年，魏国以庞涓为大将率军攻打赵国，大军一路势如破竹，后来围困了赵国都城邯郸。邯郸城岌岌可危，而魏军也因久攻不下，深陷战争泥潭。次年，赵国请求齐国出兵相救，齐王以田忌为将，孙膑为军师，率军救赵。孙膑令一小队轻兵乘虚直趋魏都大梁，而主力埋伏于庞涓大军必经的桂陵之地。魏国主力远征，国内力量空虚。魏惠王见齐军逼近都城，急令庞涓回师救援。庞涓率疲惫之师截击齐军，至桂陵被齐军围歼。这就是历史上著名的“桂陵之战”。13年后，魏国攻打韩国。韩国也向齐国求救。齐威王采纳孙膑的建议，在韩危魏疲之际，再次出兵攻魏。孙膑依然采用围魏救赵的计策，率兵长驱直逼魏都大梁。魏国遂从韩国撤军，魏王令太子申为上将军、庞涓为副将，夹击齐军。孙膑采用减灶增兵之计，诱敌深入。庞涓果然上当，率轻骑精锐，日夜兼程追击。至马陵道遭到齐军主力伏击，庞涓被困自杀。齐军遂全歼魏军，俘虏太子申，取得了马陵之战的重大胜利。

马陵之战后，孙膑辞官归隐，潜心军事理论研究，终于写成了流传千古的军事名著——《孙膑兵法》。

《孙膑兵法》是中国古代的军事著作，与《孙子兵法》一样，是反映战国时期兵家思想的代表作。《韩非子》记载：“境内皆言兵，藏孙吴之书者家有之。”可见当时影响之大、传播之广。司马迁在《史记》中明确记载孙膑是孙武之后，其兵法是《孙子兵法》的继承发展。《汉书·艺文志》把《孙膑兵法》与《孙子兵法》并列，称《齐孙子》八十九篇，图四卷。东汉末年的曹操曾引用《孙膑兵法》中的句子。大约到唐代，《孙膑兵法》散失。唐朝赵蕤《长短经》卷九提到过“孙膑曰：兵恐不可救”等，杜佑所著《通典》卷一四九有“孙膑曰：用骑有十利”一段，但从《隋书·经籍志》以后就不见记载了。1972 年 4 月，山东临沂银雀山汉墓出土了竹简《孙膑兵法》，使失传已久的古兵书得以重见天日。此后，《孙膑兵法》被翻译成英、法、日、俄、西班牙等多种语言版本，传播到世界各地，在国内外形成了《孙膑兵法》研究热潮。

二、《孙膑兵法》要义

孙膑是继孙武之后又一位伟大的军事家。他所写的《孙膑兵法》是《孙子兵法》之后又一部伟大的兵家典籍。

《孙膑兵法》又名《齐孙子》，系与孙武《孙子兵法》区别之故。《汉书·艺文志》称“《齐孙子》八十九篇，图四卷”，该书大约在唐代便已失传。1972 年，临沂银雀山汉墓出土的《孙膑兵法》，由于年代久远，竹简残缺不全，损坏严重。经竹简整理小组整理考证，文物出版社于 1975 年出版了简本《孙膑兵法》，共收录竹简 364 枚，分上、下编，各十五篇。对于这批竹简文字，学术界一般认为，上篇当属原著无疑，系在孙膑著述和言论的基础上经弟子辑录、整理而成；下篇内容虽与上篇内容相类，但也存在着编撰体例上的不同，是否为孙膑及其弟子所著，尚无充分的证据。1985 年，文物出版社出版的《银雀山汉墓竹简（壹）》中，收入《孙膑兵法》共 16 篇，是在原上编 15 篇基础上加上下篇中的《五教法》而成，其篇目依次为：擒庞涓、见威王、威王问、陈忌问垒、篡卒、月战、八阵、地葆、势备、兵情、行篡、杀士、延气、官一、五教法、强兵。2010 年，文物出版社又出版《银雀山汉墓竹简（贰）》，收录的是今之不传的遗失文献，分为论政论兵类、阴阳时令占候类和其他类三个部分。因系残本，已难窥《孙膑兵法》的全貌，仅从现存各篇来看，这部兵书提出了诸多深刻的见解，具有独特的理论价值。

（一）“战胜而强立”的战争观

孙膑继承了进步的朴素唯物论和辩证法思想，肯定正义战争对历史的推动作用，主张通过战争实现统一，认为战争是政治斗争的工具，只有以武力制胜才能使国家强盛、天下归服。它强调战争服从于政治、依赖于经济；认为“强兵之急”在于富国，只有国富、兵强、民安，才能“战胜而强立”；既反对道家垂衣而治的幻想，又反对法家穷兵黩武的争夺，强调积极备战，“事备而后动”。他驳斥儒家“仁义礼乐禁争夺”的理论，引用古代“五帝”“三王”用武力安定天下的事例，说明战争是不可避免的，“战胜而强立”是治国亘古不变的真理。

孙膑又是一个冷静的军事家，积极主张正义战争，但又不滥用战争，主张对战争持慎重态度。他指出战争的胜败关系到国家的安危存亡。战胜，可以挽救国家的危亡；战败，就要削地甚至亡国。轻率发动战争会败亡，贪图扩张会遭到耻辱，“穷兵者亡”“无备者伤”。孙膑这种慎重对待战争的思想，与孙武、吴起的观点是一致的。孙武开篇即说：“兵者，国之大事，死生之地，存亡之道，不可不察也。”吴起也指出：“恃众好勇以丧社稷。”与慎战思想相联系，孙膑丰富了孙武“军无辎重则亡，无粮食则亡，无委积则亡”和“因粮于敌，取用于国”的观点，看到了战争和经济的关系。同时，他指出要保证战争胜利，不仅要“有委”，即有物质准备，整军备战，国富兵强，还要“有义”，

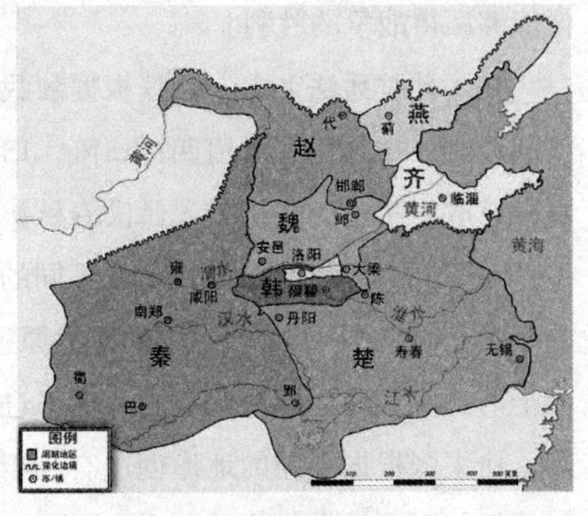

战国时期地图

即有精神准备，战争要顺应民心、民意，就是说战争必须是正义的。既“有

委”又“有义”，才会“天下无能固且强者”。在《强兵》篇中，孙膑指出强兵的当务之急在于富国，进一步阐明了战争对经济的依赖关系。为此，他提出了具体方案：发展农业以达到“积粮盈军”，同时做到“称乡悬衡”，按照各乡具体情况分配赋役；对“私人”和“公家”财物要统一衡量使用，“近者弗则远者无能”，不论亲疏，人人尽力，才能保证战争的胜利。

（二）以“道”制胜的战争指导思想

孙膑强调的“道”，相当于我们现在所说的战争规律。所谓“道”就是如何认识、掌握和运用规律，“知道，胜”“不知道，不胜”。孙膑强调指挥战争的人必须懂得“道”。他的“道”与前人或同时代的人又有所不同。《孙子兵法》说：“道者，令民与上同意也，故可以与之死，可以与之生，而不畏危。”又说：“修道而保法，故能为胜败之政。”这里的“道”是属于政治范畴的，是政治措施一类的东西。而孙膑的“道”显然属于战争范畴，指的是作战指导思想和战争的规律。孙膑对“道”作了全面的概括：“知道者，上知天之道，下知地之理，内得其民之心，外知敌之情，阵则知八阵之经，见胜而战，弗见而诤，此王者之将也。”就是说，“道”的内容包括天时、地利、民心、士气、敌情、阵法、战机等多方面内容，战争指挥者掌握了“道”，便能够赢得战争的胜利。

在《孙膑兵法》中，孙膑根据敌我双方的不同情况，提出了机动灵活的作战原则，“凡用兵之道四：曰阵，曰势，曰变，曰权。察此四者，所以破强敌，取猛将也”。正如《吕氏春秋》所说“孙膑贵势”，就是说，孙膑善于针对不同的环境和态势，采取不同的用兵方法。孙膑在孙武“任势”观点的基础上提出“因势利导之”的作战原则。他认为“势者，所以令士必斗也”，而士的“斗”应在创造优势的条件下进行。孙膑对此提出许多详细的作战原则。他主张根据不同的地形创造有利于己、不利于敌的作战态势。“易（地形平坦）则多其车，险（地形险阻）则多其骑，厄（两旁高峻而且狭窄的地方）则多其弩”，从而做到“居生击死”。《官一》篇中说，在山险中作战，要示弱把敌人引入山谷来交战。在杂草丛生的地方作战，要虚设旌旗，扰乱其军心进而消灭他们。孙膑强调的“势”，就是及时抓住有利战机，争取掌握战争主动权。在《势备》篇中，孙膑把弓弩比喻为“势”，也是说明在瞬息万变的战争中要争取最有利的瞬间迅速出击，不为对方觉察而有所防备，发射弩矢，即杀人在百步之外，而对方还不知攻击来自何方。《威王问》篇中，齐威王问孙膑：“两军相当，两将相望，皆坚而固，莫敢先举，为之奈何？”孙膑回答：敌坚不宜正面攻击，先遣轻卒弱将引敌出来，然后用隐蔽的部队，从两旁夹击，可获大胜。威王又问：“我强敌弱，我众敌寡，为之奈何？”孙膑回答：巧施计谋，以假乱真，使敌中计，围而歼之。威王再问：“敌众我寡，敌强我弱。为之奈何？”孙膑回答：避开敌人锋芒，妥善部署掩护兵力，保障部队调动通畅。持长兵器的部队在前，持短兵器的部队在后，配置机动的弩兵用以救援危急，严明法令，约束士卒。避敌锐气使其骄傲，引诱调动敌人使其疲惫，然后消灭他们。也就是孙武指出的“攻其无备，出其不意”。他认为“寡”和“众”、“弱”和“强”都是相对的，不是绝对的，在一定条件下可以互相转化。孙膑继承并发展了孙武的思想，特别强调进攻的重要性。他认为赏、罚、权、势、谋、诈，有利于战争胜利却不是“兵之急者也”，兵之所急的是“必攻不守”。这和孙武说的“善战者致人而不致于人”的思想是一致的。他主张打击敌人没有设防或防守薄弱的要害之处。孙膑提出来的“批亢捣虚”，就是攻击敌人要害且薄弱的关节点，这与孙武“审敌虚实而趋其危”有异曲同工之妙。是对孙武“攻而必取者，攻其所不守也”思想的继承。但孙膑并没有简单地吸收，而是把它从一般策略上升为战争原则，使它成为整军经武的急务。千余年后，唐太宗李世民不无感慨地说：“用兵识虚实之势，则无不胜焉！”

（三）“五恒胜”的治军原则

孙膑认为，战争取胜的关键在于人。他把士兵比作弓箭，将帅比作弓弩，国君比作射手。国君决策正确，将帅指挥有方，士兵作战勇敢，三者协调一致，才能确保战争的胜利。“将者，智、信、仁、勇、严也”“将者不可不义、不仁、不德、不信、不智、不决。”对于选拔将帅，孙膑提出了严格的标准，要求不仅要具有高尚的思想品德，还要有渊博的知识，精通兵法，善于指挥，有勇有谋。“上知天之道，下知地之理，内得其民之心，外知敌之情，阵则知八阵之经，见战而胜，弗见而诤”“料敌计险，必察远近”，是为将之道。孙膑也认识到战争胜败的客观规律，指出：“恒胜有五：得主专制，胜。知道，胜。得众，胜。左右和，胜。量敌计险，胜。”

孙膑特别强调“天地之间，莫贵于人”。他认为在决定战争胜负的天时、地利、人和三要素中，人和最重要。“得众者胜”“不得众者不胜”。所谓“人和”“得众”就是得人心。孙膑因重视人的作用而注重士兵的选拔和训练，并对军队建设问题进行了全面论述。把提高人的素质作为强兵的关键所在；强调治军不但要信赏明罚、令行禁止，还要对士卒进行系统的教育训练，包括政治教育、队列训练、行军训练、阵法训练、战法训练等多方面的内容，从而提高军队的全面素质。

在《选卒》篇中，他指出：军队作战勇敢，在于法制严明；军队作战巧妙，在于指挥者能因势利导；军队战斗力强，在于赏罚必信；军队品德好，在于有进步的政治主张；军用充足，在于速战急归；军队保持坚强的战斗力，在于适时休整；军队战斗力受到削弱，在于作战频繁。孙膑按地方行政系统编制和训练军队，“制卒以州闾，授正以乡曲，辨疑以旌舆，申令以金鼓”，即按州闾编组士卒，按乡曲任命官吏，用旗帜辨别敌我和行动方向，用金鼓传达命令。训练必须坚持不懈，一旦打起仗来将士就要像剑一样锋利，所向无敌，“旦暮服之，未必用也”“剑之为阵，有锋有后”。孙膑还重视激励士气，把“激气”“利气”“厉气”“延气”等列为“合军聚众”和临阵作战的要务之一。

（四）取地势之利的阵法

战国中期，阵势对作战影响非常大。孙膑主张根据不同情况采用不同阵法配备兵力。“夫兵者，非士恒势也”，即军事形势瞬息万变，没有固定的有利形势可以依赖。从这一点出发，他丰富和发展了春秋以来如《司马法》《穰苴兵法》的阵法，并详细地论述了各种阵法的特点、性能及运用。

在《八阵》中，孙膑概括出一套使用八阵阵法作战的理论。他主张“因地之利，用八阵之宜”。布阵时，兵力分为先锋、主力、后续部队三部分。“以一侵敌，以二收。敌弱以乱，先其选卒以乘之。敌强以治，先其下卒以诱之。”意思是以三分之一的兵力突破敌阵，以三分之二的兵力聚歼敌人。敌军战斗力弱而且阵势混乱，就用精选的士卒去攻击它。敌军战斗力强而且阵势严整，就先用战斗力弱的士卒去引诱扰乱它。此外，孙膑强调军阵要“有锋有后”，如果军阵没有锐利的前锋，即使是勇敢的人也不敢前进杀敌；如果军阵没有坚强的后卫，即使是勇士也不敢进攻敌人。军阵既有前锋又有后卫，才能“相信不动，敌人必走”，即互相配合，阵势稳定，敌人必然败走。孙膑对于运用八阵作战的说明，使我们从中了解了古代军阵作战的兵力部署和战斗队形的情况。

春秋时，由于盛行以车兵为主的方阵作战，阵法大多以“三阵”“五阵”为主。战国时，由于生产力发展，战场上不但有徒兵、车兵，还有大量的骑兵和弩兵，再加上战争地域扩大，战场地形条件也复杂化了，形成以步兵为主、车骑兵为羽翼的多兵种协同作战，也出现了大规模野战和围城战。军队种类增多，运用较春秋时也有很大发展。孙膑在《威王问》中回答了田忌关于阵法具体应用的问题。如索阵，用来进剿敌人；云阵，进行弩战；囚逆阵可用于困敌；赢渭阵可用于抵御包围；圭形阵可面向山陵布阵；雁形阵可用于疲惫敌人；锥形阵可布列锋利阵势以便于突破和切断敌人的阵势等。此外，《孙膑兵法》还对作战布阵地形的选取、自然力量的运用，以及如何攻城、如何扭转不利局面出奇制胜、如何赏罚将士等，进行了详细的论述。

（五）自然规律不可违逆的处世哲学

孙膑崇尚因循自然、顺应自然，战争应符合自然界的变化。古人认为月主阴，象征刑杀，所以用兵宜在月盛之时。《孙膑兵法·月战》篇讲到了战争胜负与日月星辰变化的关系："十战而六胜，以星也。十战而七胜，以日也。十战而八胜，以月也。十战而九胜，月有……"在《奇正》篇中，把自然变化、自然规律上升到"天地之理"，开篇提出了"天地之理，至则反，盈则败，日月是也。代兴代废，四时是也。有胜有不胜，五行是也。有生有死，万物是也。有能有不能，万生是也。有所有余，有所不足，形势是也"。这种自然界的天地之理，不以人的意志为转移，"故有形之徒，莫不可名。有名之徒，莫不可胜。故圣人以万物之胜胜万物，故其胜不屈"。在战国时期，虽然通过战争，才能"禁争夺"，保证国家安全。但是，战争作为"国之大道"，也只是治理国家的一个部分，不能违背自然。人要顺应规律，战争也一样，"战者，以形相胜者也。形莫不可以胜，而莫知其所以胜之形。形胜之变，与天地相敝而不穷"。孙膑认为，人在自然界面前，也并非一无所为，要主动发现规律，及早做好谋划。

《孙膑兵法》内涵非常丰富，还有主客转换、造势等，在此不一一详说。

三、《孙膑兵法》序

著名的《孙膑兵法》是一部久已亡佚的古兵书。《史记·孙子吴起列传》记载："孙膑以此名显天下，世传其兵法。"《史记·太史公自序》云："孙子膑脚，而论《兵法》。"《汉书·司马迁》云："孙子膑脚，《兵法》修列。"所指《兵法》即此。《汉书·艺文志·兵权谋》著录"齐孙子八十九篇，图四卷"。颜师古曰"孙膑"。这是对《孙膑兵法》最早也是最明确的著录。此后的公私目录书，如《隋书·经籍志》等，不再见著录了。三国时期，曹操注《孙子》，其序云"略解"，没有提到《孙膑兵法》。注文中也只引过一次，即《九地篇》"陷之死地而后生"语下，曹注："孙膑曰：兵恐不投之死地也。"看来当时曹操也未必见到过《孙膑兵法》全书。《孙膑兵法》大概亡佚在董卓火烧咸阳那段时期的战乱中，距今已有一千七八百年之久了。

1972年4月，我们发掘了山东省临沂县银雀山一二号西汉墓，出土了大量的汉简。这些汉简近五千枚，由于是古代书籍，内涵丰富，涉及历史、军事、政治、经济、历法、文字、简册制度、古书辨伪等多种学科。为研究古代中国历史文化提供了极其珍贵的资料，其在海内外历史领域影响深远。银雀山汉简中，军事方面的著作比较多，主要是以《孙子兵法》和《孙膑兵法》为核心的古代兵书。除两《孙子》外，尚有《六韬》《尉缭子》《守法守令等十三》中之《兵令》及诸多论兵文字等。这些兵书无疑地代表了当时齐国兵学的正宗。

孙膑是齐国人，生活在战国时期，大约与商鞅、孟轲同时。他是春秋时代著名军事家孙武的后代，“孙子既死，后百余岁有孙膑。膑生于阿、鄄之间，膑亦孙武之后世子孙”。（《史记》）追根溯源，孙氏一脉是舜的后代。“陈胡公满，舜之后。”（《史记》）公子完是陈胡公满的后世子孙。而孙武、孙膑是陈完的后裔。之所以姓孙而不姓陈，是因为陈完（又称田完）逃到齐国定居。齐桓公封他为“工正”，是管理手工业的官员。传代至陈书，为齐大夫，因伐莒有功，齐景公赐姓孙。至此孙书的子孙后代以孙为姓。清代孙星衍根据《春秋经传》记载陈书伐莒事，以及在泰山发现的孙夫人碑，上书“与齐同姓”两条材料，认为齐景公赐姓一事是真实可靠的。孙说有据。

孙膑际遇曲折，初出道就遭庞涓陷害，受膑刑，被挖去膝盖骨。后来幸得齐国使者的帮助，机智地逃回齐国。齐威王得知孙膑有军事才能，便拜以为“师”。孙膑与将军田忌配合，先后取得两次战役的胜利。一次是公元前353年桂陵之战，即著名的“围魏救赵”战役。另一次是公元前341年马陵之战，成功地运用减灶法对庞涓进行战略欺骗。这都是孙膑军事思想具体实践的典范。孙膑和田忌在军事上取得了胜利，但田忌却受到齐相邹忌的排挤，流亡到楚国，孙膑也不知去向。后齐威王去世，宣王即位。复召田忌，孙膑也回来协助田忌。此后史书无载了。

《孙膑兵法》一书是从众多的残碎汉简中整理出来的，最后确定为十六篇，共缀合为222号简。此书是孙膑军事思想与实践的总结。孙膑继承了孙武的军事思想，同时，由于时代变迁，经济发展，交通改进，使孙膑在战略战术方面具有明显的时代特征。其表现为：一、先进兵器的广泛使用。他多次提到使用弩，如“劲弩趋发”“厄则多其弩”等。弩较弓强劲，可以远距离杀伤敌人。还提到了“投机”，即抛石机，利用机械力量投石，击杀远处的敌人。这样较多地杀伤敌人，并减少白刃战的伤亡。二、兵种变化。使用了骑兵，其云“险则多其骑”。使军队的机动性、灵活性、突发性增加了，武器的进步和骑兵的使用，也影响军队的编制变化。骑兵、徒兵增加，车兵减少。三、战术随之变化，阵法发展。其历数了“剽风之阵”“雁行之阵”“锥行之阵”等多种阵法的用法。四、战争规模也扩大了，注意考察城市特点，开展攻城战。这些都较《孙子兵法》有新的发展。

孙膑生活在社会变革、战争频繁的时代，时势造就他不仅是个杰出的军事家，而且是个敏锐的政治家。他在见威王时说：“德不若五帝，而能不及三王，智不若周公，曰我将欲积仁义，式礼乐，垂衣裳，以禁争夺。此尧舜非弗欲也，不可得，故举兵绳之。”（《孙膑兵法》）他已经意识到，战争不是凭主观意志发动的，而是有其政治内涵，是政治发展的结果。《吕氏春秋·不二》曰：“老聃贵柔，孔子贵仁，墨翟贵廉，关尹贵清，子列子贵虚，阳生贵己，孙膑贵势。”又司马迁曰：“秦用商君，富国强兵。楚魏用吴起，战胜弱敌。齐威王、宣王用孙子、田忌之徒，而诸侯东面朝齐。”（《史记》）战国秦汉时的著述将孙膑与老子、孔子、墨子、商鞅、吴起同列，可以想见，孙膑的政治思想在战国时代是有影响的。只是今天我们所知不多，这方面有待我们进一步探讨。

孙武和孙膑在历史上都被尊为“孙子”，并且各人都有《兵法》传世。在两部《兵法》中，或散见于丛书、类书中的《兵法》佚文中，亦都称“孙子”。因此，自唐宋以来，对孙武其人的存在，其书的真伪，以及其书篇卷数目的疑问，往往涉及孙膑。以至否定孙武其人，且将《孙子兵法》附会于孙膑名下。

这方面的驳难延续了一千多年。我认为其中存在着对《孙子兵法》《孙膑兵法》，乃至先秦文献成书年代的推定、内容的评价和研究方法论的差异问题。《孙膑兵法》的再现，有利于澄清和研究这些疑难问题。

唐代杜牧曰："武所著书，凡数十万言，曹魏武削其繁剩，笔其精切，凡十三篇，成为一篇。"（《樊川文集》）杜牧因《汉书·艺文志》著录："吴孙子兵法八十篇，图九。"与传本十三篇之篇卷数不合，而臆断《孙子兵法》十三篇是曹操删削而成的。此说对后世影响颇大。

宋代欧阳修曰:"吾友圣俞……尝评武之书曰: 此战国相倾之说也。"(《居士集》）其对孙武及其书的时代提出质疑。

宋代叶适曰："按左氏无孙武，他书所有左氏不必尽有。然考叔、曹刿、烛之武、鱄设诸之流贱暴用事，左氏未尝遗，而武功名章灼如此，乃更阙略；又，同时伍员、宰嚭，一一诠次，乃独不及武耶？详味《孙子》与《管子》《六韬》《越语》相出入，春秋末战国初，山林处士所为。其言得用于吴者，其徒夸大之说也。自周之盛至春秋，凡将兵者必与闻国政，未有特将于外者；六国时，此制始改。吴虽蛮夷，而孙武为大将，乃不为命卿，而左氏无传焉，可乎？故凡谓穰苴、孙武者，皆辩士妄相标指，非事实。"（《习学记言》）其因《左传》未记载孙武事迹，而疑孙武其人其事。此说影响深远，后世之人多从此阐发。

陈振孙曰："汉志八十一篇。魏武帝削其繁冗，定为十三篇，世之言兵者，祖孙氏。然孙武事吴阖闾而不见《左氏传》，未知其果何时人。"（《直斋书录解题》）其因循杜牧和叶适之说，但不否定《孙子兵法》的价值。

清人全祖望云："故水心疑吴原未尝有此人，而其书其事皆纵横家之所伪为者。"（《结亭集》）

清人姚际恒考辨伪书，于《孙子》云："此书凡有二疑: 一则名之不见《左传》也。……一则篇数之不牟也。"（《古今伪书考》）

清人姚鼎云："左氏序阖闾事无孙武；太史公为列传，言武以十三篇见于阖闾。余观之，吴容有孙武者，而十三篇非所著，战国言兵者为之，托于武焉尔。春秋大国用兵，不过数百乘，未有兴师十万者，况在阖闾乎！田齐、三晋既立为侯，臣乃称君曰主，主在春秋时大夫称也。是书所言，皆战国事耳。其用兵法，乃秦人以虏使民法也。不仁人之言也。然自是世言用兵者，以为莫武若矣。”（《惜抱轩全集》）姚因《左传》不载孙武，认为纵然有孙武其人，十三篇兵法也不是他作的，而是战国时人所作。

近代梁启超云：“现存十三篇之孙子，旧题春秋时吴之孙武撰。吾依据其书之文体及内容，确不能信其为春秋时书。虽然，若谓出自秦汉以后，则文体及内容亦者不类。《汉书·艺文志》兵家本有《吴孙子》《齐孙子》两种：吴孙子则春秋时吴之孙武，齐孙子则战国时之孙膑也。此书若指为孙武作，则可决其伪；若指为孙膑作，可谓之真。”（《中国历史研究法》）梁启超从文体和内容方面，判定《孙子兵法》十三篇为孙膑所作。

齐思和先生云：“余详研其书，启蒙考之于先秦群籍，然后知孙武实未必有其人，十三篇乃战国之书，而叶氏之说为不可易也。”（《孙子兵法著作时代考》）其推崇叶氏之说，广征博引，多方论证，孙武史无其人，或非春秋时人。孙子十三篇成于战国。

黄云眉先生云：“齐孙子书今不传，或者今书即膑书，后人删为十三篇，以合《史记》之孙武，未可知也。然要为伪矣。”（《古今伪书考补证》）其亦以为《孙子十三篇》为孙膑所著，然曲为之说。

钱穆先生谓孙武：“其人与书，盖皆出后人伪托。……《孙子十三篇》，非春秋时书。其人则自齐之孙膑而误。”（《先秦诸子年考辨》）其认为孙武系孙膑之误。《孙子十三篇》为后人伪托。

日人斋藤拙堂云：“（孙武与孙膑）同是一人，武其名，而膑是其绰号。”（《孙子辩》）日人武内义雄云：“今之孙子一书，是孙膑所著。”（《孙子十三篇之作者》）将孙武与孙膑其人、其书的混淆，也影响到海外的研究者。

以上诸说皆自申其理，但所言多臆断。其与历史文献的记载不符，与出土文献的记述亦相悖。《史记》中明确记载孙武所著兵法为“十三篇”。《汉书·艺文志》将吴孙子与齐孙子区别得很清楚。所以，历代也有人不赞同叶适等人的说法。元末明初人宋濂云：“春秋时，列国之事赴告者则书于策，不然则否。二百四十二年之间，大国若秦、楚，小国若越、燕，其行事不见于经传者有矣，何独武哉？”明人胡应麟也认为《孙子十三篇》为无可疑。（《四部正伪》）清代孙星衍云：“诸子之文皆由没世之后，门人小子撰述成书，惟此是其（孙武）手定，且在《列》《庄》《孟》《荀》之前，真古书也。”关于《左传》无孙子，其实《春秋》记事有不同的情况，《公羊传》隐公十年“《春秋》录内而略外，于外大恶书，小恶不书。于内大恶讳，小恶书”。可见《春秋》记事对内外、详略取舍，标准是很不一致的。故因《左传》不载孙武，而否定孙武其人，进而以孙膑代替孙武，将《孙子兵法》归于孙膑名下，这与历史事实相去甚远。至于以为《孙子兵法》中所述的一些词语、制度、用兵规模当属战国时代，这是由于过去春秋战国史料不多，对于春秋与战国传世史料的区别认识不足。如前面所述《孙膑兵法》在武器、兵种、兵制、战略战术上，比较《孙子兵法》已有明显的区别。所以《孙子兵法》战国说是不能成立的。

银雀山汉简《孙子兵法》（即《吴孙子》）《孙膑兵法》（即《齐孙子》）同墓出土，证明孙武仕于吴，孙膑仕于齐，二人各有兵法传世，并与史籍记载相符合。解决了聚讼纷、莫衷一是的千余年争论，恢复了著名军事家孙武和《孙子兵法》应有的历史地位。过去《孙膑兵法》有录无书，今整理成书，丰富了我国古兵书宝库。与《孙膑兵法》同出土的《六韬》《尉缭子》《晏子》等书，其传世本历来多被疑为“伪托”“真伪相杂”，现在知道至少在西汉初年已广为流传。看来在先秦文献的研究中，过去存在着对成书时代推定过晚的现象，这不仅影响对先秦文献的客观评价，更重要的是将先秦文献所反映的社会现象和性质向后推移了。《孙膑兵法》等汉简的出版问世，使传统的古书辨伪学受到冲击，人们用批判的眼光看待传统的说法，借助考古成果重新评价先秦文献。为古兵法的研究，追溯子书的源流、研究先秦社会，注入了活力并推动其发展，在中国古代文化发展史上有着深远影响。

《孙膑兵法》甫一出土，即被我们辨识，其中孙子与威王、田忌对话之墨迹清晰，今犹在目。当年五月我携简来京整理和研究，到1974年发表发掘简报时，已基本整理成书，以后陆续出版。《孙膑兵法》自出土至今悠悠二十载，十分可喜的是对孙氏兵法和其他兵书的研究，在国内外日益得到重视，并有了长足的发展。最近欣闻鄄城发现孙膑后裔族谱，为促进对孙氏兵学的研究将结集刊印，这是文化事业兴旺发达的盛事。有所闻而为此文，还请读者指教。

（本文摘自孙世民主编的《孙膑研究》，是国家文物局研究员吴九龙先生应邀专门为孙膑研讨会撰写的会议论文）

四、浅析《孙膑兵法》

孙膑所处的战国中期，正是封建制取代奴隶制的社会大变革时代，这时，新兴地主阶级在中原各诸侯国基本上掌握了政权，较普遍地进行了政治、经济改革，相互间频繁地进行着客观上有利于封建统一的兼并战争。齐国的经济文化比较发达，封建制的出现比较早。到齐威王时继续革新政治、经济，“谨修法律而督奸吏”，以至“齐国大治”（《史记·田敬仲完世家》）。孙膑作为新兴地主阶级的军事家，辅助齐威王富国强兵，卓有成效。司马迁曰：“齐威王、宣王用孙子（膑）、田忌之徒，而诸侯东面朝齐。”（《史记·孟子荀卿列传》）当时政治、经济的改革以及频繁的战争，直接而深刻地影响和推动着军事思想的发展，《孙膑兵法》正是这样一个时代的产物。本文拟就《孙膑兵法》对战争的态度、作战指导、治军和哲学思想等问题进行剖析，以就教于史学界同仁。

孙膑在对待战争问题上，明确主张“战胜而强立”“举兵绳之”，朴素地提出了战争解决问题的思想。他引用儒家所推崇的古代所谓“五帝”“三王”用兵攻取的历史故事，说明战争是不可避免的。“昔者，神戎（农）战斧遂；

黄帝战蜀禄（涿鹿）；尧伐共工……汤放桀；武王伐纣；斋（商）奄反，故固公浅（践）之。”“欲责（积）仁义，式礼乐，垂衣裳，以禁争夺。此尧舜非弗欲也，不可得，故举兵绳之。”在强调战争不可避免的同时，孙膑又主张慎战，强调“事备而后动”。就是说，战前一定要做好充分准备，才能“兵出而有功，入而不伤”，反之，“用兵无备者伤”，非但达不到“战胜而强立”的目的，还可能“削地而危社稷也”。怎样才算“事备”呢？孙膑认为：除了“见福祸于未形”，预见到战争的利害得失之外，还必须有足够的物质准备和精神准备。“事备而后动。故城小而守固者，有委也；卒寡而兵强者，有义也。”所谓“有委”就是要有足够的物资储备。在《强兵》中，孙膑明确指出了“强兵”和“富国”的关系，强调只有“富国”才是“强兵之急者也”。所谓“有义”就是要有战争的正当理由，政治上站得住脚。具备这一条，兵虽少，也会坚强有力。

孙膑在战争问题上另一个有价值的思想，是强调指导战争的人（所谓“王者之将”）必须知“道”，即要懂得战争的规律。“夫安万乘国（大国），广万乘王，全万乘之民命者，唯知道。知道者上知天之道，下知地之理，内得其民之心，外知敌之情，阵则知八阵之经，见胜而战，弗见而诤（静），此王者之将也。”“决胜败安危者，道也。”在《孙膑兵法》残简中，提到“道”的地方有数十处之多。纵观其内容，约略可分为论述客观规律和指导规律两大类，而上述显然指的是要认识战争的客观规律。这些论述，散见于《兵法》各篇中，诸如《威王问》《陈忌问垒》《八阵》《十问》《十阵》等，这些对战争胜败客观规律的认识，朴素地反映了地主阶级上升时期唯物的军事思想。

《孙膑兵法》残简中占篇幅最多而且内容最为丰富的，要算是关于作战指导方面的论述。概括起来可表述为：“以寡击众”“必攻不守”“势备”“固地之利，用八阵之宜”等。孙膑在同齐威王、田忌的问对中，明确地提到寡可以胜众，弱可以胜强的地方不下十数处之多，“敌众我寡，敌强我弱，用之奈何？”“以一击十，有道乎？”等，孙膑针对这些问题，提出了许多以寡击众、以弱击强的战法，如“让威”即避开敌人锋芒，不同敌人硬拼；“埤垒广志，严正辑众，避而骄之，引而劳之”“告之不敢，示之不能”“以骄其意，以惰其志”“营而离之，我并卒而击之”等，孙膑特别强调，要做到以寡胜众，以弱胜强，关键在于集中自己兵力，分散和牵制敌军。他认为“能分人之兵，能按人之兵”，则兵力虽如锱铢之少，也显得有余；如果“不能分人之兵，不能按人之兵”，则数倍于敌也显得不足。孙膑这种敢于战胜强敌、众敌的作战指导思想，反映了新兴地主阶级革新图强的精神和要求实现封建统一的愿望。

孙膑强调进攻战略，“必攻不守”。田忌问孙膑：“赏罚者，兵之急者耶？”膑曰：“非。夫赏者，所以喜众，令士忘死也。罚者，所以正乱，令民畏上也。可以益胜，非其急也。”田忌又问：“权、势、谋、诈，兵之急者耶？”膑曰：“非也，夫权者，所以聚众也。势者，所以令士必斗也。谋者，所以令敌无备也。诈者，所以困敌也。可以益胜，非其急者也。”田忌“愤然作色”地说：“此六者，皆善者所用，而子大夫曰非其急者也。然则其急者何也？”膑曰：“……必攻不守，兵之急者也。”田忌提出的六个问题，都是当时的用兵要务，但孙膑却认为只能算作“益胜”的条件，而“必攻不守”才是最至关重要的。显然，这里指的是战略而不是指的具体作战行动。从上述对话的整个意思以及历史背景来看，可以认为，孙膑所指的“必攻不守”是主张采取进攻为主的战略。这一主张，实为先秦重要军事思想之一。如孙武就很强调进攻。商鞅也说：“负海之国，贵攻战。”（《商君书·兵守》）齐国即“负海之国”，当时正是新兴地主阶级代表齐威王当政时期，“齐国大治”，以致诸侯“莫敢致兵于齐”“楚人不敢为寇东取”“赵人不敢东渔于河”。（《史记·田敬仲完世家》）在这种情况下，齐国新兴地主阶级扩大其统治的要求，就成为必然的了。孙膑“必攻不守”的主张，正是为了适应齐国地主阶级政治、经济发展的要求而提出来的。客观上，它也适应了当时社会历史要求统一的趋势，因而具有一定的积极意义。

古人说："孙膑贵势。"孙膑十分注意利用和创造有利于己、不利于敌的作战态势的问题。《孙膑兵法》讲到"势"的地方很多，并有一篇叫作《势备》，着重论述了"势"。孙膑朴素地看到了事物是可以向相反方向转化的，认为"势"是可以创造的，他认为战争形势的有利和不利，就像天下万物的有生有死、有能有不能一样，是永远存在着的客观事实。"有生有死，万物是也。有能有不能，万生是也。有所有余，有所不足，形势是也。"指挥战争的人们，应"便势利地"，因势利导，掌握战争主动权，争取有利于己、不利于敌的态势，使自己的军队饱食而待敌之机，安处以待敌之劳，正静以待敌之动，使敌人"卷早趋远，倍道兼行，倦病而不得息，饥渴而不得食""分离而不相救""受敌而不相知""深沟垒高不得以为固，甲坚兵利不得以为强，士有勇力不得以卫其将"，完全处于被动和不利地位。怎样才能创造这种有利的作战态势，达到作战指挥上的"便势利地"呢？兵法中提出了许多具体的办法："料敌计险""敦三军，利屈伸""分人之兵""按人之兵""易则多其车，险则多其骑，厄则多其弩""居先击死""进不可迎于前，退不可绝其后，左右不可陷于阻"，以便使自己军队"四路必彻，王动必工"，使敌军陷于"四路必穷，王动必忧"的困难境地。应该说，孙膑强调"势"，争取掌握战争主动权的思想，并不是他的独见，而为历来军事家所重视。但是，论述得如此系统，并且从事物的"生""死"变化原理出发，提出造势的可能性及一系列具体办法，这在古代军事家中还是少见的。

"胜不可一"，灵活运用战法。孙膑认为，在战争中没有经常有利的形势可以利用，"夫兵者，非士恒势也"。也不能用一种固定的办法来对付各种各样的敌人，"以一形之胜胜万形，不可"。因此，他强调"料敌之险""因地之利，用八阵之宜"。《十问》《十阵》中有许多关于此的论述：对于"众且武"的强敌，取胜战法是"埤垒广志，严正辑众，避而骄之，引而劳之，攻其无备，出其不意，必以为久"；对于势均力敌，顽强坚守之敌，则"营而离之，我并卒而击之"；对于凭坚固守之敌，要"攻其所必救，使离其固，以揆其虑，施伏设援，击其移庶"；对于将马兵强，又有众多兵力之敌，则应"告之不敢，示之不能，坐拙而待之""击其不□，攻其不御，压其殆，攻其疑"；对于软弱的敌人，则"噪而恐之，振而捅之，出则击之，不出则回之"。

孙膑是比较重视攻城的，他专门论述了对城市的攻取问题，并按照城市所处的不同地形条件，区分为"牝城"和"雄城"作为"可击"和"不可击"的依据。他强调物资储备在城市防御中的重要意义，明确指出："城小而守固者，有委也。"像孙膑这样详尽地论述攻城问题，在他以前的古代兵书中是少见的。《孙子兵法》虽然讲到攻城，但认为攻城是"不得已"的下策，其主要精神是强调尽量避免攻城。孙膑强调的攻城的重要性是与当时的社会背景分不开的。战国时"千丈之城、万家之邑相望"。城市已成为经济、政治、文化的中心，像齐国的即墨，被燕国的军人围困了很久，到了反攻时还可搜集到牛千余头、黄金千镒和其他大量物资，即是一个明显的例子。因此，战国时城市的争夺已成为战争的重点和主要目的。同时，由于生产的发展，冶铁术的进步，铁兵器的使用，云梯等攻城器械的使用，也为攻城提供了一定的物质条件。因而，孙膑重视攻城的思想，实际上是战国时期经济、政治发展在军事需要上的反映，也是对《孙子兵法》在新条件下的一个重要发展。

在治军问题上，《孙膑兵法》认为"兵之胜在于篡卒，其勇在于制"。他明确提出："不信于赏，百姓弗德。不敢去不善，百姓弗晨。"强调"赏不逾日""罚不还面"。这和商鞅关于"错位而民无邪""赏行而兵强"（《商君书·错法》）的思想是一致的。

孙膑还主张重视人的作用，提出了"间于天地之间，莫贵于人"的正确论断。"兵不能胜大患，不能合民心者也"，兵强"在于休民""得众胜"。《将失》篇中，列举了数十种必然打败仗的原因，其中多数是由于将帅处置不当，引起士卒和民众不满所致。"令不行，众不壹""下不服，众不为用""民苦其师""师怀""兵遁""众苦""众劳""众恐""众偷""众怠""众疑"。所以，他强调对士卒和民众要善于因势利导，如此"则令行如流""蹈白刃而不旋踵”。要“令民素听”，必须“素信”。“将者不可以不信，不信则令不行，令不行则军不抟，军不抟则无名。”挑选士卒应“篡贤取良”“制卒以州闾，授正以乡曲，辨疑以旌舆，申令以金鼓”“阵而不战，剑之为阵也”“旦暮服之，未必用也”“立官则以身宜”。这与后期的军事家、政治家“任人唯贤”政策是一致的。

孙膑的军事理论，朴素地反映了唯物和辩证的思想。在对待“形”与“名”的关系上，他认为，形是第一性的，“形定则有名”“有形之徒，莫不可名”“有名之徒，莫不可胜”“战者，以形相胜者也”“形胜之变，与天地相敝而不穷”“以一形之胜万形，不可”。因此，他进一步指出：“故善战者，见敌之所长，则知其所短；见敌之所不足，则知其所有余。”战争这个“以形相胜”的具体事物，如同其他事物的发生发展一样，是可以预知的；如果“兵不能见福祸于未形”，那便是“不知备者也”。《孙膑兵法》中下述内容较集中反映了孙膑的辩证思想。“积胜疏，盈胜虚，径胜行，疾胜徐，众胜寡，佚胜劳。积故积之，疏故疏之，盈故盈之，虚【故虚之，径故径】之，行故行之，疾故疾之，【徐故徐之，众故众】之，疾徐相为变，众寡相【为变，佚劳相】为变。毋以积当积，毋以疏当疏，毋以盈当盈，毋以虚当虚，毋以疾当疾，毋以徐当徐，毋以众当众，毋以寡当寡，毋以佚当佚，毋以劳当劳。积硫相当，盈虚相当，佚劳相当。敌积故可疏，盈故可虚，径故可行，疾【故可徐，众故可寡，佚故可劳】。”在这里，孙膑初步看到了事物的两重性和可变性，明确指出了积与疏、盈与虚、径与行、疾与徐、众与寡、逸与劳是战争中一系列相互对立的因素，然而，它们又不是绝对的、静止的，而是相对的、发展的、可以相互转化的。因此，他认为指导战争的“明主”“良将”只要善于掌握战争的规律，积极创造条件，就可以促成战争双方优劣态势的转化，造成有利于己不利于敌的形势，取得战争的胜利。

综上所述，我们不难看出，《孙膑兵法》继承和发展了孙武为代表的我国早期军事思想家的理论精髓，朴素地反映出其唯物的辩证的哲学内涵。但是，也毋庸讳言，《孙膑兵法》同其他早期著作一样，受到了时代的局限和主观立场的左右。表现在战争观上，其无法认清战争的本质，找不出战争的根源和消灭战争的途径；在历史观上，其看不到人民群众在战争中的决定作用等等。尽管如此，《孙膑兵法》仍不失为中国古代之重要军事典籍，其中某些见解直到今天仍有其一定的生命力。

（本文摘自孙世民主编的《孙膑研究》，是1992年青年教师杨世谷、丛彩娥专门为孙膑研讨会撰写的会议论文）

五、从“桂陵之战”和“马陵之战”看孙膑的军事思想

爆发于公元前353年的桂陵之战和公元前341年的马陵之战，是战国前期的两次重要战役。这两次战役作为克敌制胜的范例而载入史册。桂陵之战中的“围魏救赵”之计被传为佳话；马陵之战中孙膑的神机妙算，实在令人赞叹。这两次战役是孙膑军事指挥的杰作。结合《孙膑兵法》研究这两次战例，对孙膑的军事思想将有更为深刻的体会。

《孙膑兵法》是祖国军事宝库中的瑰宝；桂陵之战和马陵之战，则是《孙膑兵法》的具体运用，是孙膑军事思想的具体体现。综观这两次战役可以看出，孙膑的战略战术思想包括如下几个方面。

（一）“必攻不守”，掌握主动的战略思想

孙膑强调进攻战略。在田忌问“何谓兵之急者”时，他否认了“权、势、谋、诈”等要务，肯定地回答：“必攻不守，兵之急者也。”表明他主张采取以进攻为主的战略。以进攻为主就能掌握战争的主动权，就能致人而不致于人，使自己立于不败之地。这在桂陵、马陵之战中有充分的体现。

在桂陵之战中，孙膑用了两次佯攻一次伏击。当魏围邯郸，孙膑决定南下，首先佯攻平陵，骚扰其后方，然后西驰梁郊，摆出一个要攻打魏都大梁的架势，诱使庞涓来救。然后伏兵桂陵，一举歼灭敌人。在马陵之战中，先是直走大梁，等庞涓去韩而归时，便大踏步撤退。这时的退实际是以退为进，诱使敌人来追。

把敌人诱至马陵歼灭之。在这两次战役中，孙膑的军队打得主动、打得积极。而庞涓的军队始终处于被动地位。其原因则是孙膑施行了“必攻不守”的战略，始终保持进攻的态势，牵着敌人的鼻子走，寻找战机，消灭敌人。

（二）“避实击虚”“攻其必救”的作战原则

孙膑之先祖孙武对“避实击虚”的作战原则多有论述。他说“兵形象水，水之形避高而趋下，兵之形避实而击虚。”又说：“无邀正正之旗，无击堂堂之阵。”主张打仗不要以硬碰硬，要先攻其弱。孙膑主张对强敌要实行“让威”“避而骄之”，和孙武的思想一脉相承。孙膑还提出采取“攻其必救”的策略调动敌人，在运动中消灭敌人。他说：“……攻其所必救，使离其固，以揆其虑，施伏设援，击其移庶。”孙膑在桂陵之战和马陵之战中，十分成功地运用了“避实击虚”“攻其必救”的战法。

魏攻赵，精兵在外，内部空虚。孙膑不直接去赵解邯郸之围，而是率兵攻入内部空虚的魏国。这实在是高明之举。因为如果去赵，起码有两条不利：一是以强攻强，损失必大。二是代赵而受魏之兵，于己不利。不去赵而去魏，是以强击弱，容易取胜。同时既能打击削弱魏国，又能使赵国继续与魏作战，进一步削弱庞涓的兵力。孙膑趁魏之弊与之决战，则更易取胜。进攻魏国是击虚。但击虚并不是朝着不关紧要的地方进攻，而是朝着既虚弱而又是要害的地方进攻，因为只有这样才能迫使敌人不得不来救。为达到和庞涓主力决战的目的，孙膑率军疾驰大梁。大梁是魏国首都，大梁告急，庞涓必定来救。当急急遑遑的庞军赶来救急时，在桂陵中了埋伏，而全军覆没。此举既解了邯郸之围，又歼灭了魏军主力，可谓一箭双雕。

（三）“制险量阻”“因地之利”的作战方法

地形历来为军事家所重视。《孙子兵法》曰：“夫地形者，兵之助也。料敌制胜。计险厄远近，上将之道也。知此而用战者必胜，不知此而用战者必败。”孙膑也十分注意地形在军事上的重要地位。在他的兵法 30 篇中，直接述及地形的，达 13 篇之多。其中《地葆》《雄牝城》是论述地形的专篇。

孙膑认为，作为将帅，必须“上知天之道，下知地之理”，又说：“料敌计险，必察远近……将之道也！”“所谓善战者，便势利地者也。”要求将帅要善于利用地形来打击敌人。桂陵之战和马陵之战正是利用地形歼灭敌人的典范。

孙膑将庞涓军诱至马陵，“马陵道狭，而多险阻，可伏兵”（《史记》）孙膑正是利用这个有利地形在这里精心布置了个口袋阵。他以战车当壁垒堵住出口，由持戟和持弩之士把守，使魏军无法通过。路上撒布铁蒺藜，以阻人马行。“令各军善射者万弩夹道而伏”（《史记》），“中央无人，乃斫大树白而书之曰：庞涓死于此树之下”，充当了中心箭靶。当庞涓军队赶到，一路兵马截断归路，魏军前进不能，后退无路，左右受阻，陷入四路不通的死地，这时两旁伏兵万弩俱发，箭发如雨，魏兵只好坐以待毙。结果庞涓势穷自杀，太子申被俘，马陵之战取得了巨大的胜利。

（四）“卑而骄之”“引而劳之”的诱敌疑敌策略

怎样对待强大的敌人？《孙膑兵法》：“击此者，告之不敢，示之不能”“屈软而待之”，其目的是“以骄其意”。骄兵必败。在战争中自己要藏其爪牙，示敌以弱，使敌人滋长骄傲情绪。在这里孙膑提出了“骄敌”的策略。孙膑又说：“善者能使敌卷甲趋远，倍道兼行，倦病而不得息，饥渴而不得食……”提出了“劳敌”的策略。这些策略思想在桂陵、马陵之战中运用得十分成功。

《孙膑兵法·擒庞涓》载，庞涓攻赵，孙膑不去救赵，而是南攻平陵。“平陵，城小而县大，人众甲兵盛，东阳战邑，难攻也。”况且“吾攻平陵，南有宋，北有卫，当途有市丘，是吾粮途绝也。”即断了粮饷之源。那么，为什么还要攻平陵呢？其目的是“吾将示之疑”“吾将示之不知事”。当其西驰梁郊时，“分卒而从之”，目的是“示之寡”。又用齐城、高唐二大夫的当术之败来引诱敌人。总之，制造种种假象，来迷惑敌人，促使敌人上当。庞涓果然中计，弃其辎重，兼程来追，结果兵败桂陵。

在马陵之战中，孙膑针对魏兵悍勇轻齐的特点，采用退兵减灶之法，先为十万灶，明日为五万灶，又明日为三万灶。庞涓见其情形大喜："我固知齐军怯，入吾地三日，士卒亡者过半。"（《史记》）其骄之情溢于言表。于是"弃其步军，与其轻锐倍日并行逐之"，犯了"百里而趣利者，蹶上将"的大忌。当人困马乏的魏军来到马陵时，齐军以逸待劳，"饱食而待敌之饥，安处以待敌之劳，正静以待敌之动"，以精锐之师，击疲劳之敌，如以石击卵。孙膑大获全胜，庞涓则全军覆没。

桂陵之战和马陵之战虽然距今已有2000多年，当今战争和古代战争虽然已有天壤之别。但孙膑高超的军事指挥艺术以及在战争实践中产生，又经过战争实践检验的孙膑军事思想，并不因时空的转移而变得毫无用处。相反，今天我们深入研究孙膑的军事思想是能得到启迪和教益的。

（本文摘自孙世民主编的《孙膑研究》，是菏泽师专教授袁坤先生专门为孙膑研讨会撰写的会议论文）

第二节 对《孙子兵法》的继承和发展

一、孙子[1]序

操闻上古有弧矢[2]之利，《论语》曰"足兵"，《尚书》八政[3]曰"师"，《易》曰"师贞丈人吉"，《诗》曰"王赫斯怒，爰整其旅"[4]，黄帝、汤、武咸用干戚以济世也[5]。《司马法》曰："人故杀人，杀之可也。"恃武者灭，恃文者亡，夫差、偃下是也[6]。圣人之用兵，戢而时动[7]，不得已而用之。吾观兵书战策多矣，孙武所著深矣。孙子者，齐人也，名武，为吴王阖闾作《兵法》一十三篇，试之妇人，卒以为将，西破强楚入郢[8]，北威齐、晋。后百岁余有孙膑，是武之后也。审计重举[9]，明画深图[10]，不可相诬。而但世人未之深亮训说十一[11]，况文烦富，行于世者，失其旨要，故撰为略解焉[12]。（曹操）

（注：《岱南阁丛书》本《孙子十家注》《御览》二七〇"足兵"上，有"足

食”二字，“恃武”“恃文”作“用武”“用文”；“圣人之用兵”作“圣贤之于兵也”“百岁余”作“百余岁”……又自“孙子者”以下五十字，据《御览》补。）

注释：

[1] 《孙子》：即孙武所作《孙子兵法》，是我国现存最早的一部兵书。

[2] 弧：弓。矢：箭。

[3] 八政：出自《尚书·洪范》，“八政”为：食、货（货币）、祀（祭祀）、司空（水利土建）、司徒（民政）、司寇（刑法）、宾（外交）、师（军队）。

[4] “王赫斯怒，爰整其旅”，见《诗经·大雅·皇矣》，指密国兴兵侵入阮国。周文王震怒，于是整顿军队去制止。赫：发怒的样子。爰：于是，因此。旅：军队。

[5] 黄帝：轩辕氏，传说中的古帝王。汤：商汤，商朝开国之君。武：周武王。咸：都。干戚：兵器，盾牌和斧，这里指黄帝征蚩尤，汤伐桀，武王伐纣。

[6] 恃：依仗。夫差，春秋时吴国的国王，曾打败越国，释放了越王勾践，后靠武力向北和齐、晋争霸主，结果中了美人计，为越国所灭。偃王：即徐偃王，周朝的诸侯。《韩非子·五蠹》说他好行“仁义”，周文王出兵把它消灭了。

[7] 戢：收藏。

[8] 郢：楚国的都城，在今湖北省江陵县。破楚入郢：据《史记·吴太伯世家》载：吴王阖闾九年（前 506 年），阖闾采纳伍子胥、孙武的计策，大败楚军，攻入楚都郢，楚昭王逃到陨、随等地，秦出兵救楚，阖闾乃引军还吴。

[9] 审：详细、周密。计：计划，重举：慎重地采取军事行动。

[10] 画：同“划”，计划。图，谋略。

[11] 亮：透彻。

[12] 撰（赚）：编写。略解：据此后人认为《孙子》十三篇是经曹操删定的，并加注释。

二、孙氏武、膑《兵法》概论

春秋战国时期，齐国孙氏连出两位大军事家，留下了驰名中外的兵学经典《孙子兵法》和《孙膑兵法》。这两部《兵法》有什么特点？两者之间又有什么关系？现粗略地分析比较如下。

（一）孙氏《兵法》产生的历史渊源与背景

孙武、孙膑两位大军事家和两部伟大的兵家典籍都出现在齐国，绝非偶然，而是有深刻的社会历史渊源和背景。

1. 东夷原始军事思想的发展

孙氏《兵法》的产生是齐文化的一个组成部分。齐文化是在东夷文化的基础上发展起来的。东夷文化很发达，东夷族自大汶口文化中期开始，由母权制进入父权制，进入军事民主制阶段。此后，东夷人便形成了崇箭尚武之风。东夷的“夷”字是“大”和“弓”。《说文》：“夷，东方之人也。从大从弓。”东夷人好战、好猎，可能是弓箭的最早发明者。后来齐国的“齐”字，甲骨文、金文均写成[illegible]形，由三个箭头组成。考古发掘资料证明，东夷人大量使用弓箭镞是山东龙山文化时期。文献记载，也正是龙山文化时期，东夷族涌现出许多军事首领。其中，最著名的是蚩尤。蚩尤作五兵，同黄帝打过许多仗。在大量军事斗争实践中，东夷族产生了比较原始的军事思想。

夏商时期，东夷族势力强大，同夏商统治者进行反抗斗争长达千年之久，是我国最早产生系统军事理论思想的民族，成为后来我国军事理论思想体系形成和孙氏《兵法》产生的历史渊源。

2. 春秋以前齐国军事理论思想的发展

齐国建立在东夷文化的基础上。东夷族的原始军事思想给齐国军事思想以很大影响。齐国开国君主也就是齐国的第一位大军事家。据《史记·齐太公世家》记载，姜太公的祖先本是东夷人。姜太公是继承了东夷人丰富的军事思想而成为一位大军事家的。他精通兵法，在周灭商的过程中任周王的军师。司马迁称，太公“阴谋修德以倾商政，其事多兵权与奇计，故后世之言兵及周之阴权皆宗太公为本谋”。据《汉书·艺文志》载，姜太公写了不少兵书。诸如《六韬》《太公》《谋》《言》《兵》等。这些军事著作是否姜太公所作，史载有疑。但从他的身世和经历看，上述兵书至少与他有关，或是后人据有关传说整理而成，都有可能。不管怎样，姜太公作为我国有文字记载的、确有其人（非传说人物）的首位大军事家，还是当之无愧的。《齐太公世家》载，齐国在建国问题上是“太公之圣，建国本”。在建军问题上，我们同样可以说，“太公之圣，建军本”。

春秋时期，齐国又出现了一位军事家管仲，他同时是政治家、经济家和改革家。他曾帮助齐桓公征服三十一国，“九合诸侯，一匡天下”。管仲的军事理论思想，集中体现在后人为他整理的《管子》书的部分篇章中，像《七法》《兵法》《小匡》《霸言》《地图》《参患》《制分》《势》《九变》等。

以上，东夷、齐地、齐国的军事理论思想都给孙氏《兵法》以很大的影响。可以说，孙氏《兵法》既是以往军事理论思想和战争经验的继承与总结，又是一个全面系统的发展。这在孙氏《兵法》书中可以找到很多证据。例如《孙子兵法》中的《用间》《作战》《谋攻》《军争》《九地》；《孙膑兵法》中的《见威王》《篡卒》《月战》等篇，都提到东夷、齐国和管仲的军事理论。

3. 齐文化是产生孙氏《兵法》的重要社会条件

齐文化有着许多显著的特点，诸如务实性、开放性、民本性，以及富民、富国、强兵等。这些特点都给孙氏《兵法》的产生创造了有利的社会条件，兵家思想的出现必须有其有利的社会条件。在一个思想保守、一切按先王规定的“规矩”“礼制”办事的国家里，是绝对出不了变化无穷的兵家思想理论的。只有在文化开放，思想开放，以及政治、经济各个领域都实行务实政策的国家里，才有可能出现大军事家。我国古代兵家之祖和先秦时期著名大军事家，大多出在齐国或齐地，不能说与齐文化没有关系。可以说，没有齐文化，也就没有孙氏《兵法》。孙氏《兵法》是齐文化的一个重要的组成部分。

4. 孙氏兵家世家

孙氏家族的祖先叫陈完，陈厉公之子。因公室权力之争失败而奔齐。《史记·田敬仲完世家》载，陈完逃到齐国，以陈字为田氏，齐桓公“欲使为卿”，因陈完辞绝而“使为工正”。这只有在具有“举贤而上功”“禄贤能”、开放等特点的齐国才有这种可能。“封闭保守”“尊尊而亲亲”，只准姬姓一家统治的鲁国，就根本不可能出现这种情况。

田氏在齐国很快就进入了最高统治层，家庭也很快兴旺发达起来。据《田敬仲完世家》载，田氏自第四代孙田文子开始事奉齐庄公。第五代孙桓子无宇又“事齐庄公”，而且“甚有宠”。“无宇卒，生武子开与釐子乞。田釐子乞事齐景公为大夫，……行阴德于民而景公弗禁。由此田氏得齐众心，宗族益强，民思田氏。”

田氏家庭是一个兵家世家。《新唐书·宰相世系表三》载：“齐田完字敬仲，四世孙桓子无宇。无宇二子：恒、书。书字子占，齐大夫，伐莒有功，景公赐姓孙氏，食采于乐安。生凭，字起宗，齐卿。凭生武，字长卿，以田、鲍四族谋为乱，奔吴，为将军。三子：弛、明、敌。明食采于富春，自是世为富春人。明生膑，膑生胜，字国辅，秦将。”可见这个家族在孙武之前，就是一个兵家世家。古代（春秋以前）文武不分，懂文亦懂武。田完逃到齐国为工正，自然少不了经常习武。

四代田文子和五代田无宇“事齐庄公”，并参与了齐国一系列的军事外交和政治活动。仅就军事活动而言，据《左传》记载：襄公六年，陈无宇参与了灭莱的战役；襄公二十三年，田文子参加了齐伐卫战役；襄公二十四年，无宇又参与了“伐莒，侵介根”战役；昭公十九年，孙书亲率大军伐莒。此外，齐景公时，田氏家族还出了另一位著名军事家司马穰苴。据《史记·司马穰苴列传》载：“司马穰苴者，田完之苗裔也”“文能附众，武能威敌”，善于治军，深通兵法，为齐大司马，主兵，齐景公“以为将，将兵扞燕、晋之师”，大获全胜。

很显然，这样一个高层的贵族家庭，使孙武有条件看到，并研究以往兵家著作。所有这一切，都为他著述兵书提供了有利条件。此后，孙膑继承孙武的《兵法》，成为又一位大军事家并写出又一部《兵法》来，也就不奇怪了。

（二）《孙子兵法》的基本特点

《孙子兵法》一书有些什么特点？为便于分析，我们先将其篇目写作体例和各篇所论述的中心内容列于表1。

表1 《孙子兵法》内容简表

篇名	体例	主要内容
计	论述	全书的总纲。论述战争的重要性和决定战争胜利的五个基本条件：道、天、地、将、法。
作战	论述	论述战前人力、物力、财力准备。战争要“速”，不要“久”。久则国用不足。提出“因粮于敌”的原则。
谋攻	论述	论谋划攻战的方针原则，强调“知己知彼，百战不殆”的极端重要性。
形	论述	论述战争强弱，要“自保而全胜”。
势	论述	论述指挥军队作战的勇怯问题，“凡战者，以正合，以奇胜”，要出奇制胜的打击敌人。
虚实	论述	论述掌握战争主动权对战胜攻取的重大意义。必须“避实击虚”“因敌而制胜”。
军争	论述	论述夺取胜利的原则，提出“善用兵者，避其锐气，击其惰归，此治力者也”。
九变	论述	论述作战方式、策略原则，必须“通于九变”，必须依据情况的不断变化而灵活机动。
行军	论述	论述如何行军布阵和观察敌情。
地形	论述	论述军队在不同地形条件下如何行军布阵。
九地	论述	论述依据战地的不同环境条件采取不同的作战方法。
火攻	论述	论述火攻的种类、条件和实施办法。主要的火攻种类有五：人、积、库、辎、队。
用间	论述	论述战争用间的重要性以及用间的一些方法原则。指出用间有五：乡间、内间、反间、死间、生间。

依据表 1 和有关文献记载，我们认为《孙子兵法》一书基本特点如下。

1.《孙子兵法》是孙武本人撰写的兵书

《孙子兵法》一书的真伪以及是否为后人所为，以往争论极大。自 1972 年山东临沂银雀山《孙子兵法》残简和《孙膑兵法》残简同时出土后，大的争论才告结束。从中应吸收的历史教训是：以往争论原因固然很多，但最大的原因是有的论者受传统儒家思想的影响太深。仅仅根据《左传》无孙武之名而竭力否定《孙子兵法》，认为凡是春秋《经传》没有的就一定没有，一切只能以儒家经典为准。这种观点和方法显然是错误的，银雀山汉墓的考古发现有力地说明这一点。此外，以下几点值得注意。

（1）《史记·孙子吴起列传》载：孙武“以兵法见于吴王阖庐”。吴王说：“子之十三篇，吾尽观之矣。”可见《孙子兵法》十三篇是孙武去吴之前，在齐就已经亲自写定，非他人整理明矣。

（2）据表 1 可知，《孙子兵法》十三篇的写作体例，全部是理论论述。而十三篇的篇目内容和前后逻辑，系统紧密，一气呵成，看不出有他人加入内容的明显痕迹。

（3）从有关史料看，孙武去吴之前，在齐国未参加或指挥过战争。《孙子吴起列传》只是概括了孙武的业绩为“阖庐知孙子能用兵，卒以为将。西破强楚，入郢，北威齐、晋，显名诸侯，孙子与有力焉”。并未详列孙武指挥战争的情况。从楚都郢被攻破可以想见战争规模之大、孙武战绩之显赫。然而，在《孙子兵法》中并未见到他所指挥的战例。这一事实，一方面说明《孙子兵法》确系去吴之前所作，另一方面也说明《孙子兵法》并无后人加入的内容。

2.《孙子兵法》是孙武的一部军事理论研究著作

从孙武去吴之前就写成《孙子兵法》看，孙武从小就是一个专心研究兵法的人。他的《孙子兵法》是在我国古代兵书之中第一部最系统、最完整的军事理论著作。

（1）《孙子兵法》十三篇，篇篇都是军事理论研究题目。从十三篇的篇目一看便知，这些篇目既不是某一具体战争、战役的叙述，也不是同别人的军事理论问答。十三篇的内容全是关于军事理论的研究和军事规律与原理的概括。

（2）《孙子兵法》是春秋以前战争经验的研究和总结。这在《孙子兵法》一书中可找到不少证据。如《形》篇云："孙子曰：昔之善战者，先为不可胜，以待敌之可胜。"又云："古之所谓善战者，胜于易胜者也。"《九地》篇："所谓古之善用兵者，能使敌人前后不相及。"《用间》篇也有"昔殷之兴也，伊挚在夏；周之兴也，吕牙在殷"。

（3）《孙子兵法》是在研究以往兵书的基础上写成的。孙武究竟看过或研究过哪些古代兵书，限于材料，难以了解。我们仅知《军争》篇中有一条记载："《军政》曰：言不相闻，故为金鼓。"这里的《军政》虽不详其何书，但从引文看，可知是一部古代兵书。

（4）《孙子兵法》十三篇具有系统性和完整性。据表1可知，十三篇的首篇《计》并非单纯的次序。从内容看，《计》是《孙子兵法》全书总纲。而首篇首句云："孙子曰：兵者，国之大事，死生之地，存亡之道，不可不察也。"既开宗明义地指出战争的重要性，又是全书总纲的总纲。此后的十二篇，从表1所列"主要内容"看，也前后都有必然的逻辑联系，不是胡乱地编在一起。《孙子兵法》十三篇，将战争的基本规律和原理、作战指挥的基本原则、战略战术的灵活运用等战争中所有的重大问题，都进行了系统、完整、深刻的论述。

（三）《孙膑兵法》的基本特点

孙膑是继孙武之后又一位伟大的军事家。他所写的《孙膑兵法》是《孙子兵法》之后又一部伟大的兵家典籍。

现存《孙膑兵法》共十六篇。为便于分析，并便于与《孙子兵法》比较，亦先将其篇目、体例和主要内容列于表2。

表 2 《孙膑兵法》内容简表

篇名	体例	主要内容
擒庞涓	战例	记齐、魏桂陵之战。
见威王	论述	论述孙膑的战争观点，“战胜而强立”。
威王问	对话	阐述指导战争的战略战术。
陈忌问垒	对话	马陵战役经验总结。阐述孙膑在战役中的战术运用。
篡卒	语录	论述兵胜之道。
月战	语录	论述战争与时历的关系。
八阵	语录	论述将军用阵条件和用阵之法。
地葆	论述	论述地形之优劣。
势备	论述	论作战指挥上的“阵、势、变、权”。
行篡	论述	论述选贤取良之道。“用兵移民”“民皆尽力”。
兵情	论述	论述将、卒、主之关系。
杀士		（残缺不全）
官一	论述	论发挥军队官能，必须统一和一致。
延气	论述	论发挥军队官能，必须统一和一致。
五教法	论述	论军队五教：处国之教、行行之教、处军之教、处阵之教、隐而不见利战之教。
强兵	对话	论富国、强兵。

据表 2 和有关文献记载，笔者认为《孙膑兵法》一书的特点如下：

1.《孙膑兵法》同《孙子兵法》一样，对其真伪问题，亦曾长期争论很大。1972 年《孙膑兵法》与《孙子兵法》同出于银雀山一墓之中，遂证明《孙膑兵法》确实存在。从现存竹简可以断定《孙膑兵法》并非孙膑本人系统编定，全书当是由孙膑弟子编辑而成的；从表 2 看，全书篇名和写作形式（体例）极不统一，前后各篇间缺乏内在逻辑性和系统性。

（1）从篇目看，前四篇《擒庞涓》《见威王》《威王问》和《陈忌问垒》

非兵书论著题目，只有后十二篇才是军事理论研究的论题。

（2）从写作体例看，全书亦极不统一：有的是战例，如《擒庞涓》；有的是对话（或称问答），如《威王问》《地葆》《五教法》诸篇；还有的是把孙膑的几段语录，按同一内容编在一起，如《篡（选）卒》是六段语录，《月战》二段语录，《八阵》两段语录。这和《孙子兵法》显然有别。

（3）从各篇内容的逻辑性系统性看，《孙膑兵法》各篇前后编排顺序并无有机的、内在的必然联系。第一篇《擒庞涓》和第四篇《陈忌问垒》，前者讲桂陵之战，后者总结马陵之战布垒的经验；两者本有内在联系，应为连接的两篇，而编者却在中间穿插《见威王》和《威王问》两篇。第五篇《篡卒》和第十二篇《杀士》、第十三篇《延气》、第十四篇《官一》及第十五篇、第十六篇的《五教法》和《强兵》，讲的都是士气、军队的问题，内容相近，本应相连，可是，除后五篇相连外，《篡卒》一篇为其他六篇相隔。其余诸篇在编排顺序上也缺乏内在的有机的必然联系。此也反映了《孙膑兵法》一书即非孙膑一人撰写而成，也非后人一次编成。

2.《孙膑兵法》大部分篇章实为孙膑所著

《孙膑兵法》虽非孙膑所著，是后人所编纂而成，但这并不是说《孙膑兵法》不是孙膑的著作。该书仍然是孙膑的军事著作，而不是他人的著作。全书内容可大致分为三个部分。

其一，他人记述的孙膑事迹。在《孙膑兵法》中，某些篇章，如《擒庞涓》《见威王》《威王问》《陈忌问垒》《强兵》等，可能不是孙膑原著，但所记的事迹、对话则是孙膑的。

其二，他人编纂的孙膑语录。这一部分主要有《篡卒》《月战》《八阵》等篇。《篡卒》由孙膑的六段语录编成。尽管这些篇章的竹简残缺不全，并非原简的全部，但是从现有已发现的竹简看，不太像是孙膑自己编著成的。他人将孙膑的语录编纂成篇的可能性比较大。

其三，孙膑自己编著的篇章。《孙膑兵法》除《杀士》一篇因出土竹简残缺不全不好论定外，有七篇当是孙膑自己写成的，分别是《地葆》《势备》《兵情》《行篡》《延气》《官一》《五教法》。这七篇全部是完整系统的论述和发挥，每篇都可明显地看出是一个完整的整体。这些篇目虽可能经后人加工过，但原本当是孙膑所著。

据以上分析可知，《孙膑兵法》是一部包含孙膑自己的著作并体现其军事理论思想，由后人整理编纂而成的古代兵家典籍。同《孙子兵法》相比，此书在编排上既不太系统，也不够完整，因而显得比较零乱。

（四）《孙膑兵法》与《孙子兵法》的关系

1.《孙膑兵法》继承了《孙子兵法》军事理论思想。现举要列于表3。

表3 《孙子兵法》与《孙膑兵法》内容比较

序号	《孙子兵法》	《孙膑兵法》
1	《计》：“攻其无备，出其不意，此兵家之胜，不可先传也。”	《威王问》：“威王曰：以一击十，有道乎？孙子曰：有，攻其无备，出其不意。”
2	《谋攻》：“以虞待不虞者胜。”	《威王问》：“用兵无备者伤。”
3	《形》：“善用兵者，修道而保法，故能为胜败之政。”	《八阵》：“知道者，上知天之道，下知地之理、内得其民之心，外知敌之情，阵则知八阵之经，见胜而战，弗见而诤，此王者之将也。”
4	《虚实》：“故兵无常势，水无常形，能因敌变化而取胜者，谓之神。”	《见威王》：“夫兵者非士恒势也。此先王之传道也。”
5	《虚实》：“进而不可御者，冲其虚也”“故我欲战，敌虽高垒深沟，不得不与我战者，攻其所必教也。”	《史记·孙子列传》：孙膑曰：“君不若引兵疾走大梁，据其街路，冲其方虚，彼必释赵而自教。是我一举解赵之围而收弊于魏也。”《索隐》：“谓齐今引兵据大梁之冲，是冲其方虚之时，梁必释赵而自救，是一举释赵而毙魏。”

续表

序号	《孙子兵法》	《孙膑兵法》
6	《军争》："百里而争利，则擒三将军。……五十里而争利，则蹶上将军，其法半至；三十里而争，则三分之二至。"	《史记·孙子吴起列传》：孙膑谓田忌曰："《兵法》，百里而趣利者蹶上将，五十里而趣利者军半至。"此《兵法》即《孙子兵法》也。
7	《九变》："故用兵之法，无恃其不来。恃吾有以待也；无恃其不攻，恃吾有所不可攻也。"	《威王问》："用兵无备者伤，穷兵者亡。"
8	《行军》："平陆处易，而右背高，前死后生，此处平陆之军也。"	《八阵》："险易必知生地、死地，居生击死。"
9	《行军》："凡军好高而恶下，贵阳而贱阴，养生而处实，军无百疾，是谓必胜。丘陵堤防，必处其阳而右背之。此兵之利，地之助也。"	《地葆》："凡地之道，阳为表，阴为里，直者为纲，术者为纪，……凡战地也，日其精也，八风将来，必勿忘也。"
10	《行军》："绝水必远水。"	《地葆》："绝水、迎陵、逆流、居杀地，迎众树者，钧举也。"
11	《行军》："凡地有绝涧、天井、天牢、天罗、天陷、天隙，必亟去之，勿近也。吾远之，敌近之；吾迎之，敌背之。"	《地葆》："五地之杀曰：天井、天宛、天离、天隙、天招。"
12	《地形》："夫地形者，兵之助也。料敌制胜，计险厄、远近，上将之道也。"	《威王问》："料敌计险，必察远近。……将之道也。"
13	《九地》："用兵之法，有散地。""诸侯自战其地，为散地。""是故散地则无战。"	《官一》："用轻以正散、攻兼用行城。"

2.《孙膑兵法》发展了《孙子兵法》军事理论思想。现举例如下：

例一，《孙子兵法·计》"地者、远近、险易、广狭、死生也。"把"地"列为战争胜利的五个基本条件（道、天、地、将、法）之一。而《孙膑兵法》一书则对"地"详加论述，并单列一篇《地葆》，作为全书十六篇之一。

例二，《孙子兵法·计》："法者，曲制、官道、主用也。""官道"作为"法"之一。而《孙膑兵法》则对"官道"大加发挥，详加论述，并单列一篇《官一》，作为十六篇之一。

例三，《孙子兵法·计》："故校之以计而索其情。曰：……赏罚孰明？吾以此知胜负矣。"《史记·律书》也云："吴用孙武，申明军约，赏罚必信，卒伯诸侯，兼列邦土。"可知，孙武是一位"赏罚必信"善于治军的军事家。《孙膑兵法·行篡》则不仅提出了赏罚的问题，而且更进一步提出物质奖励必须恰当的重要性，指出："货多则辨，辨则民不得其上。货少则□，□则天下以为尊。然则为民赇也，吾所以为赇也，此兵之久也，用兵之国葆也。"《杀士》因残缺不全仅有的竹简记有"明爵禄"。

3.《孙膑兵法》中还有一些军事理论思想是《孙子兵法》所没有的，或基本上没有的。例如以下几篇就是这种情况：《延气》《五教法》《八阵》，这三篇在《孙膑兵法》中都是单列、专论篇章。类似这部分内容属于创新的性质。

综上所述，孙氏武、膑《兵法》虽然在形成的历史背景上大致相同，但有各自的特点。两部《兵法》的关系，概括起来，即《孙子兵法》是我国第一部最完整、最系统的兵家典籍；《孙膑兵法》对《孙子兵法》的军事理论思想既有继承，又有发展和创新。

（本文摘自孙世民主编的《孙膑研究》，是山东省社科院研究员逄振镐先生专门为孙膑研讨会撰写的会议论文）

三、论《孙膑兵法》与《孙子兵法》的师承关系

《孙膑兵法》与《孙子兵法》之间，存在着特殊的内在联系和师承关系。但是，由于《孙膑兵法》的长期失传，学术界对两个孙子的关系曾产生各种误解和争鸣。随着银雀山汉墓竹简的出土和研究，历史的迷雾渐被拨开，许多悬案和是非得以澄清，从而给我们重新认识两个孙子的关系提供了新的材料和基础。认识这个问题，对于我们了解《孙子兵法》在历史上的最初传播，

《孙膑兵法》在历史上的重要地位，以及对某些历史疑团的进一步理解，都是不无裨益的。以下仅从三个方面谈谈《孙膑兵法》与《孙子兵法》的内在联系和师承关系。

（一）祖述孙子，再现其精神

翻开《银雀山汉墓竹简·孙膑兵法》，感人极深的一点就是《孙子兵法》的精神跃然纸上，处处可以看到孙子的语言、思想和风格。以首篇《擒庞涓》为例，孙膑先后为田忌谋划四条妙计，条条都与孙子的理论惟妙惟肖：第一条“南攻平陵”，向敌“示之疑”“示之不知事”，实即孙子《计篇》所讲的“强而避之”“用而示之不用”；第二条平陵佯败，故意牺牲齐成、高唐二大夫，实即孙子《计篇》所讲的“能而示之不能”和《九地篇》所讲的“顺详敌之意”；第三条“遣轻车西驰梁郊，以怒其气；分卒而从之，示之寡”，实即孙子《计篇》所讲的“怒而挠之”和《虚实篇》所讲的“攻其所必救”；第四条桂陵设伏，一举歼敌，实即孙子《势篇》所讲的出奇制胜和《计篇》所讲的“攻其无备，出其不意”。这四条既反映了《孙膑兵法》的一些主要特点，也反映了《孙子兵法》的一些精华思想，充分体现了二者在意境上息息相通、水乳交融。除首篇之外，其他各篇亦然。例如，《见威王》中的“兵者不可不察”，源出于孙子《计篇》；“乐兵者王”“利胜者辱”，源出于孙子《火攻篇》；“事备而后动”，源出于孙子《作战篇》。《威王问》中的“为之微阵，以触其侧”，源出于孙子《行军篇》；“毁卒乱行以顺其志”，源出于孙子《九地篇》；“让威”源出于孙子《军争篇》；“击穷寇”要“待生计”，源出于孙子《军争篇》；“攻其无备，出其不意”，语出孙子《计篇》；“其阵无锋”，源出于孙子《地形篇》；“令民素听、素信”，源出于孙子《行军篇》；“料敌计险，必察远近”，源出于孙子《地形篇》；“必攻不守”，源出于孙子《虚实篇》；《篡卒》中的“恒胜有五：得主专制，胜。知道，胜。得众，胜。左右和，胜。量敌计险，胜”，和“恒不胜有五：御将，不胜。不知道，不胜。乖将，不胜。不用间，不胜。不得众，不胜”，其源主要出于孙子《谋攻篇》的“知胜有五：

知可以战与不可以战者胜，识众寡之间者胜，上下同欲者胜，以虞待不虞者胜，将能而君不御者胜”，以及《计篇》《地形篇》和《用间篇》的某些论述；《八阵》中的“上知天之道，下知地之理，内得其民之心，外知敌之情”，即源于孙子《谋攻篇》的“知彼知己”和《地形篇》的“知天知地”；《势备》中的“阵”“势”“变”“权”，即源于孙子《势篇》《军争篇》和《九变篇》的有关论述。还有很多，不复一一列举。

上述材料表明，《孙子兵法》对《孙膑兵法》的影响，《孙膑兵法》对《孙子兵法》的师承，不是一般的、个别的，而是全面、具体、深刻的。前者是后者的依据和基础，后者是前者的祖述和再现。二者之间的关系，颇有一点同孔子和孟子的关系相类似。孔子恰与孙子同时，孟子恰与孙膑同时。孟子为了宣扬孔子的学说而奔波一生，正如唐人韩愈所谓：“孟轲好辩，孔道以明。环天下，卒老于行。”（《进学解》）孙膑为传播孙武的兵学而竭尽努力。正如他弟子们所说：“明之吴越，言之于齐。曰知孙氏之道者，必合于天地。”孟子祖述和再现了孔子的思想；同样，孙膑也祖述和再现孙武的思想。这是两个孙子之间内在的联系和师承关系的一个极鲜明的特点。

这个特点，是《孙膑兵法》所独具的，是一切其他先秦著作中所没有的。号称信史的《左传》，一个字也没有关于孙武和《孙子兵法》的记载。《国语》一书，对越王勾践、吴王夫差，以及伍员、范蠡等人的言行均有大量辑录，但却没有关于孙武和《孙子兵法》的记载。在较早的诸子书中，如《论语》《墨子》《老子》《孟子》《庄子》《管子》等，也同样找不到孙武和《孙子兵法》的踪迹。在《吴子》《司马法》《尉缭子》《六韬》等军事名著中，虽然都程度不同地反映了孙子的某些思想，但孙子对他们的影响是一般的、个别的，它们皆各立门派、自成体系，只是对孙子的语意偶有借用，远非对孙子思想的阐述和传播，与孙子构不成内在联系和师承关系。因此，只有《孙膑兵法》才是《孙子兵法》在先秦时代的真正继承者。

我们由此可以清楚地看到，《孙子兵法》作为人类历史上第一部伟大的军事杰作，并不是一诞生就广泛流传、誉满天下，它几乎被冷落了一百多年。恰恰是经过孙膑及其弟子们的努力，经过《孙膑兵法》的祖述和再现，到战国末期才出现了“藏孙吴之书者家有之”（《韩非子·五蠹》）的局面。

（二）继承和发展孙子的基本理论

《孙膑兵法》与《孙子兵法》虽然只相距“百余岁”，但却属于两个不同的时代。孙武处于我国奴隶社会末期，当时的主要战争是大国争霸，中原地区的主要作战方式是车战。孙膑则处于我国封建社会的初期，当时的主要战争是诸侯兼并，并逐渐向统一战争的趋势发展；中原地区的主要作战方式已转变为以步兵为主、车步骑结合的机动野战；战争的规模、频率、持续时间和激烈程度已均非春秋时代所比；军队构成、兵役制度、武器装备等都有了新的发展和变化。正是在这些新的历史条件下，《孙膑兵法》对《孙子兵法》的基本理论做出了新的发展和贡献。

1.“战胜而强立”。孙武对战争的态度可以归纳为六个字，即重战、慎战和备战。其重战的名言，即全书开篇第一句：“兵者，国之大事，死生之地，存亡之道，不可不察也。”其慎战的名言，即《火攻篇》所云：“主不可以怒而兴师，将不可以愠而致战。合于利而动，不合于利而止。怒可以复喜，愠可以复悦，亡国不可以复存，死者不可以复生。故明君慎之，良将警之，此安国强军之道也。”其备战的名言，即《九变篇》所云：“无恃其不来，恃吾有以待也；无恃其不攻，恃有所不可攻也。”慎战和备战，实质上也是重战，所以孙武对战争的根本认识就是“国之大事”一语。至于战争的性质、义战与非义战的区别等，孙武则默无一词。因为当时所进行的是争霸战争，难以提出“义”的问题，只好强调“利”的一面。

《孙膑兵法》则有所不同，它在《见威王》篇中几乎全部转述了孙武的上述观点，并进而提出新的见解——“战胜而强立”。列举了“汤放桀”“武王伐纣”及周公东征等大量古代战争，总结了“尧伐负海之国而后北方民得不苛，伐共工而后兵寝而不起，驰而不用”的经验，反复论证“战胜而强立”

是实现“天下服”即国家统一的重要手段。这就是《孙膑兵法》对待战争问题的基本观点。

《孙膑兵法》的这一观点，虽然是在“国之大事”的基础上前进一步。它所着重肯定的是历史上有进步意义的统一战争，如“汤放桀”“武王伐纣”，历来被誉为“汤武革命，顺乎天而应乎人”。（《易·革》）它提出“卒寡而兵强者，有义也”，从而对战争的性质作了区分。它主张“战胜而强立”，是符合当时历史发展的客观趋势的。当时我国随着封建制度的确立和发展，实现统一的经济、政治、军事、文化等条件均已日趋成熟。但诸侯割据，战乱是个严重障碍，通过“战胜而强立”，实现国家的统一，已成为历史发展的必然。

2. 以“道”制胜。在孙武以前，由于传统礼教思想的束缚，曾长期流行所谓“君子不重伤，不擒二毛”“不以阻隘”“不鼓不成列”（《左传·僖公二十二年》）等迂腐之言。孙子的重大功绩之一，就是在“知彼知己”的基础上，公然把“诡道”写入兵书，直言不讳地提出：“兵者，诡道也。故能而示之不能，用而示之不用，近而示之远，远而示之近。利而诱之，乱而取之，实而备之，强而避之。怒而挠之，卑而骄之，佚而劳之，亲而离之。攻其无备，出其不意。此兵家之胜，不可先传也。”（《孙子兵法·计篇》）整个十三篇的各种用兵之法，诸如伐谋伐交、出奇制胜、避实击虚、夺气夺心、分合为变、兵以诈立、致人而不致于人、形人而我无形等等，无一不是诡道制胜的产品。从而开了战争艺术之门，给了后世兵家以无穷无尽的智慧。

《孙膑兵法》也同样是大讲诡道的。如前面所述《擒庞涓》的四条妙计，每一条都是诡中之诡、诈中之诈，无一不是“诡道”思想的活灵活现，以至孙膑的弟子们不禁脱口而赞：“孙子之所以为者尽矣。”再如《威王问》中的“避而娇之，引而劳之”，《八阵》中的“居生击死”，《官一》中的“乘疑”“钓战”“昧战”“伪遗”“乖举”等，都是“诡道”思想的表现。古人说：“孙膑贵势”（《吕氏春秋·不二》），正是指他善于诡诈造势而言。

但是，《孙膑兵法》却有一个非常明显而奇怪的现象，即在理论上不使用“诡道”的概念，在现存十六篇22枚残简共4891字中，尚未发现一个“诡”字。这点并非偶然，而是用新概念的“道”取代了旧概念的“诡道”。《威王问》是极好的明证，孙膑回答了威王、田忌等人提出的三十三个问题，先后用了十个“道”字，把“攻其无备，出其不意”等各种克敌制胜的方法都称为“道”，并于篇末总结说：“威王问九，田忌问七，几知兵矣，而未达于道也。”其他各篇也同样，如《地葆》把对各种地形的利用方法称为“凡地之道”，《势备》称“凡兵之道”。《兵情》把正确处理主、将、卒的关系称为“兵之道”。《行篡》把“篡贤取良”称为“用兵移民之道”。《强兵》把“富国”称为“强兵”之道，等等，不胜枚举。这表明，《孙膑兵法》不仅用“道”取代了“诡道”，而且扩大了“道”的概念，包括经国治军、克敌制胜的各种规律，均称之为“道”。

必须指出，孙子的“诡道”，与“知彼知己”相联系，具有客观规律性的意义，但主要强调的是充分发挥主观能动性问题，即以“权谋”“变诈”（《荀子·议兵》）夺取胜利。《孙膑兵法》的“道”，则有进一步的发展。它指出，“先知胜不胜之谓知道”“知孙氏之道者，必合于天地”，从而明确了“道”的客观规律性，像天地万物一样，不以人的意志为转移。它反复指出，“知道，胜”“不知道，不胜”“知其道者，兵有功，主有名”“安万乘国，广万乘王，全万乘之民命者，唯知道”“求其道，国故长久”，从而强调人们指导战争实践的一切活动，都必须合乎“道”的要求，按照客观规律的“道”去充分发挥人的主观能动性。它还指出，知“道”和用“道”的主要方法就是“上知天之道，下知地之理，内得其民之心，外知敌之情，阵则知八阵之经，见胜而战，弗见而诤”，从而和孙子“知彼知己，百战不殆”（《史记·孙子吴起列传》）的思想一脉相承。

还有一点也必须指出，即《孙膑兵法》的“道”与《孙子兵法》的“道”有所不同。孙子的“道”除了有些如《计篇》的“诡道”，《地形篇》的“战道”，《火攻篇》的“安国全军之道”是指客观规律外，更主要的是指政治，如《计篇》

把“道”列为“五事”“七计”之首，并明确解释说：“道者，令民与上同意也，故可以与之死，可以与之生，而不畏危。”这里显然是指国家的政治而言。而《孙膑兵法》的“道”则专指军事规律而言，既不同于道家的“无为”之道、儒家的“礼义”之道、墨家的“兼爱”之道和阴阳家的“五行”之道，也不同于孙子的政治之道。由此形成兵家特有的以“道”制胜的理论思想。

3.“必攻不守。”“必攻不守”是《孙膑兵法》中的一句名言。就字面意义而言，它与孙子的“避实击虚”“攻其所必救”“攻其所不守”是一样的，即坚决打击敌人要害而薄弱之处，从而夺取作战胜利。但在理论实质上，它是指在新的历史条件下大规模机动作战的战略指导思想。在春秋时代的车战方式下，所谓避实击虚，往往是先击溃对方薄弱的一翼，然后击败其全军。如春秋初期的周郑繻葛之战、春秋中期的晋楚城濮之战、春秋末期的吴楚柏举之战等都是如此。进入战国时代以后，车、步、骑相结合的野战取代了单纯的车战，包围、迂回、奇袭、伏击等作战形式广泛出现。在这种新的作战方式下，《孙膑兵法》把避实击虚应用于大规模机动野战的战略指导，创造性地提出“必攻不守”的理论，也就是“批亢捣虚”“围魏救赵”的战法。我们从《威王问》可以清楚地看到，孙膑同田忌进行一场激烈的争论，孙膑坚持认为“赏罚”和“权、势、谋、诈”皆非“兵之急者”，只有“必攻不守”才是“兵之急者”，可见“必攻不守”正是从战略指导的高度提出的。我们再从《擒庞涓》中更可以清楚地看到，孙膑所献四条妙计，是“必守不攻”的实际运用和体现，自始至终都以在大规模机动作战中迷惑敌人、调动敌人、消灭敌人为指导思想。尤其是奇袭大梁之举，形似“攻心”，实乃虚晃一枪，造成牵一发而动全身之势，迫敌就范，使敌“虽欲生不可得也”。所以说，“必攻不守”是大规模机动作战的战略指导理论，它把战争指导艺术提到了一个新的水平。

4.“富强”“强兵”。在战争与经济的关系上，孙武的杰出见解是揭示了战争对经济的依赖和影响，指出“兴师十万”要“日费千金”（《孙子兵法·用间篇》）“军无辎重则亡，无粮食则亡，无委积则亡”（《孙子兵法·军争篇》）“国之贫于师者运输”（《孙子兵法·作战篇》），会造成巨大的消耗，形成内外交困的局面。为了解决这个问题，他得出两条结论：一个是“因粮于敌”；另一个是“速胜”，宁要“拙速”也不要“巧久”。这两条结论，虽然在春秋时代争霸战争的特殊条件下是正确的，但从普遍性来看，显然有其局限性。以“因粮于敌”而言，并不是保证大部队长期作战的可靠办法；以“速胜”而言，并不完全取决于统帅的指挥艺术，而是由敌对双方的力量对比决定的。因此，进入战国时代以后，随着大规模兼并战争的发展，仅仅依靠“因粮于敌”和“速胜”的办法已无法解决根本问题，必须另谋出路。

在这个问题上，《孙膑兵法》继承了孙武关于战争依赖于经济的见解，并进一步把眼光投向社会生产，提出富国强兵的重大理论。《孙膑兵法·强兵》篇虽然竹简严重残损，正文部分仅存77字，但却反映了一个非常明确而重要的思想，即“富国”为“强兵之急”，指出发展经济是建设强大国防和强大军队的关键和根本。这一思想成为战国中后期的时代潮流，促进了兼并战争向统一战争的转变，推动了历史的前进和发展。

5.“五教法”。在治军问题上，孙武的名言是“令之以文，齐之以武”（《孙子兵法·行军篇》）。即把思想教育同严格的管理、训练、纪律等结合起来。在此基础上，《孙膑兵法》结合战国时代的新情况，适应大规模常备军建设需要，系统地提出了“五教法”的治军原则。“五教法”包括“处国之教”“行行之教”“处军之教”“处阵之教”和“利战之教”，总括了政治思想教育和队列训练、行军训练、阵法训练、战法训练等全部内容，是我国先秦最完整的军队教育训练的理论。由于竹简的残损，“五教法”的许多具体内容已不得而知，但它的特点是十分鲜明的，即从严治军，从政治思想教育入手，对军队实施严格而全面的训练。例如，“五教法”的第一条就是“处国之教”。“处国之教”中规定：“孝弟良五德者，士无一焉，虽能射不登车。”由此可知，不仅军事对训练严格，政治思想教育也非常严格，是对《孙子兵法》的进一步继承和发展。

《孙膑兵法》对《孙子兵法》的继承和发展，还有其他许多方面，诸如作战布势强调“用阵三分”“斗一，守二”。兵种运用强调“易则多其车，险则多其骑，厄则多其弩”，军队建设强调“间于天地之间，莫贵于人”等。但从基本理论上看，主要的是上述五点，充分表明了两个孙子的内在联系和师承关系。

（三）与孙子并称于世，成一家之言

自古以来称孙武和《孙子兵法》为“孙子”，是尽人皆同的。但在先秦汉时期，称孙膑和《孙膑兵法》为“孙子”，也是尽人皆同的。例如，在《战国策》一书中，凡三次讲到孙膑的言行（见《齐策一》和《魏策二》），皆称孙膑为“孙子”。在《韩非子·难言》篇：“孙子膑脚于魏。”明确地把孙膑称为“孙子”。由此可以推知，《韩非子·五蠹》篇说：“境内皆言兵，藏孙吴之书者家有之。”这里的“孙”，既包括孙武，也包括孙膑。到了秦汉时期，称孙膑为“孙子”则更加普遍，如《史记》的《孙子吴起列传》《孟子荀卿列传》《田敬仲完世家》《太史公自序》《六国年表》等篇中，共18次称孙膑为“孙子”。《汉书·艺文志》载：“《吴孙子兵法》八十三篇。图九卷。《齐孙子》八十九篇。图四卷。”也是并称孙武和孙膑为“孙子”，只是为了加以区别，才分别冠了个“吴”字和“齐”字，并特意在《吴孙子》后面多加“兵法”两个字。把这些情况，同《银雀山汉墓竹简·孙膑兵法》对照起来分析，就会更加一目了然。在《孙膑兵法》中，先后75次称孙膑为“孙子”，没有出现过一个“膑”字，并明确地把孙武的理论和孙膑的理论合称为“孙氏之道”。由此可知，孙膑及其弟子们，自始至终都把自己的理论思想同孙武的理论思想看成是一家之言。

正由于两个孙子是一家之言，在理论体系上密不可分，长期并称于世，所以，当《孙膑兵法》失传后，才出现许许多多的误解、怀疑和猜测。诸如说历史上只有孙膑而无孙武，或说孙武和孙膑是一个人，《孙子兵法》和《孙膑兵法》是一本书，或说十三篇源于孙武，成于孙膑，等等。这些疑团虽因《银雀山汉墓竹简》的出土已经解开，但有些疑点也还仍然存在。正如有些学者早已指出的那样，既然十三篇成书于春秋，为什么书中有许多战国时代的特征，如“兴师十万”的用兵规模，将军的称号，五行相克的观点，以及机动作战的特点，等等。这个问题也是和两个孙子的内在联系密切相关的。既然孙膑及其弟子们以阐发孙武的学说为已任，那么，他们研究、整理过十三篇，并把战国时代的一些特色补充进去，这也就不足为奇了。这个情况，《史记》的作者司马迁似乎已经发现，他在《孙子吴起列传》的结束语中说：“世俗所称师旅，皆道《孙子》十三篇，吴起《兵法》，世多有，故弗论，论其行事所施设者。语曰：‘能行之者，未必能言。能言者，未必能行。’孙子筹策庞涓明矣，然不能蚤救患于被刑。吴起说武侯以形势不如德，然行之于楚，以刻暴少恩亡其躯。悲夫！”

这段文字刚好出现两个孙子——孙武和孙膑，两本兵书——十三篇和吴起兵法，如果不是仔细研读列传的全篇，仅仅孤立地看这段结尾文字，那么，就很容易把这里的两个孙子误认为一人，把十三篇误认为是受过刑的孙子所作。但是，太公史之所以如此含混其词，言外之意就在于，他把两个孙子看成是一家之言，把十三篇看成是两个孙子的代表作，认为孙膑参与了十三篇的整理和修订。因此，古人和今人对两个孙子发生各种疑团，也就不足为怪了。

正因为两个孙子的关系如此的密切，它给我们今天研究《银雀山汉墓竹简·孙膑兵法》带来了很多困难。不仅过去曾长期对文物出版社1975年版《孙膑兵法》下编的归属难以确定，而且对文物出版社1985年版《银雀山汉墓竹简·孙膑兵法》十六篇的内容，也有许多难以完全确认之处，正如竹简整理小组在《编辑说明》中所说：“本书所收《孙膑兵法》的前四篇记孙子与威王的问答，肯定是孙膑书。第十六《强兵》篇也记孙膑与威王的问答，但可能不是孙膑书本文，故暂附在书末。第五篇至十五篇篇首都称‘孙子曰：……’似指孙膑可能性较大，因此暂时把它们定为孙膑书。但我们仍然不能完全排除这些篇是《孙子》佚篇的可能性。”这就是我们在研究有关《孙膑兵法》

与《孙子兵法》的相互关系时，所应取的严肃认真、实事求是的精神。

综上所述，深入研究《孙膑兵法》与《孙子兵法》的相互关系，现在仅仅是开始，还有许多问题尚未解决，有待于今后的进一步发掘、发现和研究。

（本文摘自孙治宇、孙治国等主编的《文韬武略：孙膑兵法和孙膑研究》，是军事科学院教授霍印章先生应邀为孙膑研讨会撰写的会议论文）

四、孙武、孙膑战争观之比较

春秋战国之际，我国历史上出现了孙武、孙膑两位杰出的军事理论家。他们总结前人的军事经验，结合自己的实践，分别写出了《孙子兵法》与《孙膑兵法》两部军事名著。孙膑的弟子们，把这两部兵法中的思想理论，合称为“孙氏之道”（《孙膑兵法·陈忌问垒》篇末残简），并指出，孙氏之道的创立与继承的源流及递传脉络：谓其首创于东南，“明之吴越”，而后又流布发展于北方，“言之于齐”（《陈忌问垒》）。两汉司马迁作《史记》时，将孙武、孙膑并称作“孙子”，且将二人生平事迹并入一传，载明两人的关系曰：“孙武既死，后百余岁有孙膑……膑亦孙武之后世子孙也。”由是可见古人是十分重视二孙子的共同点的。实际上，我们翻开二孙子的两部兵法相互比较对照，便不难发现他们的军事思想和理论，的确有几多相同、相似和相近之处。从这个角度讲，古人将二人合称为“孙子”，将其思想理论合称为“孙氏之道”，是不无道理的。但是，我们又应看到，孙膑所处的战国中期与孙武所处的春秋末期，相去一百余年，其间正是我国社会风云际会、发生重大变化的年代。经济制度、政治制度、社会思想诸方面的变化，使战争规模、战争手段乃至战争的性质也出现极大的变化。因此，人们对战争及其规律的认识，也必然有所发展变化。当我们将二孙子、两部兵法仔细地加以比较时，就会发现，他们的军事理论与思想，又有几多不同之处。从这个角度讲，笼统地把二孙子军事思想与理论混为一谈，又似乎是欠妥的。笔者拟将二孙子的战争观作一比较，剖析其异同，以期管窥孙膑对孙武军事思想理论发展的一斑。

所谓战争观，是指人们对战争的总体的宏观看法及其所持的态度。这个问题是所有军事理论家不容回避的。二孙子在其兵法中对此都作了某种程度的探讨。

关于对战争的态度，孙武在其兵法《计篇》的开头便开宗明义地写道："兵者，国之大事，死生之地，存亡之道，不可不察也。"他把战争看作与国家存亡、军民生死休戚相关的大事，因此他警告战争的决策者和指挥者说："亡国不可以复存，死者不可以复生。故明君慎之，良将警之。此安国之道也。"（《火攻》）这些论述反映了孙武重视战争，对战争持十分慎重的态度。但是，慎重只是对战争应持态度的一个侧面。还应阐明对战争是拥护还是反对？应该阐明拥护什么战争，反对什么战争？为什么拥护或反对，等等。《孙子兵法》十三篇虽然讲了大量的用兵打仗的战略战术，但对战争的态度却仅言及慎重而止，未再作更深一步的阐发。在这方面，孙膑则作了较为深入的探讨。

孙膑继承了孙武的战争慎重论观点，他说："战胜，则所以在（存）亡国而继绝世也；战不胜，则所以削地而危社稷也。是故兵者不可不察（《见威王》）。"他认为，战争的胜败关系着国家的存亡、社稷的安危，因而不能不持慎重的态度。所以，当齐威王问他"我强敌弱，我众敌寡，用之奈何"（《威王问》）时，他再拜而赞许之，说齐威王能在卒众国强的条件下探讨用兵之道，表现出对战争的慎重态度，这真是"明王之问"啊！（《威王问》）在强调慎重的基础上，孙膑对战争的态度问题又作了两个方面的深入阐述。第一，他反对随心所欲地玩弄战争机器。他说："夫乐兵者亡，而利胜者辱。"（《见威王》）谁以战争为乐，好战喜斗、轻率地玩弄战火，谁就会灭亡；谁不顾一切地一味追求私利而发动战争，谁就会遭受失败的挫折和耻辱。这是因为："兵非所乐也，而胜非所利也"（《威王问》），战争不是好玩的，胜利不是随心所欲而能贪求到的。所以他盛赞："恶战者，兵之王器也！"（《篡卒》）

他把不好战，不随意玩弄战火的人，视之为能成就王道大业的宝贵人才。他又说："穷兵者亡。"（《威王问》）谓无止境地穷兵黩武者必然灭亡。这样，他便从正反两方面论证了随心所欲地玩弄战争机器的危险性，从而确立了他主张慎战，反对盲目用兵、穷兵黩武的立场。第二，充分肯定进步战争的历史作用。战争是阶级社会中政治以特殊手段即暴力手段的继续，当民族之间、国家之间、阶级之间、政治集团之间的经济或政治的矛盾达到不可调和的地步时，战争便必然要发生，这是不以任何人的意志为转移的客观规律。春秋战国时期是我国社会由奴隶制向封建制的过渡时期，社会制度的巨大变化，引起政治斗争的激化，遂使战争频仍不息。战国中期以降，由于封建经济的发展，政治上日益要求统一成为历史趋势，而各封建割据势力都不甘心自动退出历史舞台，只有通过战争，才能实现统一。在这样的社会背景下，仅言对战争慎重，显然是无济于时，也无济于事的。《孙子兵法》十三篇，虽然备言作战用兵之法，但对战争的历史职能作用，未有只字谈及。孙膑则根据七强争雄的局面，提出了"战胜而强立"（《见威王》）的著名论点。他说，在天下纷争、战争不息的情况下，只有"战胜而强立"，才能实现"天下服"（《见威王》）的统一局面。就是说，只有用战争手段，才能统一而安定天下。他引述历史事实说昔日唐尧治理天下时，对拒不执行他的命令者，是用战争手段战胜之而使自己巩固强大的。他又列举了神戎战斧遂、黄帝战蜀禄、尧伐共工、舜并三苗、汤放桀、武王伐纣、周公东征等七个史实，证明"三王""五帝"等古代圣哲都是用战争手段实现天下统一，消除分裂，使天下安定的。这样，孙膑便充分地论证了进步的统一战争对历史发展的积极作用，揭示了进步的战争能推动历史前进的职能。这是他对孙武战争观的一个了不起的发展。

孙膑"战胜而强立"的战略思想，是符合当时的社会发展需要和历史发展规律的。比较起来，与他同时代的一些学派的观点，例如，墨家学派提出的"兼爱""非攻"的主张；道家提出"清静无为"的主张；儒家则提出以仁、义、礼、乐治天下的主张等，更为切合实际。尽管儒墨道三家的这些主张都包含着厌恶战争、希望和平的美好愿望，但却不能解决封建割据纷争的社会现实问题，不能完成历史进程所提出的实现统一的任务。因此，只不过是一些不切实际的幻想而已。为了使自己“战胜而强立”的观点得到确立，孙膑便不能不对他们这些观点加以驳斥。他在《见威王》篇中，重点批驳了儒家的观点。他说当今有人主张，“欲责仁义，式礼乐，垂衣裳，以禁争夺”，想用积累仁义，推崇礼乐，不用武力的办法来制止天下的战争，这种办法，古代的圣哲尧舜等人“弗欲也”，只是由于“不可得”才不得不“举兵绳之”，用战争的手段来解决问题。孙膑责问当时的儒家学派说：而今，你们“德不若五帝，而能不及三王，知不若周公”，却是办连古圣哲三王、五帝、周公们都根本办不到的事，这难道不是痴心妄想吗？

综上所述，我们可以看出，孙膑既反对盲目地随心所欲地玩弄战争，又反对以消极的态度对待分裂割据，主张“战胜而强立”，用战争手段实现统一，消除分裂与暴乱。他既不是无条件地反对一切战争，也不是无条件地赞成一切战争，而是反对随心所欲地轻率用兵，赞成统一的、进步的战争。

关于靠什么取胜的问题。这是与战争观有密切联系的一个问题。战争的胜负，取决于交战双方的政治、经济、军事、地理、战争性质、外部援助、指挥者的战略战术等多方面因素的对比。其中最为重要的是政治与经济的因素和战争的性质。由于历史的局限，二孙子没有对诸种因素以及诸因素之间的关系全面地加以探讨和论述，但是，他们对其中某些方面却也作了可贵的研究与阐述。

首先，二孙子对加强战备都很重视。战争是敌我双方物质的和精神力量的较量。因此，交战之前和交战之中，有无物质和精神的充分准备对战争的胜负有着极为重要的关系。孙武在其兵法中，以《计篇》开头，主张在战前要全面估计对比敌我双方的政治、经济、军事、天时、地利和将帅才能等条件，要“经之以五，校之以计”，在其他篇章中，他也一再强调战前的“庙算”；要“知己知彼”（《谋攻》）；要“先为不可胜，以待敌之可胜”（《形》）；“用兵之法，无恃其不来，恃吾有以待也；无恃其不攻，恃吾有所不可攻也”

（《九变》）。所有这些论断，都反映了孙武重视战备，重视物质和精神的准备，要求有备无患的思想。孙膑也非常重视战备，他从几个侧面论述战备的重要性。他从正面讲战备，要“事备而后动”（《见威王》），强调要做好充分的准备之后再采取军事行动；他从反面讲战备，“用兵无备者伤”，“无备者困于地”。（《威王问》）没有充分地准备而打仗，就会遭到挫折和伤害，就会遇到困难和麻烦。他设喻论讲战备：自然界中那些生着锐齿、尖角、利爪的禽兽，它们有天生的武器，人类没有这些天生的武器，就必须自己制造武器来自卫，“无天兵者自为备”（《势备》）。人们发明制造了剑，“旦暮服之，未必用也”；一天到晚地带在身上，但不一定时刻都用它。“阵而不战，剑之为阵也。”（《势备》）军队经常练阵法，但不是大大出兵打仗，这和要经常佩着剑一样，是为了常备不懈、有备无患。经他如此生动形象的论述，便把加强战备的必要性和重要性说得十分透彻了。

其次，二孙子都重视经济基础对战争胜负的重要作用。战争的胜负，虽说是诸种因素在综合地起作用，但归根结底是经济力量的强弱在起主要作用。因此古今中外的军事理论家都十分重视战争中的经济问题。孙武在其兵法中，多处涉及经济与战争胜负关系的探讨，例如，前引《计篇》中，“五事”“七计”都涉及经济内容，至于诸如“役不再籍，粮不三载”“因粮于敌”“务食于敌”（《作战》）、“掠于饶野”（《九地》）；“军无辎重则亡，无粮食则亡，无委积则亡”（《军争》）；以及“兵主速胜而不贵久”（《作战》）等主张，无一不是从经济角度着眼的。不过，孙武的重视经济对战争的作用，多是从策略的角度出发，或者更为具体地说，多是从战争过程中军事供应的利与不利的角度出发的，而没有从更高的角度，把经济问题与国策结合在一起来考虑。孙膑继承了孙武“无委积则亡”的观点，他说，“守而无委”“天下无能以固且强”“城小而守固者，有委也”（《见威王》），他把有无委积，即有无军事的物资储备，看作是国家能否巩固与强盛、防卫力量是否强大的一个重要和必要的条件。又说，军队的“富在于亟归”，军队的“强在于休民”，军队的“伤在于数战”（《篡卒》），这些论述都是和孙武一样，一是从军事供应的利与不利出发的。孙膑在《强兵》篇中提出的富国强兵的思想，则将经济对战争作用的探讨，大大向纵深推进了一步。齐威王问孙膑说：“齐士教寡人强兵者，皆不同道”，有“教寡人以政教者”，有“教寡人以散粮者”，有“教寡人以静者……”（《强兵》）。齐威王所说的“齐士”，是指当时的稷下学派：儒、墨、道、法、阴阳各派学者的观点。孙膑听了齐威王的介绍后，对威王说：“皆非强兵之急者也”（《强兵》），只有“富国”才是强兵最紧要的大事。这个回答虽然简单，但却切中要害，具有重大的理论意义和实践意义。从理论上讲，揭示了军队建设的根本规律，还涉及基本国策、兴国战略思想的问题。在当时的情况下，要想富国就必须加大政治、经济改革的步伐，即必须实行变法革新，采取一系列的发展生产，奖励耕战，加强中央集权的措施，有了经济实力才能实现“战胜而强立”的战略目标。从实践上讲，整个战国时期的历史进程证明，凡是按照“富国强兵”基本国策办事，早变法，彻底变法者，则强而胜；凡是不执行这种国策，晚变法或不变法者，则弱而亡，齐威王由于执行了“富国强兵”的国策，便使齐在战国中期得以独霸中原。至此，我们可以得出这样的结论，孙膑“富国强兵”的思想，从战略的角度，揭示了战国时期国家建设的规律，它是“战胜而强立”战略思想的一个重要的基本的组成部分。它的理论意义在于深化并发展了孙武的战争观；它的实践意义在于被战国中后期有见识的政治家、军事家所接受，加速了战国时期统一的进程。

最后，二孙子都重视政治因素对战争胜负的重要作用。孙武在其兵法中，常使用“道”这个概念。他说：“道者，令民与上同意者，可与之死，可与之生，民弗诡也。”（《计》）又说“善用兵者，修道而保法，故能为胜败之政。”（《形》）“方马埋轮，未足恃也，齐勇若一，政之道也。”（《九地》）很明显，这里的“道”都属于政治范畴。在孙武论述战争胜败的基本因素时，他把“道”置于“五事”之首，又把“主孰有道”放在“七计”的第一位（《计》）。他把“修道而保法”看作是“能为胜败之政”的标志。由此我们便不难看出，孙武把政治因素视为决定战争胜负的一个首要因素了。不过，孙武所追求的政治的最高境界，是举国“上下同欲”（《谋攻》）“民与上同意”，要求国君与百姓、士卒形成一种和谐一致的关系。在阶级社会中，要求统治者与武装及非武装的老百姓的和谐一致，从根本上来说，是不可能有的。因为统治者与被统治者，剥削者与被剥削者之间是不可能有什么“同欲”与“同意”的。但是，在特殊的情况下，比如当君民同处于敌国的军事威胁下，面临国破家亡之时，当将卒都处于敌军包围之中，面临全军覆没的危险局面时，君民将卒有了共同利害，他们之间的矛盾便有可能暂时地缓和而得到协调，出现举国上下同仇敌忾，全军将士同心同德共同抗敌的局面是可能的。由是观之，孙武关于政治上要求“同欲”“同意”的论述，并不是没有一点道理和根据的。孙膑在其兵法中也用了“道”这个概念，但《孙膑兵法》中的“道”，除了个别的属于政治范畴外，绝大多数是含有“道理”“事理”“方法”“规律”之意，是一种更高一个层次的抽象，多属于哲学范畴。不过，《孙膑兵法》中的“义”，却是一个属于政治范畴的概念。他说：“卒寡而兵强者，有义也”“战而无义，天下无能以固且强者。”所谓“有义”，是指符合善良、合宜标准的正当的理由，或道理、公理。就战争而论，“有义”的战争是指有正当理由的、师出有名的正义战争。正义战争是会得到广大军民支持的，因此士气旺盛，斗志昂扬，能“卒寡而兵强”，能以少胜多。如果进行非正义战争，则会遭到全国人民的反对，遭到舆论的谴责，失去支持与援助，因此，便“天下无能以固且强”。孙膑经过正反两方面的论述，把政治因素与战争胜负的关系，把战争性质对战争胜负的影响，已初步揭示出来了。

区分战争正义与否的标准，是看其是否有助于社会的发展，历史的前进，是否能得到人民的拥护。孙膑虽未作如此深入的分析与表述，但他却也多少触到这一层的某些方面。例如，“卒寡而兵强者，有义也”，已透露了正义战争能得到士卒的拥护，而“恒胜有五，……得众，胜”；“恒不胜有五，……

不得众，不胜”（《篡卒》）。则把是否“得众”看作是胜与不胜的重要因素。他在论述是否懂得战争规律时，又把是否能“内得其民之心”（《八阵》）作为一个重要标准。

总之，在战争靠什么取胜的问题上，二孙子都强调战备的重要性，都重视经济与政治因素对战争的重要作用。只是在分析论证时，孙膑比孙武更为深入，特别是“富国强兵”和“战而有义”的思想，把孙武的战争观向前大大推进了一步，而且对后世的军事思想乃至政治思想的发展，都产生了积极而深远的影响。

（本文摘自孙世民主编的《孙膑研究》，是聊城师范学院教授岳玉玺先生应邀为孙膑研讨会撰写的会议论文）

第四章　故里考证

第一节　孙膑故里佐证

一、孙氏家祠序

夫家祠者，族人祭祀列祖圣宗之地也。礼记云：尊祖则敬宗，敬宗则收族而修祠焉。吾孙氏巨族也，始祖孙公讳膑者，字嘉谋，号伯灵，曾佐齐威王建功立业，官居军师，因诞生于兹，后世遂建家焉，故定名孙老家，累世代不乏人。衍五代之季，李晋王知是膑公后裔，派兵护送，安之山西洪洞。宋末元初，因金蒙之乱，吾四十八世祖讳世信，复回山左潍右冷庄西故里遗址，隐名为岳，重建家园。世代冠裳者，赞先业而范后祀者，庶几难言矣。延至明洪武年间，吾五十四世祖讳孚者，敕封镇卫校尉。因孚公乃武圣后，明大学士杨公士奇、国史总裁胡公琏曾奉御至祭焉，故立祠以奉之。以祖德宗功之怀惴而授之，仁人孝子之心也，故上有光前，下有裕后，实非一门之福，乃合族之庆也。仅此为序！

大明景泰五年孟冬中浣修石

（膑公）五十七世孙庠生南山寿庵谨志

二、孙氏族谱序

孙氏族谱序之一

族以谱传志，信也。国有史，家有谱，巨细不同，其所以信于后世则一也。礼大传别子为祖，继别为宗，继弥者为小宗。宗法立而氏族严也。自秦建都以来，变乱先王祚土命氏之典，汉兴，诸侯王起徒步之间，世系失传，渺然莫稽。至唐一代，氏族最重，天子亲第其高下，辨别虽过于严密，而谱系昭如也。五季迄于南渡，渐以泯没，氏族相高，铺张华胄，称系则推本圣哲，考牒则攀引王侯，不独郭崇韬之附汾阳也。而谱之不信，自此始矣。吾家族谱，岂敢蹈此哉！

闻吾族姓，实孙武之裔、膑祖之后。膑祖之子胜，胜子盖，盖子智，智子念，念子：长丰、次益。益子卿，卿子凭，以下无传，只知四十八世岳祖、四十九世祎，宋末复徙山左，安居潍右故地遗址。明末遭李闯兵灾，族谱损失数页，祎祖下四世不知，只知孙环为五十四世，各支分派，另立村焉。故本支立环祖为一世，世代瓜瓞绵衍，簪缨相继，遂为古鄄著显姓名，迄今数世于兹。不有谱以联之，则亲疏莫辨，远近莫详，几何不视同于秦也。维其然，吾族伯大业，族叔大儒，与余同修谱，例取眉山，体参欧阳，总归之于后世已耳。故首龙章，纪国恩也。后传铭，昭世德也。父子继，兄弟排，辨昭穆也。嫡书配，妾书庶，正名分也！

嗟乎，先王之礼，尊祖故敬宗，敬宗故收族，明是道也。然而孝子仁人之心，能不于斯道慨然而深思乎？能不于斯道契然以相继乎？而吾亦书吾心云尔！

七世孙兆元谨志

顺治十年新正中浣

孙氏族谱序之二

敕天下郡县皆修志，邑令奉宪文，集邑中大夫士公同编续而肃与焉。因尽观吾鄄旧刻先达人物，占历朝名显仕籍，而孙氏为最著矣。其先祖孙公讳膑字嘉谋者，为齐国军师因功晋左丞，名显诸侯，厥后子孙相继登科，为帝者，为相者，为尚书、侍郎、御史者，代不乏人，恩赐重重，且瓜瓞繁衍，分支别派多矣。近者分居数州县，远者南至两广，北至燕山之北，实为鄄之巨族矣。但志载既久，屡经循辑，易繁就简，纪公家事颇不详，思得分后世嫡裔，容其家藏，庶可以备增补、订蠡鱼云。而孙子讳大儒者，正其六十世之宗子也，且孙子与家君为同年交，即吾之年伯也，因叩之，答曰："世泽所存无几，只有先始祖二遗像也。”具道其乃曾祖所付乃祖所收藏，其遗命非嫡亲不可传，密之收存，切勿遗失也，身外之人勿知也。孙子乃祖又付孙子也。乃祖以世泽及遗像付于孙子，遗言更为慎重，故也子孙传世之付亦为慎重。且孙子收藏世泽日，尝求余作谱序文，证孙氏谱名碑文矣，且持得邑中贤者叙文矣。征言既宣，厥志未终，乃一一付与孙子，孙子亦不辞之任，聿兴祖武之思，重感乃祖数十年苦心焦思，易祖讳，修族牒，明宗支大义，毅然承阙志，将付黎枣，嘱余为序。

余曰：孙氏族谱，世系载之详矣，余复何言哉，亦为孙子纪世泽之所收藏，与孙子所纂承者而已。记不云乎：万物本乎天人，本乎祖语。又云：木有本，水有源。反本思源，后世其繁然，则孙子之不忘祖也，反其本也，思其源也。焉知夫今日者不复如先世科名之盛、仕籍之显，以光家乘而风天下哉？是为序！

顺治举人、康熙岁进士、年晚谊王喆生题并书

皇帝御极之一十一载甲午岁

孙氏族谱序之三

国有史，族有谱，光朝之定礼也。国无史难以考察历代之先后，族无谱岂能分清世系之亲疏。史之有创于汉之太史司马，谱之兴首于宋之文家欧阳。有史则明亘古之事迹，无谱难明百代之世系。所以然者，当再叙之。

查我始祖膑公字伯灵者，本居山左鄄邑黄河故道之边，曾辅政于齐，与田忌将军并肩齐名，官居军师，建功立业，为齐之栋梁。因安家于此，定名孙老家。世代脉脉相继，传至五代，我孙氏被李晋王掠去安之晋洪，传至岳祖，因避金季之乱，复回山左古鄄孙老家。因其地古路深沟，合聚，遂定名为孙古路沟。至岳祖七代，子孙众多，各方迁居，所传之谱经洪秀全之乱，损失无几，只知膑为始祖，传至孙岳为四十八世，余皆不知也。望吾后世再接再厉，上修四七，下续接支，为吾族完其大事。仅此，是为序！

光绪九年仲春

膑公六十五世孙懋昭草稿

三、孙膑传影

1991年底于鄄城县孙老家村发现的《孙膑传影》，布长2.2米、宽0.93米、影高0.72米，为孙膑坐像。孙膑坐在双轮木车之上，神采奕奕、长髯飘拂，掐指运算，气度非凡。人物像后配有远山近树，浓淡相宜，整幅画面的意境既协调幽雅，又空旷深远。传影的右上部有篆书“始祖膑公传影”“大明万历年岁次已卯端月”。《影》在粗棉布上绘制而成，据考证系清代摹本，原影绘于明万历年间。

人物画是我国绘画中发展较早的一种。早期人物画多为描写历史人物和历史故事的，此后又发展为佛、道人物画，最后才发展到世俗人物画。目前在战国楚墓里出土的人物画《夔风美女图》和《驭龙图》帛画，人物都是勾勒、平涂着色的，应算是目前我国最早人物画作品。此后，汉、魏、两晋、南北朝以至隋唐各个时期墓室中都有壁画人物故事，多为比较质朴的人物画。至于宋、元、明诸朝代的人物画作品更多一些。以上不论是文人画家，或是宫廷画家，他们的绘画技法都不是《孙膑传影》绘画技法的源流。此《孙膑传影》的技法来源于元、明以来小说插图的“绣像画”。由此推断，孙膑的画像应该没有祖本。汉画像石都是东汉的作品，当时已对孙膑的存在持有怀疑，所以没有出现这方面的故事，因而《孙膑传影》属于元、明时期作者的创作。

从绘画技法上来看，绘画者像是一位画小说插图“绣像画”的画家。这类画家多半也是绘制庙宇殿堂壁画的工匠画家。他们不仅会画，甚而还会泥塑神像，装修殿宇。《孙膑传影》的技法熟练，线条圆熟，布景和谐，所画双轮木车更富装饰气息，题字也似一气呵成。题字篆书近似明晚期风格，应是这时的一位画神像的好手。

《孙膑传影》是画在白棉布上的。我国种棉是在南宋末期，由黄道婆倡导起来的。先在南方，后到北方。当地种植棉花，确切的年月找不到材料，可能在元朝中叶时期。于慎行主持修编的《兖州府志》里，就提到兖州一带种植棉花的事，当时棉花是贡品。在邹县明鲁王墓里还出土了两块棉布。说明明初时的棉布同丝绸和金玉同样珍贵，因此才给鲁王陪葬。这两块棉布质地都很细密，同《孙膑传影》的棉布质地相似。梁山斑鸠店程氏家祠内，有一张题为《虞国公程知节像》，年款是大明弘治八年（1495）。比《孙膑传影》（明万历七年，1579 年）早 84 年，也是画在白棉布上的。此外，山东省博物馆还存有两张没有年款的画像，是平原回民马家的祖像，服饰衣冠都是明代装束。可见，画祖像、神像、家堂轴用棉布应是从明朝开始的。可以断言，《孙膑传影》确为明代画工的作品，正与孙老家的孙氏家祠建于明代吻合。

第二节　全国孙膑故里研讨会材料

一、研讨会会议纪要

（一）《孙氏族谱》暨孙膑研讨会纪要

由菏泽地区社会科学联合会组织发起的“《孙氏族谱》暨孙膑研讨会”于 1991 年 7 月 9 日至 11 日在山东菏泽市召开，来自山东、河南等省高校和社科研究机构的专家学者，实地查看了鄄城县孙老家的地理位置，请该村家族长孙志一详细介绍了族谱和碑文的来龙去脉和孙氏家族的繁衍发展情况，围绕“孙氏族谱”的真伪及孙膑故里问题，进行了认真深入的论证，一致认为：《孙氏族谱》（残卷）和《孙氏家祠序》为确定孙膑故里提供了可靠依据。

与会专家学者认为，新近发现的《孙氏族谱》（残卷）和《孙氏家祠序》是非常珍贵的历史资料，是继临沂银雀山汉简出土后关于孙膑研究的又一重要发现。其一，《孙氏族谱》虽然是残卷，但记载了以鄄城县红船镇孙老家村为中心的孙膑48世至65世孙的繁衍、迁徙、分布情况，比较详尽和完整，因而也是比较真实和可靠的。结合《新唐书》所载孙膑家族自孙膑至其38世孙的世系表，从时间上推算也是吻合的。《孙氏族谱》所载作为孙氏始祖的孙膑字伯灵，其《家祠序》所载孙膑夫人为苏氏等，可证孙膑原名伯灵、受刑后才称名为膑，也解开了人们在这一方面的疑惑。其二，《孙氏族谱序》和《孙氏家词序》所记载的时间、人物及历史事件等有史可查、真实可信，如孙膑为齐威王军师，与大将田忌并肩齐名，建功立业，五代后唐庄宗李存勖大掠山东，金朝末年蒙古军进攻山西，《孙氏家祠序》所提及的明朝大学士杨士奇、国史总裁胡琏，清咸丰四年太平军北伐到山东等，都符合历史事实，以此与孙氏族人的变迁互为参证，可以说明孙氏族谱的真实无误。当然。就学术研究，特别是谱牒学理论而言，有些学者也指出，《孙氏族谱》是清光绪年间重新整理修订的，所出较晚，只保存孙膑48世至65世后代的繁衍分布状况，《孙氏族谱序》又是光绪年间人追记的，是否有攀龙附凤之嫌，还有待于进一步搜集材料、深入研究，才能使《孙氏族谱》更可信、更可靠。又如，明景泰四年的《孙氏家祠序》是一很重要的佐证，但系抄录，原本已佚，这不能不说是一大缺憾，如能找到杨士奇、胡琏奉御旨祭祀孙氏54世孙孙孚的祭文，这一佐证就会更有力、价值会更高等。其三，关于孙膑故里，《史记》中只有“膑生阿、鄄之间”一句话，其他文字记载极少。与会专家学者认为，《孙氏族谱序》和《孙氏家祠序》等材料明确记载“查我始祖，讳膑字伯灵者，本居山左鄄邑黄河故道之边，曾辅政于齐……为齐之梁栋。因安家于此，定名为孙老家，世代脉脉相继”。鄄邑即今鄄城，孙老家地处鄄城与阳谷之间，从地望上看，与司马迁所述“膑生阿、鄄之间”相吻合，这是确定孙膑故里最直接最重要的证据。从历史延续来看，孙氏祠堂有对联曰：“灉右立宗两千年家声未坠，古鄄分支六十世祠庙尤存。”从孙膑所处的战国开始至清光绪年间修复祠堂，已有2000余年，孙氏后裔繁衍60余世，这与历史吻合。从孙氏后裔迁徙分布来看，灉右山左鄄邑黄河故道之边，为孙膑及孙氏后裔的居住点，他们在历史上几经迁徙，但始终距离此地不远，以孙老家为中心，附近有近百个孙姓村庄。当地与孙膑有关的民风民俗、民间传说也不少。《孙氏族谱》《孙氏家祠序》的发现，使孙膑故里较为明确起来。尽管资料还存在一些有待于进一步研究探讨、考证核查的疑点和缺憾，但在没有发现更充分更有力的证据之前,可以认为孙膑的故里就在今鄄城县境内的孙老家一带。

孙膑与孙武同是中国古代的杰出军事家，其所著《孙膑兵法》是对《孙子兵法》的完善和发展，同被称为兵学圣典。然而，长期以来，孙武作为中国古代杰出的军事家和军事理论家而彪炳史册，有口皆碑，他的《孙子兵法》更是广为流传，成为世界性的显学，而对孙膑有无其人其书却疑窦丛生，乃至怀疑历史上是否有孙膑其人。直到银雀山汉简出土，《孙膑兵法》和《孙子兵法》同时被发现，才解开了这一千古之谜。此次“《孙氏族谱》和孙膑研讨会”的召开，是孙膑研究的又一次深化，与会专家学者还提出一些建议，希望各方面携手合作，共同努力，将孙膑研究进一步深入下去。

（二）《孙膑传影》暨孙膑故里论证会纪要

1992 年元月 14 日至 15 日，全国“《孙膑传影》暨孙膑故里论证会”在菏泽市天香村宾馆召开。大会由中共菏泽地委宣传部副部长、地区社科联主席孙世民主持，菏泽地委副书记丁宗山到会作了重要讲话。来自全国各地的著名历史学家、考古专家，古建筑专家、社科工作者和新闻工作者八十余人参加了会议。

元月 14 日上午，参加会议的专家学者们冒着严寒到鄄城县红船镇孙老家村进行了实地考察，仔细观看了明朝万历年间的《孙膑传影》、清朝顺治初年的《孙氏族谱》和明朝初年修建的“孙氏祠堂”。并到鄄城县文化馆参观了一些颇具研究价值的战国时期的出土文物。会议期间，菏泽地区社科联的同志对孙膑故里的考察情况进行了通报，鄄城县孙老家村村民代表介绍了《孙膑传影》等重要史料证据的发现过程。

《孙膑传影》是孙老家村村民孙纯武精心保存下来的。《孙膑传影》绘制在古旧的棉布上，布长 2.2 米、宽 0.93 米，周围用绫子镶边，影高 0.72 米，孙膑端坐在双轮车上，神采奕奕、长髯飘拂。左手掐指运算，目光慈祥而又深邃，好像在筹划着千里之外的战争，悠然自得，仙姿绰约。影后配有远山近树，浓淡相宜。整幅影像的画面既协调幽雅又空旷深远，影的右上方篆书有“始祖膑公传影”六个大字，下面书写着绘制时间“大明万历年岁次己卯端月”（即万历七年，1579），距今已有四百多年的历史。专家认为“这幅画像之所以画在棉布上而用绫子镶边，是因为当时的棉布比绫子还贵重，从画像的人物特征和穿着服饰来看，是根据明朝以前的画像绘制的”。

清顺治《孙氏族谱》系古式线装本，起首几页序言已残破不堪，拼凑一起，其内容尚清晰可辨。族谱明确记载：孙膑是孙氏家族的始祖，孙膑的出生地、孙膑辅佐齐威王建功立业的生平事迹和孙氏家族繁衍分支的分布情况，以及本县孙氏与邻近县孙氏同姓不同宗的由来等。专家确认：“这本族谱是多次手抄本，按纸质及字体断代，历经顺治、康熙、嘉庆、道光和清末，按人口的繁衍顺序写，这是符合谱系学逻辑的。”

在 1991 年 7 月召开的“《孙氏族谱》暨孙膑研讨会”形成的研究成果基础上，与会专家、学者对孙老家所处的地理方位、孙氏家族的世系排列、《族谱》的史实记载，及《孙膑传影》反映的信息等，进行了反复的辨析和翔实的论证，进一步肯定了孙膑故里就在鄄城县红船镇孙老家一带。会议就近年来孙膑军事思想的研究及应用情况进行了总结，结合当前改革开放的新形势论述了考证孙膑故里、弘扬民族传统文化的重要性及孙膑故里建设规划的初步设想。

二、专家观点选编

中国秦汉史学会副会长、郑州大学高敏教授

菏泽地区社科联主持召开的这次研讨会，很有必要。孙膑故里确定在孙老家，解决了一项千载悬案。

第一，有关孙膑故里的记载，《史记》中也只有“膑生阿、鄄之间”这

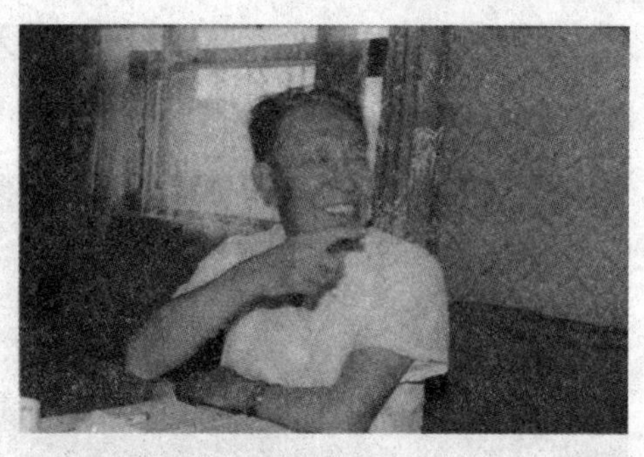

样一句话。据我所知，其他史料书籍上都没有记载。到底孙膑出生在阿、鄄之间的哪个地方呢？尽管这中间关于孙膑的传说很多，这个地方有，那个地方也有，但只能算是旁证，不足以说明问题。虽然现在有些书籍已下了结论，但是他们没有经过调查考证，是不负责任的。1972 年《孙膑兵法》出土后，才确定有孙膑其人，但孙膑故里的问题一直没有解决。最近，在孙老家发现的《孙氏族谱》已证实了孙膑的故里就在鄄城县孙老家。

根据我们分析考证，《孙氏族谱》是可信的。从孙膑到唐末经历了三十八世，到金末是四十八世，到明代洪武年间是五十二世，到孙孚时已是孙膑的第五十四代子孙了，到明初景泰年间是五十七世，到清高祖时为六十五世，现在已到了第七十五世。一代三十年左右，完全对得上号。《孙氏族谱》是孙膑故里的可靠证据。

第二，《孙氏族谱》中提到的历史事件虽然很简略，但是伪造不出来，正如专家们所说的，完全符合历史事实。

第三，《孙氏族谱》中记载的地名，灉水河早已不存在了，而族谱中有记载，这说明《孙氏族谱》是过去修的，是真实可信的重要依据。孙志一老先生保存了这一珍贵史料，是有功劳的。

第四，许许多多的旁证材料都证明孙膑故里在阿、鄄之间的孙老家，这与《史记》记载的是完全吻合的。孙膑的后裔都在孙老家周围一带，如鄄城、郓城、阳谷、范县等都有很多孙姓村庄，可见孙老家之古老。从出土的古代遗物和遗址来看，他的后世子孙一直在祭奠他、怀念他，这都是证明孙膑故里的可靠根据。

中国秦汉史学会副会长、河南大学朱绍侯教授

看了两个很珍贵的史料，又听了大家的学术报告，很受启发。最近几年对孙膑的学术研究已有两个大的突破：一是银雀山发现了《孙膑兵法》竹简，引起了史学界的重视，对世界影响很大。已陆续出版了六七种版本的《孙膑兵法》注释。二是1988年春在菏泽召开的"桂陵之战遗址论证会"，确定了"桂陵之战"的位置。"桂陵之战"是历史上一次很重要的战役，它的确定又是一个很大的突破。今天我们这个论证会，通过对《孙氏族谱》和有关材料的论证，确定了孙膑故里，应该是第三个大突破。

《孙氏族谱》是证实孙膑故里在孙老家的可靠而有力的证据。这是因为：

第一，《孙氏族谱》中提到的历史事件是与历史符合的；

第二，《孙氏族谱》中记述的孙膑出生地与司马迁在《史记》中的记载是一致的；

第三，《孙氏族谱》中世系的排列是清楚可靠的。

对《孙氏族谱》的研究，今后还需要深入一点。《孙氏族谱》上记载孙膑又名孙伯灵，因功晋左丞，这是一大新发现。《齐国演义》上有孙、庞斗智的描写，里面就有关于孙膑夫人的记载，研究孙膑，这些演义我们有必要也认真地研究一下。《孙氏族谱》是从第四十八代开始记载的，《新唐书·宰相世系表》里可查到前三十八世，这样中间还隔九世接不起来，我们可以考证查找前三十八世和四十八世以后的血脉联系，最好是能找到失去的这九世的排列。在众多的孙氏后裔分支中，也许能挖掘出来。

另外，《家祠序》里提到杨士琦、胡琏，这两个人的地位在当时是极为显赫的。杨士琦是宰相，胡琏是国史总裁，史学界的一把手。他们二人奉皇帝之命到孙老家家祠祭祀，说明在当时他们承认孙膑故里就在孙老家。

《孙氏家祠序》的学术价值、实践价值都是相当高的。我们论证孙膑故里在鄄城孙老家，史料证据是充分的。

中国农民战争史学会会长、山东大学田昌五教授

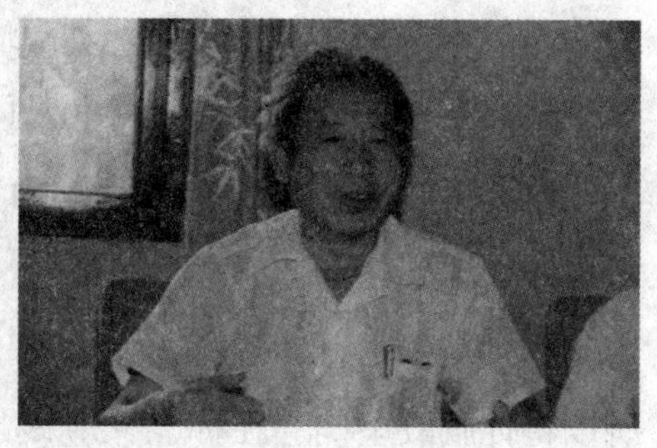

1991 年 7 月，我们在菏泽召开的“孙膑故里论证会”上，初步明确了孙膑故里就在孙老家。之后，在这一带围绕着孙膑故里问题，又产生了争执，竟然形成了几种说法，其原因是前些年曾出现过一次“孙姓”合家谱的事情。1951 年，中华人民共和国刚成立不久，人们的思想都比较活跃，附近儿家“孙姓”的家族就将家谱拼在了一起，从而使这一带孙氏家族间的关系问题变得复杂了。合谱的孙氏家族中，既有战国时期卫国的孙氏，又有楚国孙叔敖的后代，还有齐国孙子的后裔。但是，合谱后序言使用的是卫国孙氏家谱的序言。前些时期，经仔细考察，于上次论证会上，我们将孙膑故里确定在鄄城。此消息经新闻媒体报道后，引起了国内外的极大关注。于是就形成了对祖宗归属一事的争执。根据我们的判断、分析，这也是可以理解的。由于孙膑是世界上各国研究的热点人物，其军事思想被广泛地运用，对后世的影响是不可估量的。

最近，我们又在孙老家发现了这本顺治年间的《孙氏族谱》以下简称《族谱》，即没有合谱前这支孙氏《族谱》的抄本。经专家鉴定，这本《族谱》确是清朝初年的东西。随着族系的发展延续，多次续谱合订而成是可以理解的。现在可以说，这部《族谱》是确定孙膑故里的一个非常重要的可靠证据，这从时间上推算可以进一步得以证明。另外，我们还发现并考证了孙膑的两幅画像，一幅是我们看到的端坐在双轮车上掐指筹算的孙膑坐像。这是明朝万历年间绘制的《孙膑传影》。据我的看法，《传影》原是明朝万历年间设计制作的，到清朝中期，原来的画像陈旧了，于是就按照原样又临摹复制了这一幅。从这幅画像使用的材料来看，它的确是清朝中期绘制的。另一幅画

像是从孙花园发现的清朝光绪年间绘制的站立的全像，时间也较早。但比这幅《孙膑传影》绘制的要晚些，这说明孙花园人是从孙老家分出去的一支。这些证据的发现，补充说明了我们去年 7 月论证的“孙膑故里在孙老家”这一论断的真实性和可靠性。《孙氏族谱》上明确地记载孙膑出生在孙老家。这里还需要补充说明这样一个问题，即现在的孙老家是已经改过名的村子。五代时孙老家人被李存勖掠到了山西，在金元时期，孙膑的嫡传子孙孙岳重新搬回故地安家，起名为孙古路沟。现在的孙老家是最近才恢复原来的名字。这就是孙老家村的来龙去脉。不管怎么说，孙膑故里的这些物证是确凿的，所以将孙膑故里确立在孙老家应该是无误的。

孙花园也是研究考证孙膑故里的一个重要地方。孙膑的墓址就在孙花园。传说这里还有孙膑当年著书立说的地方。摆在我们面前的家庙、《孙氏族谱》和《孙膑传影》，已铁证般地说明了这个问题。

中国秦汉史学会副会长、山东师范大学安作璋教授

研究历史必须从有疑问处入手。

关于孙老家与孙古路沟的问题，据史料记载，孙老家曾遭李存勖的兵掠被迫迁到山西，到金元时期，孙岳又迁了回来，沧海桑田，黄河几经泛滥，这个地区已变了样，形成了一片纵横交错的古路深沟。没办法确定孙老家确切的地理方位，只能凭感觉在这一带安了家。根据当时的地理形势，他们就取名为孙古路沟了。查找现存的地方志，没有“孙老家”这个村落，其主要原因是地方志大部分从清代才开始编写，也有部分是从明代开始编写的，明朝前这个地方就已经叫孙古路沟了，所以地方志上只能记孙古路沟而不可能出现孙老家。从《孙氏族谱》可以肯定这个地方最早叫孙老家。现在的村名是 1988 年、1989 年才恢复的原名。这个问题的证据比孙武故里定在惠民要充分得多。同时这也符合司马迁在《史记》里记载的孙膑故里在“阿、

鄄之间”的说法。现在的孙老家的地理位置不一定就是原来的孙老家遗址，但可以证明孙老家确实就在孙古路沟一带。《族谱》中还提到孙膑墓和孙膑父母的墓也在这一带，这与孙花园的“膑墓址”石碑相符。

关于孙氏家庙里牌位的问题，其中有孙膑的夫人苏氏的牌位，还有新摆上的，因为牌位是自古传下来的，甚至还将继续传下去，所以这些并没有什么值得奇怪的。

关于《族谱》里语句不通顺和有简化字的问题，原先我也很怀疑，在论证会上争论得非常激烈，经过仔细的分析研究，从内容、历史事件的联系上来考证，大家认为这个《族谱》是抄写本，可能原谱已没有了，句子和简化字应是抄写上，并不是伪造的。

从《族谱》记载的内容来推测，不要说是无专业历史知识的人，即使是大学生也不可能将这两千多年的历史搞得这么清楚、详细。不久前发现的这本顺治年间的《族谱》是经过断断续续修补的。从正文看，前二十页是由王喆生执笔写的。据查，王喆生是康熙年间的翰林，这就可以肯定这本《族谱》是康熙年间编的。经专家鉴定，该《族谱》序是民国时期的作品，一是因其中提到了“明末清初”一词，而提到“清朝”时没有用“国朝”一词来代替；再就是纸张也是民国时制造的。后来又发现的这份由碎纸片凑在一起的序，经鉴定是嘉、道年间写的，这说明该谱是嘉、道年间的序，在民国时有所改动，从《孙氏族谱》的序言来看，康熙年间有个序，只是现在看不到了。我认为，此《族谱》康熙年间的序在嘉庆、道光时破碎重抄了一遍，到民国时又破碎了，又抄一遍，“文化大革命”时抄了个副本，就是现在这个序的样子。其中不通的句子及简化字自然难免。《孙氏族谱》的序中提到原先有个老谱，明末李自成起义时家谱丢失了，顺治五年酝酿修谱，顺治十年才修成。这说明此谱是根据明朝的老《族谱》而来的，所以光绪年间的《族谱》是比较真实的。

另外，在孙老家发现的证据，除《孙氏族谱》外，我们考证的这幅《孙膑传影》是明朝万历年间绘制、清朝中叶摹制的。这些新发现的证据和史料，都是对上次论证会的补充和证实，进一步证明了孙膑故里就在孙老家。

曲阜师范大学杨绍溥教授

通过对史料的研究、考证，我有这样三个方面的意见和看法。

1. 确定孙膑故里就在孙老家，证据是可靠的。从文字记载上来看，《孙氏族谱》中记述的事件与正史中的年代非常吻合，而且正史中没有记载的事件，很多在族谱中也出现了，这说明《族谱》并非参考其他文献资料人为地编制的伪史假史，而是作者在非常有把握的情况下撰写的，是极为可靠的。《族谱》中历史事件在其他文献记载中也可以得到证实，而且《族谱》的内容很丰富，如孙膑夫人苏氏，历史就没有记载，而《族谱》和孙氏家祠牌位中就有这些文字。

2. 对孙膑的研究应着眼于实际应用，特别是经济发展和乡土教育。我们研究考证古人，其目的就在于发展、利用。在确凿的证据面前，孙膑故里确定在孙老家应是确信无疑的。下一步的工作就应转到实际应用上来，弘扬我国古文化遗产，进行爱国主义乡土教育，利用孙膑的思想发展经济等。

3. 要重视“家谱”的收藏工作。美国家谱学会收藏有中国家谱五千多份，并且利用家谱研究历史，已取得了可喜的成绩。明末起义将领李岩的考证就是通过家谱研究出来的。所以，家谱是一份非常珍贵的历史资料。孙膑故里的确定已具备了足够的证据，如何巩固成果，我认为再进一步挖掘“孙氏家谱”是一项重要的工作。

三、论文选编

孙膑故里探析

（一）

孙膑是我国古代著名军事家。《孙膑兵法》与《孙子兵法》被誉为兵学圣典，其价值已为举世公认。它不仅用于军事战略上，而且广泛深入到人类社会生活的各个领域，发挥出巨大而深远的作用。由于历史文献的记载不详，孙膑故里何在，一直是令后世研究者们难以解开的。但是近年来，随着一批历史文物的发现，孙膑故里之谜终于昭然若揭，大白于天下。

最近，在山东省鄄城县相继发现的有关孙膑的主要文物资料有：

1. 在鄄城县红船镇孙老家先后发现两部《孙氏族谱》。一为清顺治十年（1653）写成，一为清光绪九年至十一年（1883—1885）写成。两谱均有孙膑故里的记载。《族谱》成书年代已经文物专家鉴定无误。

2. 在鄄城县宋楼乡孙花园村发现明代嘉靖三十七年（1558）重修亿城寺碑。碑文虽已残缺不全，但“右灉水堡之阳……膑墓址深邃”字样仍清晰可见。在亿城寺前不远处仍保留孙膑土墓一座，墓前供有孙氏族人祭祀用的石香炉。

3. 在孙老家和孙花园两村先后发现收藏于民间的“孙膑传影”和“画像”两幅。前者孙膑端坐在双轮车上，背影为高山丛林。影像绘制在粗棉布上，布长 2.2 米、宽 0.93 米、影高 0.72 米。右上角篆书“始祖膑公传影”，下面是“大明万历年岁次己卯端月”的绘制时间。后者是孙膑画像，原为族人举行祭祖时用。布宽 1.15 米、长 2.27 米、画像高 1.7 米。左下角写有“光绪三十三年丁未孟冬戊辰”几个正楷字。

4. 在孙老家村发现明初建的孙氏家祠。该祠堂经过几次翻修，但柱石和立柱仍是明代材料。祠堂面积约 40 平方米，正中供孙膑牌位，上书：“周齐国军师晋封左丞始祖孙公讳膑号伯灵暨苏夫人之神主。”两边是孙膑后世名人的牌位。祠堂里还有一副清康熙年间写的对联，上联是“灉右立宗两千年家声未坠”，下联是“古鄄分支六十世祠庙尤存”。

5. 在孙花园村至今还保存着孙膑著书处遗址。相传孙膑在桂陵之战后不久，就主动要求弃官归乡，专事著述。原著书处房屋早已荡然无存，后来孙氏后人在原址建二米高小平房一间,内设孙膑牌位,小房外还有石质香炉两个，以供后人祭祀。值得一提的是该村房屋和街巷建造布局别具一格，似通非通、十分奇特，村里人说是仿照《孙膑兵法》中九宫八卦阵的布局建筑的，从祖辈一直延续至今未变。

（二）

通过以上实物的发现及随后进行的认真调查分析，可以得出结论：鄄城孙老家一带，就是孙膑故里。这是基于以下分析：

首先，我们从两部《族谱》所记的内容分析，顺治年间，由孙大儒等主编的《孙氏族谱》在序言中写道：“吾祖膑号伯灵，为齐国军师，因功晋左丞，诞生于兹，后世繁衍众多，固名孙老家，世代冠裳簪缨，代不乏人……吾族姓实孙武之裔膑祖之后，膑子胜，胜子盖，盖子知，知子念，念子长丰次益，益子卿，卿子凭，凭以下无传……知孙孚为五十四世，各分支绵延，簪缨相继，为显姓……吾族先曾有家谱，遭明季乱离遗失无存，迄今未经续修…搜罗遗文详稽宗派成序家谱。”

这段序言为孙大儒所写，后面还有与孙大儒同修家谱的族人孙兆元的一段话：

“……只知四十八世岳祖、四十九世祎，宋末覆从山左，安居灉右故地遗址，明末遭李闯兵灾，族谱损失数页，祎祖以下四世不知，只知孙孚为五十四世，各支分派另立村焉，故本支立环祖为一世，瓜瓞瓞绵，缨相继遂。”

光绪年间的《孙氏族谱》有许多内容来自顺治年间的族谱，该谱是孙膑六十五代孙懋昭和孙懋赏于光绪九年（1883）和光绪十一年（1885）先后作的序言，其中孙懋昭序言中称：“膑字号伯灵者，本居山左鄄邑黄河故道之边，曾辅政于齐，与田忌将军并肩齐名，官居军师，建功立业，为齐之梁栋，因安家于此，名为孙老家。世代脉脉相承。传至五代，我孙氏被李晋王掠去，安之晋洪。传至岳祖（指孙岳），因避金季之乱，复回山左古鄄孙老家，因其地古路深沟合聚，遂定名为孙古路沟。"

以上两部族谱均言明孙膑故里在鄄城孙老家。并认定孙膑及其后人自战国至五代后唐时，均在此繁衍生息。五代时，由于战乱，全族被掠去山西。此事可从史籍中略见一斑：五代初，朱温的后梁政权与山西李克用政权互相争战不息。鄄城属后梁势力范围。但在梁贞明四年（918）八月，晋王（指李存勖）"自魏州如杨刘，引兵略郓、濮（今鄄城）而还，循河而上，军于麻家渡"（《资治通鉴》卷二百七十）。到923年，李存勖又一次率兵东进，攻略濮、郓、曹三州，大肆掳掠，鄄城孙膑后人就是在这段时期被掠到山西去的。

大约三百年后，蒙古政权兴起，自1211年起，成吉思汗亲率蒙古军主力南下攻金，战事自山西向河北、河南蔓延。蒙古军为压迫金朝投降，所到之处，大肆杀掠。几年后，金朝就丢弃了黄河以北的全部领土，凭借黄河天险又苟延残存了几年，直到1234年被灭亡。在这个阶段，由于战乱，山西、河北一带大批人民南迁。孙膑四十八代孙岳为避战乱，携家人迁回山东鄄城老家自在情理之中。族谱中除了记载的两次迁徙与历史吻合以外，所记载明末和清咸丰年间两次因战乱导致族谱失散之事与历史事实也相符合。顺治族谱称原谱曾在明末乱离时失散。在李自成起兵之后，长时期活动在河南、陕西两省。与河南相邻的鄄城也深受影响。自崇祯十三年（1640）起，活动在曹州一带的农民军首领马应试聚众万余，攻城略地，处死许多明官吏豪绅，给邻近几县地主阶级以沉重打击。鄄城孙氏在当地是一大族，所受农民起义的冲击是理所当然的，族谱失落应为常情。光绪年间族谱序言中记载："咸丰四年，洪秀全之乱，我伯祖讳汉水者，怀谱逃至红船东北侯潭村前被害焉，谱遂失散于兹，越数日知已晚矣，全本四卷，已失其二，仅存后两卷，破坏超半，前两卷仅存数页……"据史书记载：咸丰三年（1853），太平天国定都南京后，随即派林风祥、李开芳两将率精兵二万从扬州出师北伐。在天津受阻后，洪秀全又派出援军支援。次年春，援军路经鄄城，与清军发生激战，当地又受战乱之灾，孙氏六十四代族长孙汉水外出避难，中途亡故，以致造成族谱损失严重。族谱中这些记载与历史是完全相符的。从中也可得出，《孙氏族谱》至少从明代起已存在，谱中的记载符合历史事实。

其次，从《孙氏族谱》所记载的孙膑后裔延续代数看，与历史也是相符合的。《史记·孙子吴起列传》中曰："孙武即死，后百余岁有孙膑。"《旧唐书·宰相世系表》也有："凭生武，字长卿，以田、鲍四族谋为乱，奔吴，为将军。三子：驰、明、敌。明食邑于富春，自是世为富春人。明生髌（膑）……"从上述史料可见，孙膑是孙武孙或重孙。他后来辅佐齐威王（前356—前320）是战国中期。在《旧唐书·宰相世系表》中已标明自孙膑到唐末孙伯礼已传至三十七代。四十八代孙岳是13世纪初的人，距孙膑约1500年，从孙伯礼至孙岳中间缺十一代，时间为三百年，这段时期，恰是孙氏家族被李存勖掳掠到山西的时候。时至今日，孙老家孙氏已延续到七十八代，从孙氏族系发展来看，基本上符合约三十年传一代的规律。族谱中，对孙岳以后各代长门记载都比较详细。顺治年间的族谱提到："因该谱损失数页，讳祖（孙讳）以下四世不知，只知道孙孚为五十四世，各支分派另立村焉……"经过孙氏后人调查补写，到光绪年间《孙氏族谱》完成时，已把从四十八代孙岳至五十四代孙孚中间这几代长房传人调查清楚。

以后各代相承，记载完备，成为一部很完备的家谱。另外，在光绪《孙氏族谱》的附录中，还详细记载了孙氏后裔自五十二世至六十五世向周围各省、府、县、乡迁徙的情况，为我们研究孙膑后代的分布提供了一个有参考价值的资料。

再次，从鄄城孙老家一带目前已发现的实物分析，也可得出孙膑故里鄄城说是言之有据的。在这些实物中，有在孙老家之北七里的孙花园村发掘出的明代嘉靖年间重修亿城寺的一块残碑。亿城寺建自北魏，以后历代加以翻修，每年香火不断，最盛时驻有僧人五百多人。直到中华人民共和国成立后才拆毁。1991 年，该村居民在村后亿城寺旧址附近发掘出一批战国时期的铜戈、铜箭头、齐刀币等文物，并发掘出明代嘉靖三十七年（1558）重修义城寺残碑一块，碑高 2.7 米、宽 0.9 米，碑文中记载了当时重修亿城寺的情况。由于年岁久远，风蚀日晒，碑文中的字大多已辨不清，但"……右灉水堡之阳，旧有驿城寺……膑墓址深邃"等字仍隐约可见。现年已八十多岁的原亿城寺僧人觉立谈道：亿城寺原名驿城寺，相传为孙膑归隐故里后，齐国一些文武要员仍前来拜访，为食宿方便，便在此建一驿站，后又在驿站的基础上建造寺院。觉立和尚还谈到，过去每年清明和八月十八日（孙膑忌日），孙姓族人要在亿城寺前一里许的孙膑墓前设棚祭祀，主持祭祀活动的必须是亿城寺内孙姓僧人。因此，孙氏家族中每一代须有一人进寺为僧，觉立本人就是进入寺院为僧的孙氏后裔。对于孙花园村发现的那张孙膑画像，就是举行祭祀时所用的像。在孙老家、孙花园等孙氏为主的村落，祭祖时间与其他村落亦不同，不是选在七月初一、十月初一，而是定在八月十八日，正是纪念其先人孙膑的忌日。当地民谣有："始祖升天，八月十八，男不成亲，女不戴花。"在已发掘出的原亿城寺石柱础上，还刻有落款为"大明正德八年（1513）八月十八日"的孙氏家族捐款修寺的名单，恐与祭祀孙膑有关。从孙膑墓安葬在亿城寺附近推断，孙膑故里应在此一带，因为中国人自古以来有落叶归根的意识，死后自然不会安葬于远离自己故乡的地方。

在孙老家村发现的孙膑坐像，是一件极有价值的历史文物。画像上书"大明万历年岁次已卯端月（万历七年，1579 年）"。从《传影》所用的粗棉布及镶边的绫子等材料看，当属明朝制品，与画像中题写的年代相符。但从上面的篆书看，似乎是明代人根据以前的《传影》仿制的。据传影的保存者老农民孙纯武回忆，这幅像是其祖父在四十年以前亲手交给他的，在交像时，曾叮嘱："这是咱孙家老祖先，是祖传下来的，要保存好并世代传下去。"

最后，从鄄城所处的地理位置看，孙膑故里也符合司马迁的记载。司马迁提道："膑生阿、鄄之间。"春秋战国时期，阿邑在今阳谷县城东北约二十余公里处，鄄邑约在今鄄城县北十五公里处的旧城，为齐国最西之边陲。两城相隔约七十公里。这一带范围包括今鄄城、郓城、梁山、阳谷和河南范县、濮阳等县的部分地区。该地区自春秋以后即属于齐国范围。如《史记·赵世家》有"赵成侯五年（前370）伐齐于鄄"之记载。齐威王曾指责阿大夫"自子之守阿……田野不辟，民贫苦。昔日赵攻鄄，子弗能救"。（《史记·田敬仲完世家》）直到战国末年，即墨大夫还称："齐地方数千里，带甲数百万，夫三晋大夫，皆不使秦，而在阿、鄄之间者数百，王收而与之百万之众，使收三晋之故地，即临际之关可以入矣。"（《战国策·齐策》）。在谭其骧先生所编的《中国历史地图集》中，也明确标明春秋战国时期齐国的疆域均包括今鄄城。孙老家在今鄄城县城东北二十公里处，距古鄄邑约三十公里，距古阿邑六十公里，恰好处在阿、鄄之间这个地理位置上。

在两部《孙氏族谱》中，还多次提到灉水这条河流，如顺治族谱称"宋末覆徙山左，安居灉右故地遗址"，光绪年族谱首页对联称"灉右立宗两千年家声未坠，古鄄分支六十世祠庙犹存"。灉，亦称雍，灉水是一条古代河流，在《尚书·禹贡》中有"雷夏即泽，灉沮会同"。《元和郡县志》写道："唐时犹有雍水在雷泽县西北，会同沮水流入雷夏泽。"雷夏泽在今菏泽市东北部，原是一小湖泊，现已干枯。古代的灉水实际上是黄河一小支流，现已不存。今天孙花园村前尚有小湾，此地农民仍称为灉水河故道。判定孙老家在灉水河道之西是能成立的。

（三）

孙膑所处的时代，是风云变幻的战国时期，作为齐国的军师，并亲自指挥了与魏国的几次大规模战役，他的足迹遍及齐、魏交界的鲁西南地区，在许多地方都留下了耐人寻味的遗迹和传说，因此使史籍记载本来就简略的故里更加扑朔迷离。很长时间以来，大多书籍都认为孙膑故里是今聊城地区阳谷县。阳谷说的由来，最早可追溯于明代万历年间大学士于慎行主编的《兖州府志》。该书说“孙膑营在（东阿）县西南五十里，史传膑生阿、鄄之间，疑即其地”。但于慎行并没有肯定孙膑故里在阳谷，仅仅作为一种推测而已。最近已有学者认为，孙膑营是孙膑在桂陵之战中为引诱魏军而设置的军营。在阳谷境内，除孙膑营和桂陵之战时孙膑摆的迷魂阵遗址外，至今尚未找到能够判断孙膑故里的有力佐证。

前段时期，有人写了一本《孙膑故里新考》的小册子广泛印发，混淆视听，看上去，方方面面，多方探求，似乎有理，蒙蔽群众，但少有历史知识的人一看便知，作者是在牵强附会的找依据。凭想当然发议论，难免出现些稀奇古怪、生编硬造的大笑话，看后令人止不住暗自好笑。依据：一是目前郓城境内存有孙膑的种种传说，如宣统《濮州志》记载：“邑之东南七十里水堡镇，有牛舔碑……相传孙膑曾流憩于此，为其牛所舔，至今其痕犹存，然日久剥落，字不可辨。”（卷一·续古迹考），除此外，郓城境内也有“孙膑营”等村落和迷魂阵遗址。二是郓城县孙楼孙林等孙姓居民为主的村庄也找到了两部《孙氏族谱》：一为康熙年间写成，一为1952年写成，两谱皆有孙岳的记载，并且孙氏后人墓葬大都在孙林，因此认为孙膑故里应在郓城而非鄄城。但是，经过对该谱稍加分析，就发现有许多问题难以自圆其说，仅举康熙年间《孙氏族谱》下面一段话为例：

“乐善主人（孙氏），吾郓阀阅巨族也，愚父子慕其品行高洁，相与交善……迨捧谱展阅，知主人先世为刑侯遗黎，靖康之际，其初祖避金乱，徙居廪邱，迄今历年五百余。”

持郓城说的同志认定“刑侯”二字即指孙膑，刑，即孙膑在魏国所受的刑，侯泛指有地位的人。这种说法毫无依据，不能因孙膑受刑而称为刑侯，这无论如何是讲不通的。至今尚不见任何史书中有称孙膑为刑侯的记载，这真是煞费苦心的硬造。春秋时，周公子封于邢国（今河北），为姬姓后代，康熙年间《孙氏族谱》还有：“按孙氏系周康叔后，为卫上卿，以字为氏，望出太原。”康叔是周武王之子，受封到卫国。他的九世孙惠孙曾任卫上卿，遂以字为姓氏。邢国国君与卫国国君同为周文王后代，同属姬姓，血缘关系一脉相传，因而《族谱》认为郓城孙氏是邢侯后代或卫康叔后代均是可信的，符合历史事实。很明显，与鄄城孙氏的始祖不同。在春秋战国时期，孙姓除了卫康叔的后代人外，还有楚国由芈姓、苏姓转为孙姓的，如孙叔敖；再有一支就是齐国的孙氏，如孙武及其后代孙膑。在菏泽地区，历史上这三支孙姓都有后裔存在。在顺治年间《孙氏族谱》中对此事有明确记载，如：

“郓城县武安集，孙家林孙者，相传为吾支迁出，但古谱失传，当为细询查方知。”

“相传孙林虽讹传为次支迁出，但其中有顺德迁来一支，须等查证。”

“巨野县孙姓甚著，虽旧有行辈，因其有孙叔敖之传，并未与其接修，也须细询。”

从上述可见，在顺治年间，孙膑后裔就对郓城、巨野孙氏起源持慎重态度，孙楼的康熙《孙氏族谱》则明确揭示了郓城孙林等孙氏其祖先是卫康叔后代而非孙膑后代。但是由于三支孙姓在千余年的历史中交错相居来往密切，为壮大家族声势需要，在编写家谱时缺少认真考察分析，把同姓说成是同宗，这是可以理解的。但随着鄄城顺治年间《孙氏族谱》的发现和经过对一些史料的考察论证，对孙膑故里之谜的认识逐渐深入，终使同姓不同宗的真相大白。

在郓城发现的康熙《族谱》的序言中，有一句话谈到孙氏祖先有“苏门长啸扬鸾凤之音者”，主张郓城说的同志据此认定是指孙膑娶苏秦女儿为妻之事。众所周知，苏秦是战国时期纵横家。《史记·苏秦列传》中提到他“东事于齐而习之于鬼谷先生”。而一些野史也记载了孙膑同样曾师从于鬼谷先生，于是就有人推测二人既然是同学，两家联姻应在情理之中。但此种说法如细推敲，显然难以成立。且不说在历史上两人难以为同学，仅就他们活动年代来看，二人是否相识就令人生疑。孙膑主要活动于齐威王时期（前 356—前 320），苏秦主要活动于齐湣王时期（前 300 — 前 284），现已知桂陵之战发生在公元前 342 年，而苏秦死于公元前 284 年，已时隔五十八年之久。据此判断，二人活动的年代应相距四十年左右。从时间上看，孙膑在齐国大显身手之时，苏秦恐未诞生，即使已出生，也是一稚童。再过二十年，苏秦生一女，其长到十七八岁出嫁，又是将近四十年。从辈分上分析，孙膑至少比苏秦之女长三辈，根本不是同时代人。苏秦如何能将自己的女儿嫁给孙膑呢？孙膑的夫人确姓苏，但历史并无记载是苏秦的女儿或与苏秦有关。这传说仅见于民间艺人毫无科学性的演唱，也许因为孙膑、苏秦都是战国时期的名人，把他们拉在一起更具传奇色彩而已。退一步讲，即便孙膑与苏秦有同师关系，但“苏门长啸”这句话也与孙膑与苏秦毫无关系。这句话源自《太平御览》卷五七一，原文是：“阮籍少时，游苏门有隐者，籍对之长啸，苏门生莞尔而笑，籍既降，苏门生亦啸，若鸾凤之音。”啸是当时的一种口技，在魏晋南北朝时期文人中极为流传。可见“苏门长啸”这句话并非讲的战国时期之事，最早只能追溯到魏晋时期，与孙膑活动年代已相隔六百年之久，更与孙膑与苏夫人的婚姻毫无关系。可是有人竟然写成孙膑婚姻一事，实在可笑。

研究历史，特别是从事历史考证工作，是一项严肃的任务，既要用辩证唯物主义和历史唯物主义与科学理论为指导，又要以充分的事实为依据，如果仅凭道听途说、传说或演义进行推测就匆匆得出结论，不仅是极其荒谬的，而且也会贻害后人，给研究工作带来不良影响。

通过大量事实分析，可以得出明确结论，孙膑故里应在鄄城县。但由于两千多年来地理、地貌环境的变化，历史上的孙老家与今天的孙老家村也很难说建在同一方位上。所以如果严格和科学地下结论，应判定孙膑故里在今天的鄄城县孙老家一带为宜。

（本文摘自孙世民主编的《孙膑研究》，是山东师范大学教授朱亚非先生应邀为孙膑研讨会撰写的会议论文）

孙膑故里的发现及确定

孙膑是战国中期伟大的军事家和思想家，著有《孙膑兵法》，继承和发展了《孙子兵法》的军事思想，不仅在中国而且在世界军事学术史上都占有重要地位。然而自隋唐以来，《孙膑兵法》不见于世，对孙膑有无其人也产生了怀疑，甚至将孙武、孙膑说成一人。

1972年，山东省临沂县银雀山一号汉墓出土的竹筒中，同时发现《孙子兵法》和《孙膑兵法》，澄清了历史上孙武、孙膑各有其人，各有兵法传世，证明了《史记》和《汉书》的记述和著录无误，使历史上长期争论不休的难题真相大白。

孙膑其人其书已被证实，但是孙膑故里究竟在何处？又是一个历史疑案。《史记·孙子吴起列传》记载："膑生阿、鄄之间。"这只给人们指出了一个大致的地理位置。阿、鄄两县相距百余里，故里具体在何处？还是未确定。对孙膑这样闻名于世的历史人物出生何处，连我们自己也说不清，实在是一件遗憾的事情。为对历史负责和弘扬我国传统文化，研究解决孙膑故里成为人们普遍关心的历史课题。

1988年，我组织召开了"桂陵之战遗址论证会"，确定桂陵之战故址在今菏泽市东北何楼、牡丹园一带。这次会议的成功启发了我对孙膑及其故里研究的兴趣。当时，我考虑有两个有利条件：一是《史记》记载"膑生阿、鄄之间"，而鄄城县又在菏泽地区；二是鄄、菏、郓三县交界处关于孙膑的传说特别多。这就为考证孙膑故里在客观上提供了地域优势和内容丰富的线索。从那时起，我就利用工作之便，深入基层调查了解，在调查过程中注重三个重点：一是寻访传说中的遗物；二是寻找庙碑及其内容；三是了解孙氏族谱中的记载。我先到郓城县水堡乡了解"牛舔碑"，碑已不存。水堡乡的老农说："孙膑不是这里人，他的家在鄄城，那里传说更多。"之后我又到鄄城孙花园寻找驿城寺的碑记，仍无所得。至于寻找族谱其难度就更大，因为族谱是不会轻易给人看的。这样，几经反复调查，连续几年，收获不大，直到去年6月，发现一个重要线索，听说鄄城县孙老家存有古老的《孙氏族谱》。于是，我又到孙老家调查、访问村中的人，他们皆说是孙膑的后代，有族谱为证。经过再三做工作，他们才奉献出精心保存的光绪年间的《孙氏族谱》。谱序中明确记载着孙膑的出生地及其生平事迹。7月中旬，我们召开了“孙氏族谱暨孙膑研讨会”。以后又在孙老家村发现明万历年间的《孙膑传影》和清顺治年间的《孙氏族谱》。1992年元月中旬又第二次召开了“《孙膑传影》暨孙膑故里论证会”，参加这两次论证会的有全国著名史学专家、考古专家：田昌五、安作璋、高敏、朱绍侯、王先进、关天相等，及新闻工作者八十余人。与会专家、学者先到孙老家进行实地考察，然后根据史料进行翔实的分析、考证，大家一致认为孙膑故里在今鄄城县孙老家一带。其根据是：

（一）孙老家的地理位置就在阿、鄄之间

在史书古籍中记载孙膑里籍的有《史记》和《汉书》，这两部权威性的巨著成书时间距孙膑生活的战国中期最近，因而其可信度最大。《史记·孙子吴起列传》云“孙子武者，齐人也”“武既死，后百余岁有孙膑。膑生阿、鄄之间。膑亦孙武之后世子孙也”。《汉书·艺文志》云“吴孙子兵法八十二篇，齐孙子十九篇”。唐颜师古注：吴孙子“孙武也，臣于阖闾”。齐孙子“孙膑”。上述引文明确地告诉我们：孙膑是齐人及其出生地在何处。为我们研究孙膑里籍指明了方位。但是，研究孙膑里籍有三点需要搞清：一、孙膑是齐国何时人？二、阿、鄄在当时是否属于齐国？三、孙老家一带是否在阿、鄄之间。

1. 孙膑是齐国何时人

孙膑的生卒时间史书记载不详，需要从有关史料的记述中分析推断。《新唐书·宰相世系表》云：“齐田完，字敬仲，四世孙恒子无宇，无宇二子恒、书。书字子占，齐大夫，伐莒有功，景公赐姓孙氏，食采于乐安，生凭，字起宗，齐卿。凭生武，字长卿，以田、鲍四族为乱，奔吴，为将军，三子驰、明、敌……明生膑。”《新唐书》明确地记载了孙膑是孙武的亲孙子。这与《史记》的记载不相吻合。《史记》云："孙武既死，后百余岁有孙膑……膑亦孙武之后世子孙也。"太史公对孙氏的世系关系，这样笼统地说是比较科学的。历史学界认为孙武与孔子是同时代的人。孔子生于公元前 551 年，卒于公元前 478 年，孙膑与商鞅、孟轲是同时代人。孟轲受教于孔子的三世孙子思，孙膑辅佐齐威王（前 356—前 320），距孙武死后百余年。如果按一般的世系延续规律，每世相隔三十年左右来算，孙膑当属孙武的第四代孙。这时在我国的历史上，史学界一般认为是战国时期（前 475—前 221）。孙膑辅佐齐威王，是战国中期人，约在公元前 380 年至公元前 320 年左右这段时间。

2. 阿、鄄在当时是否属于齐国

孙膑是战国中期齐国人。"膑生阿、鄄之间"，在战国中期阿、鄄是否属于齐国？这又是必须澄清的一个问题。特别是在孙膑出生前后，阿、鄄是否属于齐国至关重要。对这个问题不能凭主观猜测而论，要尊重历史，以史料为证：

《春秋》载：鲁庄公十三年（前 681），"公会齐侯盟于柯"。杜注："今济北东阿齐之柯邑，犹祝柯，今为祝阿。"

《史记·司马穰苴列传》载："齐景公时，晋伐阿、甄（鄄），而燕侵河上，齐师败绩。"司马贞《索隐》："阿、鄄皆齐邑。"

《左传》载："鲁哀公十七年（前 478），卫侯自鄄入，班师出。"杜注："鄄本卫邑。此时已入齐。"

《史记·赵世家》载："赵成侯五年（前 370），伐齐于鄄。"

《史记·田敬仲完世家》载：齐威王"九年（前 348），赵伐我，取甄（鄄）"。齐威王"召阿大夫语曰：自子之守阿，誉言日闻，然使使视阿，田野不辟，民贫苦。昔日赵攻甄（鄄）。子弗能救。卫取薛陵，子弗知，是子以币厚吾左右以求誉也。是日，烹阿大夫"。所以烹阿大夫，因鄄属齐邑而不救。

齐威王从严治国，奋发图强。"遂起兵西击赵、卫，败魏于浊泽而围惠王。惠王请献观以和解，赵人归我长城。于是齐国震惧……诸侯闻之。莫敢致兵于齐二十余年。”使“赵人不敢东渔于阿”。这二十余年内，鄄邑当属齐之版图（《史记·田敬仲完世家》）。

自此以后，鄄一直属于齐国。《战国策·齐策》载：“即墨大夫与雍门司马谏而听之，则以为可与为谋，既入见齐王曰：齐地方数千里，带甲数百万，夫三晋大夫，皆不使秦，而在阿、鄄之间者百数，王收而与之百万之众，使收三晋之故地，即临晋之关可以入矣。”齐王（建）（前264—前221）是秦统一六国时齐国最后一位国王。

从上述所引史料看，阿、鄄之地不仅在战国中期孙膑辅佐齐威王时属齐国，而且从春秋末期一直到秦统一中国，基本上都属于齐国。当然，不排除赵、魏、晋等邻国短暂的侵犯、占领。

从地望上来看，据《中国历史地图集》第一册《诸侯称雄形势图》明确地标明了齐国的疆界，今菏泽地区所辖的鄄城、郓城、巨野县，均属齐国，而甄（鄄）邑位于齐国的西南边陲。阿邑位于鄄邑的东北方向，仍属于齐地，两邑皆在齐国。另外，《汉书·地理志》的“宋房心分野”记载：宋景公“灭曹后五世，亦为齐、楚、魏所灭，参分其地。魏得其梁、陈留；齐得其济阴、东平；楚得其沛”。“济阴郡户二十九万二（千）[十]五，口百三十八万六千二百七十人。县九：定陶、冤句、吕都、葭密、成阳、鄄城、句阳、秺、乘氏。”齐国若得这几县，其版图将是很可观的，又何止阿、鄄。

3. 孙老家是否在阿、鄄之间

据《中国历史地图集》一书所标阿、鄄两邑地点，可断其方位。从春秋至汉，鄄（甄）邑坐落在黄河南岸，是齐国西南部边陲要镇。正如管仲所说的是“襟带菏、济，控扼宋鲁”的兵家必争之地。古鄄邑在今鄄城县城正北15公里处的旧城。阿邑在今聊城地区阳谷县城东北，距阳谷约20余公里。阿、鄄两邑成东北、西南方向，相距约75公里，两邑隔河相望。由此可知，阿、鄄之间的地理方位，大致应在今菏泽地区的鄄城东部和郓城、梁山县的北部，以及聊城地区阳谷县的南部一带，这一带大部分都在菏泽地区。孙老家的地址就在今鄄城东北约 20 公里处，距古鄄邑约 33 公里，距古阿邑约 60 公里，孙老家的地理方位正处在阿、鄄之间。

从以上分析可知，孙膑是战国中期人，阿、鄄又属于齐国，齐孙子孙膑诞生于孙老家，其地理位置与太史公在《史记》中所云“膑生阿、鄄之间”正相吻合。

（二）《孙氏族谱》和《孙膑传影》证明孙膑是孙氏的始祖

自 1991 年 6 月至 1992 年元月，在孙老家发现了两部《孙氏族谱》和一幅《孙膑传影》。专家、学者对这些珍贵的文献史料都进行了认真地鉴定和翔实地考证，一致认为是真实可靠的。

1.《孙氏族谱》明确记载孙膑是孙氏的始祖

对孙氏家族的世袭记述在史书中鲜见。即便简要记之，因年岁荒久，隔宗断代，记述不全，族系不接；加之后世支脉繁多，瓜瓞绵延，寻其始祖实属难题。孙老家《孙氏族谱》的发现，解决了这一难题。对其始祖——孙膑有着明确的记载。现摘录如下：

清光绪年间的《孙氏族谱》有两篇序言，是这样记述的：

“查我始祖讳膑字伯灵者本居山左鄄邑黄河故道之边曾辅政于齐与田忌将军并肩齐名官居军师建功立业为齐之栋梁因安家于兹故定名孙老家。——光绪九年仲春序。”

“战国齐国有孙膑号伯灵者官为军师辅政于齐建立奇功是为孙氏之祖也。——光绪十一年孟冬序。”

这两篇序言清楚地说明了孙膑是孙氏家族的始祖和孙膑辅佐齐威王建功立业的事迹，以及此村所命名孙老家的历史渊源。这些记载虽然简明扼要，但与历史的记述相一致，符合孙膑的历史业绩。

清顺治十年的《孙氏族谱》也有两篇谱序。第一篇谱序：

“传我始祖讳膑号伯灵者曾为齐威王军师因功晋左丞诞生于兹后世丁繁众多故定名孙老家。”

第二篇谱序记的更为详细具体，应该注意的是在记述始祖孙膑之前，有一段颇为值得称道的文字，现一并摘录如下：

“五季迄于南渡渐以泯没世族相高辅张华胄称系则推本圣考牒则攀引王侯不独郭崇韬之附汾阳也而谱之不信自此始矣吾家族谱岂敢蹈此哉闻吾姓实孙武之裔膑祖之后膑子胜胜子盖盖子知知子念念子长丰次益益子卿卿子凭凭以下无传。”

这段文字不仅记述孙氏始祖及其裔袭情况，而且作者批判了那种为光宗耀祖、攀高门第、依附权势的浮夸做法，主张不崇圣不攀引王侯，如实地写孙膑是孙氏家族的始祖（因为孙膑是受过刑的残疾人，后世因其始祖残疾而犯忌）。作者不避讳如实作序，是实事求是的科学态度。对孙膑以下近十世的记述与《新唐书·宰相世系表》是相一致的，这绝不是不谋而合。村人作序，如实写出，不牵强附会。《新唐书》的记载从另一方面进一步证明了《孙氏族谱》是真实可靠的。

另据《濮州志》有“孙膑传”，说孙膑是濮州人（鄄，春秋鄄邑，西汉置县，明洪武二年改为濮州）后记有“苏尚书督兵塞上，尝刻其兵书而试之，盖有用之才也。”《孙膑兵法》自隋以降，已不见著录，而明兵部尚书苏佑（鄄城人）却刻其书而用之，说明在孙膑故里仍传有其兵法，这又是对孙膑故里的间接证明。

从以上《孙氏族谱》和《濮州志》的记载看，结论是明确的：孙膑是孙氏的始祖，其故里就在孙老家一带。

2.《孙氏族谱》记述的历史事件符合史实

《孙氏族谱》序言不仅记述了孙膑的出生地和生平事迹，而且还记载了孙氏家族在历史动乱中的流离迁徙情况。现将主要的事件核证如下：

（1）光绪年间谱序载：“传至五代我孙氏被李晋王掠去安之晋洪。”在五代（梁、唐、晋、汉、周）时，李晋王（后唐庄宗李存勖），占据太原，与后梁争夺黄河流域的统治权，连年混战，主战场就在当时曹、郓、濮（即鄄城）三州一带。至后梁贞明四年（918）春，“帝至大梁，晋兵侵掠至郓、濮而还”。同年八月“晋王自魏州如杨刘，引兵略郓、濮而还，循河而上”。到后唐同光元年（923），李存勖建立后唐，即皇帝位，攻占曹、郓、濮三州，大肆掳掠。（《资治通鉴》卷二百七十后梁纪五）在顺治年间的谱序中也有一句：“至五代同光被掠晋洪”。这与历史事件完全相符，孙老家的孙氏就是在这时被李晋王掠去山西安之洪洞县的。

（2）清光绪年间谱序：“传至岳祖因避金季之乱复迁回山左鄄邑孙老家。”金末（1230—1233），蒙古军事壮大，野心勃勃吞并中原，驱兵攻金，山西处于战乱之中，民不聊生。孙氏为避战乱，复迁回孙老家故地。这和清顺治年间谱序所记：“宋末金蒙之乱四十八世祖讳岳为避兵灾复徙山左鄄邑灉右红船之阴”是相一致的。

（3）清光绪年间谱序云：“咸丰四年洪秀全之乱我伯祖讳汉水者怀谱逃至红船。”咸丰三年（1853）五月，洪秀全、杨秀清派林凤祥、李开芳率两万精兵自扬州出师北伐，天津受阻。咸丰四年（1854）“太平天国又派夏官正丞相黄生才、副丞相曾立昌等北伐……四月占江苏丰县，北入山东境，连下金乡、巨野、郓城”，路经鄄城北上（《太平天国史》）。当地居民难免遭受兵战之灾。孙汉水就是在这次战乱中怀谱逃至红船镇的。此所记历史事件，经查证与史料记载完全相符。证明《孙氏族谱》所记属实。

3.《孙氏族谱》记述孙氏宗脉绵延悠久，孙老家是孙氏家族的大本营

清光绪年间族谱的首页有一副对联，曰：“灉右立宗两千年家声未坠，古鄄分支六十世祠庙犹存。”这副对联与孙氏家祠的对联是相同的。对联中的“灉”字一作澭或雍，古水名。我国最早的地理著作《尚书·禹贡》曰：“雷夏即泽，灉沮会同。”《伪孔传》云：“雷泽，泽名，灉水沮水二水会同此泽。”《括地志》《元和郡县志》载：“唐时犹有雍水在雷泽县（今山东菏泽东北）西北，会同沮水流入雷夏泽。”可见古灉水经菏泽西北、鄄城东北部流入菏泽东北部的雷夏泽。孙老家在灉水之右。光绪十一年续谱距战国中期已有两千余年。“灉

右立宗两千年家声未坠”，从孙老家的地理位置和续谱时间上来看与古籍记载和历史发展是相吻合的。从战国中期孙膑始到续此谱时孙氏家族已分支繁衍到六十余世。“古鄄分支六十世祠庙犹存”，人口衍续发展的规律符合历史发展的要求。现今孙老家一带的孙氏世系已发展到七十八世。孙氏家族的世系发展与孔氏家族的世系发展脉络都清晰可辨，这毫不奇怪，这是因为孙氏家族的始祖孙膑如同孔氏家族的始祖孔子一样，都有明确记载所决定的。

至今孙老家仍不失古朴的村貌，东西走向的大街高低不平，长足有二华里。小巷长短不一，房屋错落不齐，新旧相杂。村中有一座不知何时建起又多次修复的古老祠堂，里面供奉着孙膑及其苏夫人的碑位。全村有七百余户，近三千人，各家各户虽然都独立生活，但亲密的宗族关系犹如一个网络把全村的人联系在一起。整个村庄就像一个亲密无间的大家庭。据《孙氏族谱》记载，历代从孙老家先后迁徙的村庄，仅分布在鄄城、郓城、梁山（济宁地区）、阳谷（聊城地区）、范县（河南省）、丰沛县（江苏省）和辽宁沈阳的就有近二百个。各村之间平时不断往来。每到年节，周围村庄的族首、长辈按照传统习俗到孙老家家祠祭祖，他们永远不会忘记本支的发祥地——孙老家。孙老家是孙氏家族的大本营。

4.《孙膑传影》为确定孙氏的始祖又提供了铁证

《孙膑传影》是在孙老家村发现的，保存《传影》的是老农民孙纯武。据孙纯武说：“四十年前我大爷爷当着我父亲的面把《影》交给我，在接《影》时，他严肃地对我说：‘这幅《影》是咱孙家的始祖——膑公老祖宗，是咱家祖祖辈辈传下来的。从我算，向上数五辈都当里长。把《影》当成命根子保存，我把《影》传给你，你一定要尽心尽意地保存好，千万要记住：世世代代传下去。’我牢记爷爷的教导，怀着崇敬的心情把《影》完好地保存到今天。”

《孙膑传影》是在古老的粗棉布上绘制的，布长 2.2 米、宽 0.9 米。周围用绫子镶边。影高 0.72 米。孙膑端坐在双轮车上，神采奕奕，长髯飘拂，左手掐指运算，目光慈祥而又深远，好像在筹划着决胜千里之外的战争，胸有成竹，悠然自得。影像后配有远山近树，浓淡相宜，整幅画面既谐调幽雅又空旷深远。《孙膑传影》的右上方篆书：“始祖膑公传影”六个大字，下面书写的是绘制时间：“大明万历年岁次已卯端月”（即万历七年，1579 年）。由于此《孙膑传影》年深岁久，整幅画面已呈淡黄色。

考古研究员关天相等一批专家，对《孙膑传影》进行了详细的考证和分析，认为此《孙膑传影》有三大特点：一是从棉布的质地、厚度、宽度来看，属于当时手工织的棉布；二是从人物的相貌特征和服饰穿着来看，属于战国时的形象打扮；三是用绫子镶边而画在棉布上，说明当时的棉布比绫子贵。而且画工技艺不凡，人物神形兼备。他们还从《孙膑传影》上所书的字推测：这幅《孙膑传影》不是明朝创作的，而是根据以前的《孙膑传影》绘制的。

专家学者一致认为：历经四五百年的兵灾水患、沧桑变化，在一个普普通通的农村能够保存下这些史料，非常珍贵，《族谱》和《孙膑传影》本身为考证孙膑故里提供了铁证。

（三）孙膑墓址就在孙老家附近

孙老家东北十华里许有孙花园村。孙膑晚年曾隐居于此著书立说，去世后葬在孙花园村东北三里许的驿城寺前，尽管岁月已久，地形变化，今非昔比，但大体方位已定。

1. 记载孙膑墓址的残碑已发现

1991 年底，在孙花园村附近挖掘出记载孙膑墓址的残碑和战国时期的铜戈、铜箭、齐刀币等大批文物。

残碑身高 2.7 米、宽 0.9 米、厚 0.21 米。碑文久经风化，剥蚀严重，但细辨内容尚清。“重修亿（驿）城寺碑记”中开始就明确记载孙膑墓址：“濰右水堡之阳旧有驿城寺一区……孙膑墓址深邃。”接着记述旧亿城寺的规模和重修的意义。此碑是明嘉靖三十七年（1558）立，原在驿城寺大殿丹墀之东。专家、学者对残碑进行了详细的辨析和考证，他们认为碑记首先记孙膑墓址，这说明修建亿城寺与孙膑是有直接关系的，这样分析是颇有见地的。据当地群众说：亿城寺原叫驿城寺。孙膑隐居在孙花园后，齐国的文官武将经常来看望他，因随从较多，特在此处建驿站，方便食宿，以后逐渐演变成驿城。孙膑逝世后，齐王念其功高，常派使臣前来祭祀，于是，把“驿城”改建为“驿（亿）城寺”。寺内有供奉孙膑的大殿。到北魏时，佛教盛行，寺又扩建，仅石雕佛像就有万余尊，僧众达五百余人。可见规模之大。以后，随时代变化，此寺规模大小有所不同，但供奉孙膑的大殿却一直保存着。因为此寺的建立与孙膑有关。

2. 祭祀孙膑的觉立和尚还健在

为了解祭祀孙膑的情况，我曾询问过觉立和尚。他已年近八旬，对寺内生活记忆犹新。他说：“我们孙氏家族，一辈要有一人出家到驿城寺当和尚，就是为了祭祀始祖孙膑。据我的祖师爷方纪说：原来驿城寺祭祀孙膑必须由姓孙的人主持，代代相传，已成为我寺规矩，每年清明节、农历八月十八日（孙膑逝世日），都在寺前孙膑墓址设棚摆供，挂上始祖的像，举行祭祀仪式，僧人念经超度。我记得给始祖膑公超度时是这样说的：僧人进灵棚，手托两部经，一部超西天，一部度孙公。这与给一般人的超度是不一样的。一般死者的超度是：僧人进灵棚，手托两部经，一部超西天，一部度亡灵。只有给始祖超度才用孙公二字，以表示崇敬。我是孙氏家族来驿城寺的最后一个僧人，法号觉立。15 岁出家，1946 年 33 岁还俗。”

从觉立和尚的叙述可知：亿城寺历代和尚都在寺前祭祀孙膑。祭祀孙膑的事实，是对残碑记载孙膑墓址的很好印证。

3. 祭祀孙膑的画像已发现

《孙膑画像》是去年 11 月，孙花园村孙学义老农献出来的。他说：“解放前夕，驿城寺已破旧不堪，见大殿内还供奉着始祖的画像，我怕丢失，便把此像拿到家中保存起来。”这是一幅站像，孙膑手拿拂尘，飘飘欲仙。像高 1.7 米，画在长 2.27 米、宽 1.15 米的白棉布上。画像的左上角写着“孙氏始祖”四个大字，右下角记有“光绪三十三年（1907）丁未孟冬戊辰”的绘制时间。据觉立老人说，他当年在驿城寺祭祀始祖膑公时，就是挂的这幅画像。

4. 孙花园一带的祭祖风俗与众不同

农村祭祖，一般是在清明节、农历七月初一、十月初一进行，在孙花园一带孙氏家族却与别处不同。他们是在农历八月十八祭祖。据说，这一天是孙膑的升天日（逝世）。每年的八月十八日，临近孙氏村庄的老少集聚在孙膑墓前焚香摆供，诚心祭祖，以尽孝心，年年如此。在封建社会，还有些清规戒律，为悼念始祖，在这天不准办喜事。民间流传着这样一首歌谣：

始祖升天　八月十八

男不成亲　女不戴花

子子孙孙　牢记心窝

可见孙氏家族对后世子孙纪念始祖的要求是很严的。另外，原驿城寺保留的柱础上，刻有孙氏家族捐款修建驿城寺的名单，落款时间是“大明正德八年（1513）八月十八日”。很明显，落款孙膑逝世日的时间，就是为了纪念孙膑。

从残碑记载、历史和现实的祭祀传统来看，孙膑墓确在驿城寺前面。

上述三个方面是我们考证孙膑故里的主要依据。这些材料都经过专家的认真研究和严格鉴定。孙膑故里的确定是以可靠证据作为基石的。由于证据确凿，考证顺理成章，孙膑故里的结论如同“水到渠成”一样自然得出。现在就用史学专家们的题词作为考证孙膑故里的科学结论：

孙膑故里何处寻？灉右河滨孙老家。

——田昌五教授

孙膑伯灵生于鄄城，碑记族谱信而有征。

——安作璋教授

孙膑生于阿、鄄间，究为何处实难猜；

族谱一出疑案决，鄄城之说迎刃解。

——高敏教授

阿、鄄之间千古传，孙膑故里成疑案；

生于灉右孙老家，族谱一出解疑团。

——朱绍侯教授

（本文摘自孙世民主编的《孙膑研究》）

古鄄考

司马迁《史记·孙子吴起列传》谓孙膑生“阿、鄄之间”。阿、鄄均属齐地，孙膑为齐人，故班固《汉书·艺文志》于兵权谋家前明确标出《吴孙子》八十二篇，颜师古注：“孙武也，臣于阖闾”；《齐孙子》八十九篇。师古注：“孙膑。”两书并列，区分明显。1972年临沂银雀山汉墓同时出土两种竹简本《孙子兵法》和《孙膑兵法》，证明班固的记载是可靠的。不久前，历史学家和考古学家又于鄄城孙老家考证孙氏族人所藏清代《孙氏族谱》、明代膑祖传影像以及明代重修《亿城寺碑记》有关“膑墓址”等资料，论证孙膑故里在鄄城孙老家一带。该地位于今鄄城东北四十里，正处于古阿、鄄之间，与《史记》记载相符合。至此，孙膑故里问题已得到解决。但有一种说法，鄄不属于齐，乃属于卫邑。如果此说能够成立，那么，齐人孙膑故里问题仍然是一个悬案，于此不能不辨。

鄄，古邑名，有时也写作甄。清人徐松《新斠注地志集释》：“《史记》或作鄄，或作甄，一地耳。”《后汉书·荀彧传》注：“鄄城，今濮州甄城县也。”均说明鄄、甄为一地而异字，本文为行文方便，引文一律作鄄，不另注。

鄄，春秋时确属卫国。《春秋》鲁庄公十有四年（前680）冬，“单伯会齐侯、宋公，卫侯、郑伯于鄄”。杜预注：鄄，卫地。十有五年春“齐侯、宋公、陈侯、卫侯、郑伯会于鄄”。又十九年秋，“公子结媵陈人之妇于鄄，遂及齐侯、宋公盟”。按：此事乃指卫国之女嫁与陈宣公为夫人，鲁国以女陪嫁，使公子结前往送女，至于卫地鄄，闻齐侯、宋公有会，遂代表鲁国参与会盟。《左传》襄公十四年（前559），“（卫献）公如鄄，……鄄人执之”。《左传》昭公二十年（前522），“卫公孟絷狎齐豹，夺之司寇与鄄”。按：此处所云，鄄在这时仍属卫邑，只不过是卫公孟免去齐豹司寇之职，将鄄赐予他作采邑而已。

隔了十四年，《左传》哀公十七年（前478）十一月，“卫侯自鄄入”。杨伯峻注：“鄄本卫邑，此时已入于齐；盖卫庄公为国人所逐，乃出走齐也。”又《史记·司马穰苴列传》记齐景公时（前547—前490）“晋伐阿、鄄”。司马贞《索隐》：“阿、鄄皆齐邑。”杨氏与司马氏二家注都认为春秋末年鄄已属于齐国。

入战国以后，鄄曾一度被赵国占领。《史记·赵世家》成侯五年（前370）“伐齐于鄄”。《史记·六国年表》亦载赵成侯五年“伐齐于鄄”；齐威王九年（前348）“赵伐我鄄”，均指同一件事，而且《六国年表》于“齐”一栏内明确标出“我鄄”，说明此时鄄仍为齐邑。然而也就是在这一年，据《史记·田敬仲完世家》说：“赵伐我，取鄄。”后来齐威王历数阿大夫之罪状中有“昔日赵攻鄄，子弗能救”一条，即指此事而言。

但赵国据鄄时间不会太久。从地理形势上看，据郦道元《水经注》说：“河水又东迳鄄城县北，故城在河南岸十八里，河上之邑，最为险固。”笔者也曾亲自去此处考察，古鄄邑正位于黄河故道以东南岸拐弯处，为齐之西南重镇，与赵隔河相望，地形险要。雄心勃勃的齐威王决不容许赵国染指；而赵国孤军越河而来，也很难长期占领。史称威王即位以后，“九年之间，诸侯并伐，国人不治”。于是发愤变法图强，齐国大治。遂起兵西击越、卫，败魏于浊泽，而围魏惠王，“惠王请献观以和解，赵人归我长城……诸侯闻之，莫敢致兵齐二十余年”。威王也曾自夸“吾臣有肦子者，使守高唐，则赵人不敢东渔于河”。证明黄河以东包括鄄在内，已均为齐所有。齐宣王八年（前312）与魏惠王“复会鄄”（以上均见《史记·田敬仲完世家》）进一步说明此时鄄在齐国版图之内。自此之后，直至齐亡不变。齐王建入朝于秦时，即墨大夫与雍门司马谏齐王："夫三晋大夫皆不使秦，而在阿、鄄之间者百数，王收而与之百万之众，使收三晋之故地，即临晋之关可以入矣。……如此，则齐威可立，秦国可亡。夫舍南面之称制，乃西面而事秦，为大王不取也！"（《战国策·齐策六》）齐王不听。以上记载说明，战国时代，鄄虽曾一度为赵国所攻取，但为时短暂，鄄一直属于齐国，时人往往将阿、鄄并举，也证明了这一点。司马迁谓"膑生阿、鄄之间"虽为泛指，然准确无误。如更具体而言，当生于鄄。孙膑生卒年不详，从其生平事迹推算，约当战国中期，公元前380年至公元前320年前后。膑生于鄄，为齐人，而鄄为齐邑，自是不言而喻的了。

（本文摘自孙世民主编的《孙膑研究》，是山东师范大学教授安国先生应邀为孙膑研讨会撰写的会议论文）

古廪丘考

廪丘是一古老的县邑，由于历史上曾发生过几件大事，故而颇有点名气。后魏以降，建制取消，不复再见。近年来因发掘古代文化遗产，其人其事有涉关联，故又重新提起。但其遗址究系何地，地志记载不确，流传说法不一，地上无遗迹，故需备稽史传，认真考察。

据史记载，廪丘当有两处遗址：一处是战国以前的廪丘遗址，为古廪丘遗址；一处是两汉以后的廪丘遗址，为新廪丘遗址。考察什么时期的遗址，必须以什么时期有关的文献、城镇、文物为据，以科学的实事求是的态度，认真考察、论证。不能以新代古，也不能以古代新。否则，就会差之毫厘，谬之千里。

廪丘始见于《左传》鲁襄公二十六年夏"齐乌余以廪丘奔晋"。时为公元前547年，春秋末期。再见于《田敬仲完世家》："田会以廪丘反"，即叛于赵。时为公元前405年，战国初期。

廪丘，西周至春秋中期为卫邑。成王封康叔于卫。卫之疆域东境，东以瓠水为界，南以济水为界，东阿、高鱼、羊角、廪丘皆为卫邑。廪丘为齐邑，不知什么时间，亦不知什么原因。战国初期曾一度属赵。诸侯称雄时期，卫已降为小侯，为魏所属。古地理学家杨守敬说：廪丘“汉县属东郡（治所濮阳），后汉属济阴，魏复属东郡，晋属濮阳国，后魏属濮阳国，在今范县东南七十里”。《辞海》亦说：廪丘“春秋时齐邑。汉置县，属东郡。三国时移兖州治所于此。故在今河南范县境”。

观其廪丘历代所属及杨守敬教授、《辞海》编者均认为廪丘遗址在范县地，那么其遗址即使今天不为范县所属，也只能在郓城西北或鄄城东北与范县接壤的一带边境，而不会再向南伸入多远，可是《曹州府志》关于廪丘遗址所在的地理方位却与此大相径庭。

查清乾隆年间修的《曹州志》之《地舆志》中说，廪丘在郓城县西南境。《图考》同样把廪丘连同高鱼、羊角城一并绘在郓城西南境。其边注说：“西至濮州界三十里。”

观其《图考》中，廪丘在郓城西南的偏南，不过25°；测其“西至濮州界三十里”的所及，西不到陈坡，南不过五界首。而《图考》所绘之“古廪丘”到底在哪里？图无说明，史无记载，不好臆断，亦不敢以之为是。

《濮州志》关于廪丘的记载多与前面引文相同，不再重引，其雍正年间重修时的《新增濮州考古图》把“廪丘”绘在了瓠子河与水堡古河之间，箕山之南，并加边注说：“图中悉按旧志所载古迹绘出。”《濮州志》始修于明代嘉靖年间，说明那时的濮州人即认为古廪丘遗址就在箕山之南。是不是呢？不好轻下断语，需待考察后再说。

查《曹州府志·水经》：“瓠子河自菏泽境汇水北流，至陈家庄入濮州界。折而东北经刘家楼，又东北经纸坊、韩家桥，又西北经连家楼，至陈家庄与小流河会流。”“濮河上源为贾鲁河……自双河口，北经李家庄至闫什口，行一百二十里入濮州界。又东北至红船入郓城界，为西里河。又东北经殷家庙，水堡集、至五盆口，冷庄河水入之。”这就是《新增濮州考古图》中“廪丘”两侧之瓠子河和水堡古河流经的情况之所在，以箕山、水堡、红船、连楼等五点测之，当在今鄄城县箕山乡东南境之康屯附近。这个廪丘当指古廪丘，这个地址处方位已为鄄城东北境，与郦道元瓠河之北即廪丘县、京相璠“廪丘县南三十里有故郕都城”以及《濮州志》所载方位、里程等都大体相吻合。然而历史上范县辖区却没有至此的记载及传说，而与《中国历史地图集》所标示的方位向北还有一段距离，故不宜轻下即此为是的断语。

《中国历史地图集》是中国历史地图集编辑组绘制，专家荟萃，根据翔实，绘制精确，应当说是一部中国古代地理权威性的文献。下面即以此为据进行探索。

春秋战国时期之廪丘为古廪丘。查《中国历史地图集》第一册《齐鲁宋》图，廪丘、甄（鄄）东西对列，廪丘偏南，相距 17.5 公里。廪丘与今郓城为西北—东南，相距 21 公里。与今鄄城为东北—西南，相距 20.25 公里。以《菏泽地区地图》测之，其址在今鄄城县东北境宋楼乡东北境亿城寺西北 2 公里吴店村东北隅。其址虽在鄄城境，也已到了最边沿。其当日之辖区应为今范县、鄄城、郓城三县之地而且应以范县地为大部。故杨守敬等《辞海》的编者均认为古廪丘遗址当在今范县地是有道理、有历史根据的。

两汉至后魏之廪丘为新廪丘。新与旧，古与今，相对而言。但在考古上不能不分，郦道元《水经注》说“瓠河之北，即廪丘县也。”（指的是县界，不是县城）又说：“瓠河与濮水俱东流，所谓过廪丘为濮水者也。县南瓠北有羊角城。”

郦道元这两段意思很含糊，需要一辨。新、旧廪丘都在瓠河之北，郦翁没有明确何指。“县南瓠北有羊角城”似指古又似指新。若说指古，羊角城不是在廪丘之南而是在廪丘东南。或说指新，羊角城战国时期已不再见，因此，指新指旧不好断言。若从羊角城在廪丘之南来判断，当是指新。

瓠河流程的情况是：西由濮阳西北瓠子口受河水而东南流，至今鄄城东南十里许与濮水合流。再东南流，历郕都城（鄄城东南历山庙或闫什口附近）南部，至郓城西南三十里武安集附近又与濮水分流。瓠水濮水合流的这一段名羊里水。“瓠河之北，即廪丘县也”之瓠河，就是指的合流的这段羊里水。

那么，新廪丘在哪里？

古地理学家熊会贞说：“都关与廪丘接壤。”都关，汉县，与之接壤的廪丘当然也是汉县，为新廪丘无疑。

查《中国历史地图集》第二册《豫州、兖州、徐州、青州刺史部》图，都关城属汉山阳郡。东西对测，位在今郓城、鄄城之北，南距羊里水约12.5公里，西北距旧城约13.5公里，东北距廪丘约8.5公里。据《鄄城县地图》测之，位在其东北境箕山集西南附近。再据上引用图测之，廪丘与鄄城（旧城）东西对列，偏北，相距19公里，与今鄄城为东北—西南，相距24.5公里。与郓城为西北—东南，相距19.5公里，与汉代范县为西南—东北，相距27公里，与今范县为东南—西北，相距31公里。以《菏泽地区地图》测之，其遗址当在今郓城县西北境张鲁集西南附近。古廪丘在西南，新廪丘在东北，新、旧相距不过十五华里。由此可知，杜预《释地新廪丘》“即羊角城治”之说，非是。

（本文摘自孙世民主编的《孙膑研究》，是张诒鹏先生为孙膑研讨会撰写的会议论文）

孙膑故里刍议

关于战国军事家孙膑的故里问题，《史记》仅有“膑生阿、鄄之间”几个字，究竟在其间哪一点上，没曾点出，遂使后人模糊。地名故事《孙膑与迷魂阵》一文，在《地名丛刊》（1990年第4期）、《地名知识》（1990年第5期）、《山东地名通讯》（1990年第38期），相继刊登。故事本身本文暂不评论，但说“孙膑故里在今阳谷县阿城镇（以下简称阿城）西北6公里处”，笔者不敢苟同。

阿城是古东阿县治所所在，《二十四史》中多有记载，但除《史记》那几个字外，写东阿之处均没提过孙膑。明万历《兖州府志》乃海内名志，编者于慎行，东阿人，熟知当地人文掌故。如对于阿城之阿井阿胶记载甚详："阿井在（东阿）县西四十里，故阿城中，阳谷界也……《水经注》曰：阿城北门西北皋上有井，其巨若轮，深六丈，岁尝煮胶以贡天府。"《禹贡传》曰："东阿济水所经，取其井水煮胶谓之阿胶。用搅浊则清服之，下鬲疏痰，今其水不盈数尽，色绿而重，所谓阿胶者岁解蕃司入贡，甚为四方所珍，而土人不蓄也。"此例证明作者对当地情况十分熟悉。当然，对于孙膑他也进行了调查："孙膑营在（东阿）县西南五十里，史传膑生阿、鄄之间，疑即其地。"一个"疑"字证明，他只是有这方面的怀疑并没真正把握，如果真有把握，何不直呼"膑生阿、鄄之间，即此地"，而偏要多加一个"疑"字呢。实际上，这"孙膑营"也同"迷魂阵"一样，不见于史传，即使是真的，也只能说是孙膑在此打仗安营扎寨之处。是先有孙膑而后有"孙膑营""迷魂阵"，与其老家"故里"，不可同日而语也。总而言之，《兖州府志》不能为孙膑故里在何处提供依据。

关于阿城的归属，（春秋）庄公十三年（前681）"公会齐侯盟于柯"。杜注："今济北东阿齐之柯邑。犹祝柯，今为祝阿。"可知阿城是时属齐。但这时比孙膑出生尚早400多年。《史记·田齐世家》："齐威王初即位……召阿大夫语曰：自子之守阿，誉言日闻。"可证是时阿城仍属齐。《汉书·地理志》："东阿，都尉治。应劭曰：卫邑也。有西故称东。"按《汉书注》中，引应劭说凡有错误或不当之处，颜师古都有补充或更正。在"东阿"条下他引应劭之说既没订正，证明他赞同应劭的解释。应劭是东汉人，颜师古是唐人，由汉迄唐，东阿卫地之说恐无异义。但这应是齐威王九年后之情形。再往后，《史记·田齐世家》：公元前289年苏代自燕来劝齐王伐赵不如伐宋："夫有宋，卫之阳地危；有济西，赵之阿东国危"。《正义》："阿，东阿也，尔时属赵，故云东国危。"据《史记·孙吴列传》，孙膑活动的时代，正是魏惠王、魏襄王、赵成侯、赵肃侯、齐威王、齐宣王、齐湣王时。所以，这时东阿属赵。如果他生于东阿，则应是“赵人”，与他的“齐人”身份不符，即使他的出生时间再往前或往后变动几年，他也不会是“齐人”。

这都证明，孙膑故里在阳谷阿城镇之说是行不通的。

孙膑故里究竟在哪里？我以为定在今鄄城县境东边红船镇一带是可信的。证据如下：其一，红船镇北孙庄，原名孙老家村，该村孙氏族人均称孙膑为始祖，旧有庙宇，今遗迹尚存。有《孙氏族谱》明载：孙膑字伯灵为其始祖，至今已传七十四代。我们知道，孔子后代世系极其清楚，至孔德成为七十七代，孙膑比孔子稍晚，从现在上溯七十四代，与他所处的时代相符。七十多代，孙氏族人瓜瓞绵延，分迁多处，而本支未曾易地，四方孙氏均称该村为“老家”。这是证据之一。

其二，在阳谷有关孙膑的传说极少。而在这一带就非常多。如《濮州志》：“邑之东南七十里水堡镇（今红船镇东北十来里，属郓城县），旧有龙虎殿一座，不知建于何年……仅存禅门外古碑五，半淤土中，上仅三尺余，旁东一碑，有牛舔刷之迹，深二三分许。碑青色，其舔处则淡红而滑，确似牛舔……相传齐将孙……系牛碑上，留此遗迹。”这就是著名的牛舔碑。再如迷魂阵，也在水堡，该村街道和房屋方向为东南西北向，使人进去如入迷宫。村人传说当年孙膑曾在此研读兵书，反复排列各种阵势，现在的地形就是当年他摆的迷魂阵所致。后人依其阵势修街建房，成为目前这种与众不同的排列格局。另外，该村“二十四景”中有“黑风口”一景，也是说孙膑摆迷阵时留下狭长的巷道，一度风沙弥漫，十分险峻。孙膑营是一古村名，在水堡南老赵王河边上。相传孙膑出任齐将，在打庞涓时途经老家，为不扰乱乡亲，便在野外扎寨，待桂陵布好阵后，率军上阵，留下营帐供人居住，时间长了，形成村庄，因而得名。但后来赵王河不断淤积，该村湮灭。1956年群众打井，曾挖出赵王河桥的青砖和一些战国时期的断剑、镞、甲、陶片等。现在群众仍称其地为“河底”，有孙膑营“掉于河底”之说，是可信的。当地流传许多关于孙膑的民间文艺。如坠子书《孙膑上寿》头一句即为“孙膑保东齐悬牌挂印，知天文晓地理神吞乾坤……”民谣：“二月里来龙抬头，孙膑下山骑青牛，手里提着青铜棍，他跟庞涓结冤仇”等。众多民间传说，集中于这一带，绝非无因，从侧面证明孙膑与这里起码有密切的关系。

其三，从孙膑策划的两次主要战役来看，他十分熟悉战地的地理环境。如马陵战役，据《史记》：魏将庞涓率兵追赶齐军，“孙子度其行，暮当至马陵。马陵道狭，而旁多阻隘，可伏兵”，他用于伏击，庞涓果然中计自杀，魏军大败。如果马陵离他家较远，他就不具备十分了解这里情况的条件，用这种计谋就非常危险。据《史记正义》引虞喜《志林》：“马陵在濮州鄄城县东北六十里（今河南范县西南），有陵，涧谷深峻，可以置伏。”桂陵，据《括地志》：在曹州乘氏县东北二十一里，即今菏泽市赵楼乡牡丹园东侧。马陵和桂陵分别在红船的东北和西南。距红船都不太远，所以孙膑十分熟悉这里的情况。这也证明，孙膑的家乡在二者之间的红船一带是可信的。

其四，释“阿、鄄之间”。《史记》载，“膑生阿、鄄之间”一词，对于我们确定孙膑故里问题极有帮助。所谓“之间”，就是既非在“阿”又非在“鄄”，而在二者之间。阿即东阿，汉东阿县治所所在，该地名知名度颇高，作为“汉兴以来，百年之间，天下遗文古事靡不毕集”的司马迁不会不知。如果孙膑真生于此，他有娴熟的笔法：“孙膑者阿人也。”何必带“鄄”字。反之，如果说他是“鄄”人，鄄地知名度更高，则当然是“孙膑者鄄人也”，不必带“阿”。所以，说孙膑生于“阿”或“鄄”都不是司马迁的本意，而必须“允厥其中”的二者“之间”才是。而今鄄城红船一带，正在此二者之间，符合司马迁的原意。这里往东是一望无际的梁山水泊，即古大野泽之西鄙。南面不到十里又是雷泽。北面可能还有濮水。同时又是黄泛区。所以，这里非常偏僻，是否有地名不清，即使有，知名度也低。大概司马迁考虑到这一因素，才选用知名度较高的两端“阿、鄄之间”来表示这里。那么，孙膑是齐人，这里是否齐地呢？是。有廪丘在此为证：《吕氏春秋》：“孔子见（齐）景公，景公致廪丘以为养，孔子辞不受。”如廪丘不是齐地，齐景公就无权授孔子。孔子为什么不接受呢？当然是因为这里偏僻多灾，要它没什么用。这也反过来证明，此地生活条件差。孙膑就生在这样一个既偏僻又多灾多难的地带。但他穷而有志，艰苦的童年，激励他立志成才，后来成了著名的军事家。

后据1991年《齐鲁晚报》消息：在鄄城孙花园村发现明朝嘉靖三十七年重修亿城寺时所立的石碑，上有孙膑的记载。该寺院和尚觉立说：亿城寺前面就是孙膑墓址，过去每年八月十八日在此祭祀孙膑。孙花园村民孙学义献出了他珍藏的在寺庙内供奉用的孙膑画像。这是孙膑故里在孙老家的新佐证。

（本文摘自孙治宇、孙治国等主编的《文韬武略：孙膑兵法和孙膑研究》，是菏泽市地名办研究员韩馥绶先生为孙膑研讨会撰写的会议论文）

第三节　孙膑故里别论

20世纪90年代，鄄城县孙老家村与郓城县的孙林、孙楼村均认为本地是孙膑出生地（即孙膑故里），为此进行了长时间的争论。还有观点认为孙膑故里在阳谷的，也曾风行一时。下面就“郓城说（认为孙膑故里在郓城）”和“阳谷说（认为孙膑故里在阳谷）”的观点，摘录如下。

一、孙膑故里郓城说

1992年郓城县召开了孙膑故里研讨会，邀请中国历史博物馆、中国社会科学院考古研究所、北京大学、河南大学、南京大学、安徽大学、吉林大学、山东大学、广西师范大学、广西艺术学院、曲阜师范大学、中央民族学院、山东省博物馆等39个单位的历史、地理、文物、考古等方面的专家、学者、新闻界人士等50余人参加会议，研讨孙膑故里问题。

与会专家、学者认为，在孙膑故里“郓城说”“阳谷说”“鄄城说”三说当中，以“郓城说”的根据最为充分，资料最为翔实，比其他说法更为可靠、更符合历史的真实。

与会专家、学者对郓城孙氏族谱及其祖茔上的明初碑刻、齐刀币、断剑、箭镞、陶器等和史书的有关记载进行了考证，认为郓城古廪丘从春秋到战国时期，都是齐国西南的一个重要城邑，在孙膑出生前后的历史时期，廪丘是齐和鲁、宋、卫、赵、魏等国交界处，战争频繁，为培养、造就孙膑这一军事家提供了有利的社会条件。古廪丘一带的孙氏族人，乃是孙膑的后代子孙。从古廪丘的自然环境和人文条件看，它正与《史记》所说的“膑生阿、鄄之间”相符合。郓城一带有关孙膑的大量的民间传说，与古代史籍有所呼应，这可以作为孙膑故里在廪丘的一个旁证。他们认为，鄄城“孙老家”（即孙古路沟，北孙庄）的孙氏是郓城孙氏的一个分支。“鄄城孙老家说”所依据的《孙氏族谱》系辗转手抄本，其可靠性值得怀疑；对于孙氏家祠，考古专家们认为，这里是黄河淤积地，战国的村落早已湮没地面五米以下，它不可能存在。至于孙膑墓，也是不真实的。而阳谷只是当年孙膑与庞涓作战的古战场，更不是故里所在地。（据研讨会纪要）

在山东郓城召开孙膑故里研讨会期间，会议收集了一批论证材料，后来在多个报刊陆续发表，代表性的文章有：刘心健、左爱莲撰写刊发于 1995 年第 1 期《孙子学刊》的“关于孙膑故里的考察与研究”，黄海澄撰写刊发于 1992 年第 2 期《济宁师专学报》的“孙膑故里辨伪”，孙振宇撰写刊发于 1993 年第 2 期《黄河学刊》的“孙膑故里考”，赵天、聿曰撰写刊发于 1992 年第 1 期《西北师大学报》的“孙膑故里在廪丘”等。

刘心健、左爱莲“关于孙膑故里的考察与研究”主要内容及观点

凡确定某人故里，应以其诞生地和童年时代的生活地点为据。大前提首先要统一，不然，就会出现从不同角度出发而产生争议。至于其封地、食邑、墓地、曾居住过的地方以及其子孙后代的聚居地或某分支的家谱、后人为其所作的生活画像，等等，均仅能作为一种参考，而不能作为确凿不移的证据，否则，就是以今证古，本末倒置。对于孙膑故里的认定，必须具备以下四个基本条件：一是应在《史记·孙吴列传》所指出的“膑生阿、鄄之间”这个地域范围之内；二是应以战国时期的古地名为准，并且有与其时代相一致的出土文物佐证；三是当地必须有广泛的关于孙膑童年活动的传说，而这些传说又必须与历史事实基本符合且能补史料之不足；四是应有多方面的史料根据。包括地方志书、碑刻、族谱以及古今史学名家有关孙膑方面的考察记述等，作为旁证。……

（一）“鄄城说”与“郓城说”之比较

1.“鄄城说”不可信。《光明日报》1991年8月11日和11月6日先后两次报道：“孙膑故里确认为鄄城县孙老家。”据实际调查：今山东郓城县大部及与鄄城县邻近的郓城县西境一带，散居有孙氏家族的分支后裔。他们有共同的族谱，祖茔在郓城县的孙林村。访问中共见到孙姓的家谱三种：一是康熙年间的手抄本；二是1951年忠孝堂重修的石印本；三是1981年又续修的铅印本。后两种则是由住鄄城县孙古路沟的孙志一按照康熙年间的手抄本为据，相继两次续修的。内容与祖茔中诸清代碑刻的记载相一致。鄄城孙志一以其先后两次续修族谱的经验，又考虑到其住村鄄城县孙古路沟正处于“阿、鄄之间”的特殊优势，意把自己的出生地伪托为孙膑的诞生地，把其居住的村庄伪托为孙膑故里。他谎称原族谱在“文革”期间损失无存，个人私自抄录下部分谱序，并进一步编造假族谱：借其十世祖孙南山的名义编造出一份所谓《孙氏家祠序》，借其十八世叔曾祖孙懋昭的名义改造出一份《孙氏族谱序》，改立孙膑为其始祖，把孙岳改为孙膑的四十八世孙，把孙古路沟改名为“孙老家”，然后拿来作为1991年7月10—12日菏泽地区“孙氏族谱暨孙膑研讨会”上的主要会议材料。与会人员仅以半天时间由菏泽到鄄城“孙老家”进行考察，只是看了看其所谓的《孙氏家祠》即行收兵。与会的几位教授根本不知道还有原谱存在，更不了解还有孙氏祖茔和有关碑刻。（1）孙膑原名，史书载因受膑刑，才叫孙膑。造假者在其《家祠序》中说孙膑“号伯灵”。又在其《族谱序言》中说“字伯灵”，均系捏造。按古代人的名、字、号是有严格区别的，一般是从名起字，依字起号，兄弟顺序称谓亦要求严格。长幼顺序规序为：“伯（或孟）、仲、叔、季”。如商末有“伯夷、叔齐”；春秋时鲁国有“孟孙、仲孙、叔孙、季孙”。孔子的哥哥叫孟皮，他则名丘字仲尼。孔子仅有一子，名鲤字伯鱼，均为明例。而孙膑兄弟三人，膑最小怎能从“伯”字上取字呢？（2）在其《孙氏家祠》中供奉的牌位上，还有“苏夫人”之称。据孙世民在第三届孙子兵法国际研讨会上提交的论文中介绍说：“孙膑由鲁王介绍与苏秦之弟苏代的女儿成婚”，并发表见解说：“从当时孙、苏两家门第和同师旧情来看，两家联姻也很自然。”笔者认为：孙膑与苏代的女儿，在时间上相差近半个世纪，孙膑又何能娶苏代之女为妻？把民间的传奇小说用来作为学术中的论据，已属可笑，又写入庄重的始祖牌位上来虔诚供奉，岂不更加离奇？（3）在 1991 年 11 月 12 日《菏泽大众报》署名王宣的报道中说：“孙膑于古历八月十八日逝世，去世后葬在孙家花园，孙氏族人为了纪念他，为他修了孙膑墓……”时间还不到一个月，在该报 12 月 6 日发表署名“经宏”的报道中又说：“每年八月十八日孙膑出生日，这里都举行隆重的祭祀大典……”如此胡编滥造，难免出漏洞，死日竟变为生辰，即是一个例证。（4）至于“孙老家”“两份族谱”以及始祖画像等问题，笔者已于《孙膑故里鄄城说质疑——与孙世民同志商榷》一文中有具体分析（见《孙子学刊》1993 年第 2 期），对相继发表的两幅孙膑画像，质疑如下。

第一幅画像，笔者初见于 1992 年 1 月 3 日《菏泽大众报》，复见于北京电视台广播，后见于 1992 年 4 月孙世民在第三届孙子兵法国际研讨会上的彩色传单。其共同点即画像上的题字均为竖写，是笔者曾批评过的那一幅画像。之后，笔者于 1992 年秋在开封市主持召开的淮海经济区协作会议上又收到一份孙世民托人捎来在大会上散发的小册子《孙世民在第三届孙子兵法国际研讨会的发言——孙膑故里的发现及确定（摘要）》的封面图。

第二幅孙膑画像与上幅的题字内容相同，不同的是此幅全改为横写、横读，且在人物及远山近景诸方面均与上幅有异。小册子第 20 页介绍说："这幅传影不是明朝创作的，而是根据以前的传影绘制的，专家一致认为：历经四五百年的兵灾水患、沧桑变化，在一个普通的农村能够保存下来这些史料，非常珍贵。《族谱》和《传影》本身为考证孙膑故里提供了铁证。"

第二幅比 1992 年 1 月请关天相鉴定的时间又提前二三百年。前后不到半年时间，竟发表出两幅画面不同而题词内容相同的"孙膑传影"。所谓"孙膑故里论证会"，不过是由个别人一手编造和导演出来的一次小范围的非学术性会议而已。

2. 孙膑故里当在春秋战国时期阿、鄄之间的古廪丘。清《一统志》载："廪丘在范县东南七十里义东堡（即今郓城县西北的水堡）。"《新编辞海》记载："廪丘：①古邑名，春秋齐地，在今山东郓城西北。公元前 548 年齐大夫乌馀以廪丘奔晋，即此。②古县名，西汉置，治所在今山东郓城西北。魏、晋为兖州治所，隋大业初废。"廪丘原本古代一片高地，由于黄河无定，泛滥频繁，地高宜居，群众聚居于此，渐成城邑。到郓城水堡乡一带访问，一提起孙膑，群众都感到亲切。能讲出许多有关孙膑童年的传说故事。

……据清宣统元年（1909）编纂的《濮州志·续古迹考》记载："牛舔碑在水堡，相传孙膑曾流憩于此，为其牛所舔，至今遗痕犹存。"

古廪丘一带中华人民共和国成立以来曾相继发现有出土的齐刀币，春秋战国时期的青铜器、铜箭头和战国器皿及建筑陶瓦等遗物。足证此地确系战国时期人民群众聚居的繁荣之地和古战场遗址。

我国已故的国学名家、原全国政协委员梁漱溟，1960 年前来郓城视察工作曾吟诗一首曰：郓城历史数千年，春秋战国古城垣，东临阿地西接鄄，孙膑宋江生此间。梁漱溟一生治学严谨，他肯定孙膑生于郓地（古廪丘）当有所据。

当今著名文史学家杨伯峻教授在银雀山竹简出土后研究、撰写的《孙膑和〈孙膑兵法〉杂考·孙膑传补》一文中，亦明确指出："……今鄄城东北六十里，正是孙膑的出生地”（见《文物》1975 年第 3 期第 10 页），而此方位正是郓城县境内的古廪丘（今水堡）一带。

3. 对郓城《孙氏族谱》的辩证剖析。其一系康熙七年“代知郓氏”的新县令莽氏所撰。莽氏初至此地，孙氏族人请其为族谱作序，并提出可“详其所近、略其所远”的要求。而莽氏下车伊始，不过数月，并不了解孙氏家族世系的来龙去脉，却故意卖弄才华，而背所请，略其所近，详其所由来，大发议论云：“按孙系周康叔，为卫上卿，以字为氏，望出太原……”其二是郓邑同乡赐进士出身奉议大夫同知延安府事李长庆所撰。李氏在其《孙氏家世小引》中云：“余薄宦东粤，升任归来，晋谒主人于乐善居中，杯酒阔叙之余，以乃祖司马公墓前碑铭见托，纵出重修世谱问叙……迨捧读展阅，知主人先世为刑（邢）侯遗黎……”李长庆是按照礼部尚书胡濙的观点认定孙氏家族为“邢侯遗黎”的。

再细察孙氏先茔中的残碑断碣，有一块被淤土淹埋的残碑底截，除土后细找，于是右下角找到仅能辨识有“金季来徙，郓城廪丘”数字。以上绝大部分碑身，相传早在明末即已残缺无存。在 1992 年 4 月上旬从地下寻找出此碑残断的中间一截，其顶部虽仍有残缺，但却可与下半截连接在一起。由此可知，此碑系由明大学士杨士奇撰文、为兵部侍郎孙时的父亲孙祯（字彦诚）所作的“神道碑”。碑文内容除详细介绍孙彦诚的生平事迹外、涉及其孙氏先祖内容的，则有“……口后之蕃，有武有文。兴于北方，伏伽振唐。治宗有德，宗古明复，焕乎显闻，式闳膏馥，襄国之宗，龙茅趾休，金季来徙，郓城廪丘……”该碑系明正统元年（1436）立，早于其“明崇祯辛巳（1641）不幸烬于兵火”的族谱 205 年。

孙伏伽《唐书》有传。又据《四库全书·元和姓纂》（卷四）载：“清河，孙武之后，魏清河太守灵怀曾孙处约，唐中书侍郎……又户部侍郎孙伏伽，清河人。孙履中，恒州刺史，生匪骄。”据此可知孙伏伽既是孙岳的先世，又与孙灵怀同宗。再据《新唐书·宰相世系表》可以查出，灵怀和伏伽同是孙膑的十一世孙通的后裔。通过上述史料的相互印证，可以推知，孙岳及其后裔，同样可以说是孙膑的后裔。这比那种空洞提出的“周康叔”或“邢侯”后裔的说法更为可信。这也正是明大学士杨士奇的高明之处。

（二）结论

1.“孙膑故里”与“孙膑后裔居住地”是两个性质和内涵截然不同的概念。他们之间可能有某种联系，但在没有充分根据的情况下决不可将其相互混淆或等同起来。

2.“孙膑故里在鄄城县红船镇孙老家”的说法是根本不能成立的。

3. 本文提出的“孙膑故里应在古廪丘”的观点，对于认定孙膑故里，在目前当然也不能作为定论，但它比之“鄄城说”却要可信得多。1992 年 4 月 18 日在山东省郓城县召开的有北京、吉林、安徽、河南、南京、广西、山东等地 50 多位历史学、考古学、社会学、谱牒学方面的著名专家学者参加的“全国孙膑故里研讨会”上取得了共识。

4. 研究历史名人的故里，是一个严肃的学术问题，必须以老老实实的科学态度对待之。

黄海澄“孙膑故里辨伪”主要内容及观点

关于孙膑故里在今鄄城红船镇孙老家的说法，所依据的是今人新造的假材料，因而是不能成立的。根据如下：

（一）报纸上报道的孙膑故里在今鄄城县孙老家，但是到了那一带多方打听干部和群众，都不知道孙老家在何处。后来才打听到，所谓“孙老家”是一个才改的村名，它的原名经过深入了解才弄清楚。所谓“孙老家”，从来不见于方志、谱牒文字记载，也不见于老百姓的口口相传之中，而是有人为了把孙古路沟说成孙膑的老家，在 1991 年 5 月才改村名为“孙老家”。

（二）有一家报纸耸人听闻地说：“孙老家现在还有座孙氏祠堂”“周围百里上百个村庄的孙氏后裔，每逢年节都要到这个祠堂祭祖，孙氏祠堂供奉的牌位上还赫然写着孙膑的夫人为苏氏。”“孙老家又被这一带孙氏公认为自己的老家。由此，可以认定，孙老家是孙膑的故里。”（见《菏泽大众报》）。据实地调查了解，郓、鄄一带孙氏聚居的村庄的村民们不知道“孙老家”在什么地方。当我说“孙老家”就是“孙古路沟”时，他们说知道，但是从来没到那里祭过祖，也不知道那里有孙膑的祠堂和牌位。这一带的孙氏族人都公认郓城县的孙林是他们祖茔所在地。在山东等地，凡祖坟所在，都要栽种柏树，成为一片柏林，“孙林”就是孙氏祖坟林的意思，正如曲阜的孔林是孔氏坟林一样。这一带的孙氏族人每逢年节都是到孙林祭祖，而不是到孙古路沟。孙古路沟的“孙膑牌位”，很明显，是由对古文半通不通的今人于仓促间编造出来的。其文曰：

周齐国军师开封左始祖孙公讳膑号伯灵苏夫人之神主

我们知道，“膑”是古刑罚名称，指膑刑，也可以指受过膑刑的人。孙膑究竟何名，古已失传。因他受过膑刑，时人和后人遂以“膑”称之。“孙膑”二字的意思实为“一个姓孙的受过膑刑的人”。至于“苏夫人”之说，实根据郓城孙林旁边的孙楼村所藏清康熙戊申七月所续孙氏谱叙中的一句话“苏门长啸，扬鸾凤之音”推断出来的，民间说唱亦有孙膑娶苏秦之女之说，并不是来自孙古路沟的祖传。更令人感到滑稽的是，这个“孙膑牌位”弄成了苏夫人牌位，并非孙膑牌位。作伪者不懂得在牌位上“号伯灵”后面应有一“暨”字，无“暨”字便成了只敬“苏夫人”而漏掉“孙公”了。世间哪有这样的牌位？

这个所谓“孙膑祠堂”，本是一家财主的房子，土改后成了学校，“文化大革命”中改为大队办公室。1991 年 5 月才经过粉刷改成“孙膑祠堂”。住房与祠堂的造法是不同的。

（三）郓、鄄一带的孙氏族谱古本保存在郓城孙林旁边的孙楼。该村在明朝初年曾出过一个兵部右侍郎孙时，他致仕（退休）后据古本续谱，此谱毁于明末兵火。清康熙戊申（1668），其子孙重修孙氏族谱，此谱保存至今，完好无损。1951 年，郓、鄄一带的孙氏族人都到孙楼来续家谱，鄄城孙古路沟的代表孙志一也参与其事。当时孙古路沟并无孙氏族谱，连读过私塾的孙志一也不知道孙古路沟的孙氏之由来。在1951年续谱时才根据孙楼所藏康熙戊申古谱确定孙古路沟的始祖孙海于明朝由孙楼迁来。1951年所续孙氏族谱载之甚详。此谱共印43部，孙古路沟的孙志一处也保存了一部，康熙古谱的多篇序文尽翻刻其中。到1991年，孙志一等人为了把孙古路沟说成是孙膑的故里，不仅改村名、为孙膑立牌位，而且只字不提他手中所保存的1951年版《孙氏族谱》，却谎称他手中早有孙膑直系后代的古谱残卷和所谓的古本《孙氏族谱序》《孙氏族谱序言》和《孙氏家祠序》。这些东西破绽百出，一眼就可以看出是最近伪造的。

第一，这些假托是古谱序文的东西中有许多当今通用的简化字。有些简化字一看便知是1956年以后才产生的。

第二，孙古路沟的孙志一所出示的这些假古文序言就有不少笑话。例如其中一篇假冒清光绪九年（1883）孙懋昭所写的《孙氏族谱序言》中有这样一段话："所传之谱经清洪兵灾损失无几。"所谓"清洪兵灾"指的是洪秀全领导的太平天国起义。大家知道，清朝人提到太平天国起义，一般诬称为"洪杨之乱"或"发匪之祸"，绝不会称之为"清洪兵灾"。此种"序言"属今人伪造，可以说不辩自明。又"损失无几"一句，意思也弄反了。"损失无几"字面的意思是损失得很少，没损失几多；而作伪者的意思却是损失得很多，所剩无几。作伪者生于今世，于古文文理又不甚通，难免出现这类笑话。这同一篇伪"序言"还有一段话也甚不通：

查我始祖

膑字伯灵者本居山左鄄邑黄河故道之边曾辅政于齐于田忌将军并肩齐名官属军师建功立业为齐之梁栋因安家于此定名为孙老家世代脉脉相继传至五代我孙氏被李晋王掠去安之晋洪

从行文格式上讲，"查我始祖膑"，为了尊敬"膑祖"，从"膑"字提起一行是可以的，但是决不能将"膑"字缩两格，这是大忌。"于田忌将军并肩齐名”，“于”显然是错别字，应为“与”。“世代脉脉相继”，“脉脉”在古文中是“相视含情貌”，如“脉脉含情”“斜晖脉脉”等，并非“一脉相承”之意。而作伪者的意思却是连绵不断、一脉相续。这可以说是用词上的笑话。“安之晋洪”在这里作伪者以“晋洪”简称山西省洪洞县，熟悉古文的人都知道，在古文中绝无此种简称之法。

此外破绽尚多，不必尽举，即此数端，作伪之痕已昭然若揭。

孙振宇“孙膑故里考”主要内容及观点

（一）孙氏世系

《史记》说孙膑是“孙武后世子孙也”，可没说就是他的孙子，氏谱中后代皆可称孙。而《新唐书》却把孙膑说成是孙武的孙子，这在时间上说不过去。从时间上推算，孙膑最早也须是孙武的第五代孙。孙武为吴打败越奠定了基础，可是越王勾践励精图治，又一举消灭了吴。可以想见，孙氏随着吴的灭亡而肯定衰败。传说孙膑的父或祖受范蠡的影响从吴国到了定陶一带经商，贩卖粮食，居于廪丘（在今山东郓城县西偏南30华里陈坡南），一说孙膑之父会打铁来廪丘定居。廪丘地势稍高，受黄河泛滥威胁小，盛产粮食，廪丘即孙膑的出生地。孙膑家境不算富，常牧牛于野，至今水堡一带仍有牛舔碑的传说。孙膑自幼好学，常牧牛时看书，把牛系于碑上，天长日久，牛把石碑舔了很深一个凹痕，形同牛舌。后膑与苏秦同师鬼谷子学军事，并娶苏氏女为妻（苏秦的姐妹或子女，不详），后事齐威王，佐田忌打败魏庞涓（有所谓桂陵之战、马陵之战），威名大振。秦统一六国后，孙膑的儿子孙胜为秦将军。《宰相世系表》云：“膑生胜，字国辅，秦将。胜生盖，字光道，汉中守。盖生知，字万方，封武信君。知生念，字甚然，二子：丰、益。益字玄器，生卿，字伯高，汉侍中。生凭，字景纯，将军，二子：届、询。询字会定，安定太守，二子：鸾、骐。鸾生爱居，爱居生福，为太原太守……

孙氏姻弟莽氏在康熙七年《孙氏族谱序》说孙氏“望出太原”，即望族在太原，是有根据的。如《宰相世系表》说的，孙膑十二世孙孙福为太原太守，岚州刺史孙肪，稍后的孙旃亦为太原太守。另外，晋孙楚及其子孙盛（《魏氏春秋》《晋阳秋》作者、《孙氏族谱序》中提到），东晋文学家孙绰（《游天台山赋》作者、《孙氏族谱序》中提到）等，都是太原中都人（山西平遥西北）。还有像善相马的孙阳（伯乐），著名隐士孙复（《孙氏族谱序》中提到），都是山西太原一带人；孙氏望族在太原恐与孙膑之子孙胜及其子孙俱在晋、陕为官有关。

孙氏望族在山西太原一带，以后，一支迁居顺德，至北宋末，为避金乱，又迁回郓城廪丘。李长庆《孙氏家世小引》中说："知主人先世为刑侯遗黎，靖康之季，其初祖避金乱，徙居廪丘，迄今历年五百余。"此迁回廪丘的第一代祖名孙岳。郓城是黄河冲积平原，廪丘一带虽地势稍高，恐有时也难免黄河之患。孙岳迁回祖籍廪丘后，可以想见，经过一千多年，祖居之村落、房院，肯定俱已无存。于是就在距古廪丘地约 4 公里的地方傍冷庄河而建村，称冷庄，后因地势低洼，又迁至东北约半华里处重建村舍，即现在的孙楼村，原村冷庄遂荒芜，称吕荒村，第一代祖孙岳及其子孙伟墓仍在此。乾隆十六年重修谱序上说："遭金季之乱，恐被骚扰，避兵南迁，来至郓邑，察风观俗。乐其风土人情之厚，里仁之美，岳祖安顿眷属于廪丘。"至五世孙时，为明兵部右侍郎，有洪武二十三年的敕封圣旨，原件至今在孙楼，保存完好。长约 3 米、宽约 45 厘米，黄绢黑字，有皇帝玉玺、年号。孙时的侄孙孙海即孙岳的七世孙，为镇卫校尉，封镇国将军平襄侯，"徙居孙古路沟"（《孙氏族谱》世系表中语），为孙古路沟孙氏第一代祖。以后人口繁衍增多，孙氏子孙遂分居各地建村。祖林孙林也由一支移居。

以上孙氏世系根据有三:《史记》,《新唐书·宰相世系表》及《孙氏族谱》几篇序文和世系表。除此之外，尚有两点需要再加辨析。

第一，关于"刑侯遗黎"的解释。"刑侯"指孙膑，"刑"指孙膑所受的膑刑。《史记·孙子吴起列传》云：齐威王欲将孙膑，膑辞谢曰："刑余之人不可。”孙膑自称“刑余之人”。“侯”先为诸侯国爵位之一，汉以后为个人封号，如留侯、淮阴侯等。南北朝时及以后便有泛称之意，唐宋时有地位的人可以称侯，而尤以武将，俗语有“文称阁老武称侯”。孙膑为齐军师，战国时名将，又有兵书传世，更可称侯，故“刑侯”指孙膑无疑，就是受过膑刑的武将。“刑侯遗黎”在孙楼等《孙氏族谱》中出现当然确指孙楼等孙氏族人为孙膑的后代也无疑。《孙氏族谱》康熙七年版“刑侯”之“刑”，到了 1951 年的忠孝堂版《孙氏族谱》中改为“邢”。我们认为原因有三：第一，古“刑”“形”“邢”“铡”等字相通，可以混用。第二，近人无知，不知“刑侯”何意，且“刑”字意不美，妄为改之。第三，可能是笔误。而有的人借此说“㓝”（邢）指邢国，“邢侯”当然指邢国国君了。邢在春秋早期，是个小国，国君原为姬姓，不姓孙，后世也没改姓孙者，那么“邢侯遗黎”在《孙氏族谱》中出现是无法解释的。因此，说“刑侯”之“刑”指邢国是错误的。

第二，《孙氏族谱》产生的根据、沿革、续修的问题，也就是它的可靠性的问题。孙世英《孙世族谱引》中说：“先世顺德人，金季之乱，初祖讳岳者，避兵南徙至郓邑……延至五世司马祖（指兵部右侍郎孙时），以登科起家致仕之暇，见族支日蕃，胪其同源分派易情疏，于是著族谱以明世系，大学士杨公士奇、国史总裁陈公琏，各有序弁于首，明崇祯不幸烬于兵火。”这就是说，孙时曾主持修过孙氏族谱，这个谱肯定不只是从孙岳写起，因为孙岳至孙时仅五世中间只隔三代，族支不会繁衍太多，致使同源亲疏不分。那么修这个谱又是根据什么呢？肯定是孙岳从山西、顺德带来的族谱。带来的这个族谱，谱系上始祖一直追溯到孙膑。为什么这样说呢？因为当赐进士出身的同知延安府的李长庆为《孙氏族谱》写序而先看《孙氏族谱》时，说：“追捧谱展阅，知主人先世为刑侯遗黎。”就是说，当他看到原来孙时所修的《孙氏族谱》时，始知道此郓城廪丘孙氏族人乃“刑侯遗黎”——都是孙膑的后代。只是这个谱以后毁于兵乱，现在不存罢了。可以说，现存的《孙氏族谱》是可信的，他是从孙时时沿革下来的。

（二）廪丘的地理位置

《史记·孙子吴起列传》说："膑生阿、鄄之间"，既不属东阿，又不属鄄城，却在其间矣。古郓城属廪丘，廪丘在郓城西偏南 15 公里，正在阿、鄄之间（参看《中国历史地图集》第一册 27—28 页），故可以确定廪丘是孙膑的出生地。孙氏祖林的石牌坊门两边的对联写着：

祖德宗功环廪丘以俱茂

子承孙继偕冷水而并新

门联中的冷水即上边提到的孙岳从山西迁廪丘始建村的冷水，又名冷庄河，所谓"冷水芙蓉"为郓城十景之一，又称芙蓉河。据《曹州府志·山川》载，冷庄河在郓城西南三十里，自菏泽县双河口一支入雷泽，流出汇巨野天鹅泊，火头洼之水，东北流至白家河入郓界，绕金龙庙后分支入冷家庄为冷庄河，又西北流经古廪丘城，入灉河。冷庄河现已淤平。原流经孙楼、孙林间，又经过古廪丘，古廪丘距孙氏祖居孙家楼、孙林不到五公里。乾隆十六年孙秉弘的《孙氏族谱序》中称"家居郓西冷庄店孙楼"，因此可以说，冷庄河、冷庄、孙楼、孙林等实为一地，相距不过 3—4 华里，而它们又距古廪丘很近。

《左传·襄公二十六年》："齐乌余以廪丘奔晋。"属于齐。《辞海》："廪丘，古邑名，春秋齐地，在今山东郓城西。"《郓城县地名志》："廪丘坡南至梁店，北至梁垓，西至龚岗，东至唐庄。"廪丘在今郓城县陈坡南面，古城已无存。汉至隋都置廪丘县，还曾为兖州府治所。清《一统志》："廪丘城，在范县东南 70 里义东堡。"义东堡即现在的郓城县水堡。据《史记》《汉书》载，古廪丘属齐国，故称孙膑是齐国人，而鄄城当时属卫国后为晋，后又属魏，不属齐；东阿在孙膑时属赵也不属齐，此都与《史记》说孙膑是齐国人不符。

廪丘的南坡即孙楼、孙林，孙林为孙氏祖林。旧时附近几个县的孙氏家族百多个村庄，聚集孙楼，去孙林祖林祭扫祖先坟墓，之后在孙楼就餐，宋元后，孙氏最显赫的名人就是明兵部右侍郎孙时，他生孙楼，葬于孙林，皇帝敕封圣旨现仍藏在孙楼。因此，确定孙楼、孙林为孙膑故里最为合理，既基本上符合历史史实，且又能为绝大部分孙氏族人普遍接受。

（三）出土文物、民间传说等旁证材料

1. 最近在原廪丘遗址南 1 公里处，出土一战国时“虎符”和“秦诏版”。

2. 在孙楼附近出土齐国青铜刀币，战国时铜箭头和铜觚、秦半两（币）、汉五铢。

3. 现有清代仿制的“孙膑拐”。拐是古代“十八般武器”之一。孙膑拐长不到一米，是为动过膑刑的孙膑之用，是防身的武器，非进攻性武器，是孙膑根据自己的情况特制的，正常人使用须学练，现在郓城仍有孙氏后裔会使用此拐，打“孙膑拳”，据说是孙氏家族自古传下来的。

4. 上面提到水堡有“牛舔碑”，即孙膑牧牛时牛舔石碑而成。水堡还是孙膑大摆迷魂阵的地方，现在水堡集是个大集，其街道走向不是正南正北、正东正西，外人到此好迷失方向，据说就是孙膑摆迷魂阵时造成的。水堡附近还有“孙膑营”，据说是孙膑领兵伐魏安营扎寨之地，部队撤退，孙膑把营房留给当地乡亲，后成村落，就是孙膑营。水堡附近还有不少关于孙膑的传说。水堡历属郓城。

5. 孙楼有“孙膑井”，在村东，上部砖砌成。中部是古时砖，下部浑然一体似无砖，很深，据传为孙膑所打，后黄河淤积，后人清淤一层层往上接。

6. 流传于郓城一带的坠子书《孙膑上寿》有几句唱词：郓孙膑保东齐悬牌挂印，知天文晓地理神吞乾坤。自幼儿拜恩师名鬼谷子，精通了“周易”经用兵如神，骑的是青牛背腾云驾雾，使的是沉香拐遮挡烟尘，杏黄旗展三层天昏地暗，喝一声似沉雷吓掉人魂。他的祖孙武子名扬四海，通兵书会诗词善武能文。他岳父苏秦六国丞相，他的妻苏琼美相府千金……

另有《十二月小调》民谣：

二月里来龙抬头，孙膑下山骑青牛。

精通兵法和战术，他与庞涓结怨仇……

郓城为什么有如此多的关于孙膑的传说，正说明故乡的人民对孙膑的敬重与怀念，因为本地出了一个英雄总是光荣的。

7. 据菏泽师专韩达夫考证，“桂陵之战”之桂陵就在今菏泽市东北牡丹园附近距廪丘不足 50 公里。又据传，迷魂阵就摆在水堡，距廪丘更近。孙膑所以在战争中获取大胜除其他原因外，恐也与此战场距孙膑老家廪丘甚近因而他熟悉地形有关。

8. 著名学者梁漱溟 1958 年来郓城视察时曾作诗一首：

郓邑历史数千年，春秋战国古城垣。东临阿地西接鄄，孙膑宋江生其间。诗中他就认定孙膑故里在郓城。

赵天、聿曰“孙膑故里在廪丘”主要内容及观点

（一）故里在廪丘

《史记》中记载：“膑生阿、鄄之间。”廪丘之地，在今郓城城西，地处阿、鄄之间。《辞海》载：“廪丘：①古邑名，春秋齐地，在今山东郓城西。齐大夫乌余以廪丘奔晋，即此。②古县名，西汉置。治所在今山东郓城西。”据清《一统志》载：“廪丘城，在范县东南 70 里义东堡。”义东堡即指今郓城县水堡。今水堡之地，是孙膑幼时生活的地方。该村北，有孙膑幼时放牛时的“牛舔石”。这块牛舔石名扬古今，远近皆知。清宣统元年本《濮州志·续古迹考》载：“牛舔碑在水堡，相传孙膑曾流憩于此，为其牛所舔，至今其痕犹存，然日久剥落，字不可辨。”张振和《古今三十名人传》第 21 页称：“……这一带还有一口井，叫‘孙膑井’，还有一块石碑，名叫‘牛舔碑’。相传孙膑小时候，曾在此放牛。”1988 年《菏泽师专学报》社会科学版第 1 期第 12 页称：“……孙膑生于东北距此地（桂陵）约百里的水堡附近，……

膑喜读兵书，因父早丧，乃须放牧，一日读书忘牧，牛舔了石碑，后人称此碑为‘牛舔碑’”在1991年7月菏泽地区社联举办的孙膑故里研讨会上，我们看到了地区博物馆周元生等所撰的《孙膑故里试说》，其中为“牛舔碑”的访查专项作了介绍：“真武庙有前、后殿，后殿早称龙虎殿，……殿前有牛舔碑。孙膑幼时喜读兵书，为生计所迫，每日放牛时将牛拴于青石上，然后坐旁苦读，细心钻研，久而久之，牛便在青石上舔出一道舌槽，并踏下一蹄甲印。后人为纪念他，就利用这块石头制成石碑，保留下牛舌的舔痕。碑为长方形，中间有牛舌印，长约一尺，宽同牛舌，槽印清晰光滑，最深处约一厘米（当地人称一扁指深），字迹浸漶不清，刻写不甚规整。该碑原是水堡‘十景’之一，许多外乡人慕名而来……”。孙膑牧牛时的这块舔石，就在廪丘高地北坡。

（二）后世环廪丘

1991年8月下旬，在廪丘之南坡名曰“孙林”的地方发现了一个古墓群。在棉花田里有一个半淤地下的石阙，阙额书“孙氏先茔”，阙两旁石柱上有对联“祖德宗功环廪丘以俱茂，子承孙继偕冷水而并新。”从孙膑后裔提供的《孙氏徙居村庄地址图》看，在廪丘及其周围，远近散居着孙林、孙楼、孙店、孙庙、孙庄、孙花园、孙古路沟、孙坑、孙堂、孙堌堆、孙沙窝、白衣阁孙庄、侍卫孙庄以及与他姓共居的潘渡、郭官屯、崔柳行等一百余个村庄，约4万“刑侯遗黎”。从其家谱看，历代为官者多人，该族的确是“环廪丘以俱茂”，“偕冷水而并新”。冷水，即冷庄河，在孙林村东，呈西南一东北走向，该河已为黄河泛滥淤平。我们从《孙氏族谱》上得知，这里的孙氏确系孙膑后裔。谱中有清顺治十六年进士，奉议大夫同知延安府事李长庆撰写的《孙氏家世小引》，李氏云：“追捧谱展阅，知主人先世为刑侯遗黎，靖康之季，其初祖（指孙岳）避金乱徙居廪丘，迄今历年五百余岁。”这就说明，孙氏以前确有老谱；同时，也说明原谱上清楚地记载着孙膑后世的繁衍情况，“知主人先世为刑侯遗黎”。“刑侯”指孙膑，“遗黎”指后代。主要搞明两点：

一是孙膑生于廪丘，其后世怎么会从外地徙来廪丘？二是其后裔何人、何因、从何地迁来廪丘？我们从《新唐书・宰相世系表》上得知，孙膑生一子，名胜字国辅，秦将。既为秦将，即说明孙膑后世离开廪丘而西行，也说明自此孙膑后世孙岳重徙廪丘之前，廪丘一带无孙膑后裔。后来胜生一子名盖字光道，为汉中守。盖生一子名知……以下还有多代，不再细述。孙氏在西边代代相传，至宋末靖康之季，为避金乱而徙还膑祖居之廪丘。从山西省徙还膑生地廪丘的是其后世孙岳。孙岳自山西来时，必定将族谱带回于廪丘。康熙年代续谱时，李长庆写道："知主人（孙时）先世（孙岳）为刑侯（孙膑）遗黎（后代）。"而且从孙氏先茔的石柱上看到一副对联："左瞻东鲁细阅祖德希孔圣，右视西岐历数宗功效周王。"如前所述，孙岳是在宋末徙居廪丘而被称祖的，这副对联显然是对孙岳以上祖宗，特别是对显赫周代的孙武、孙膑的追颂。我们从其前后联系来看，孙氏世系是清楚的，膑生子胜于廪丘，胜为官西去，衍世及宋靖康年代后世孙岳为避金乱而徙还廪丘，一脉相传，孙氏历代居官者又多，所以，"孙氏先茔"石阙上才书有"祖德宗功环廪丘以俱茂，子承孙继偕冷水而并新"之句。孙膑死后，是否就是葬于此地，我们尚无证据。据《郓城县志》载，明初的"孙氏先茔"占地 36 公顷，可见孙氏先茔之大。

（三）孙膑在廪丘影响深远

结论："孙膑故里鄄城县孙老家"之说不能成立。孙膑故里应在古廪丘（今山东郓城西）。

二、孙膑故里阳谷说

孙膑故里阳谷说其实更早。在"鄄城说"和"郓城说"出现以后，渐渐就失去了声音。今选取王荩忠撰写刊发于《阳谷文史》的文章"孙膑故里与孙膑"，和刘子长、李印元撰写刊发于 1987 年 7 月《阳谷文史资料》第十九辑的文章"阳谷有关孙膑的传说及其他"的主要内容，简介孙膑故里"阳谷说"

的理论依据。

王荩忠“孙膑故里与孙膑”主要内容及观点

1990 年以前，孙膑故里一直是山东省阳谷县阿城一说，只是到了 1991 年 7 月之后，孙膑故里才存有阿城、鄄城、郓城三说。西汉时司马迁在《史记·孙吴列传》中只说：“膑生阿、鄄之间。”他只是指出了一个大约的位置，而确切的地方还是一个未知数。为了“破译”此事，观点诸说并录以析。

其一，阿城说。这一说为当代学术界所承认。1980 年上海辞书出版社出版的《辞海》中称“孙膑，战国时兵家，齐国阿（今山东阳谷县北）人”。1986 年解放军出版社出版的《孙膑兵法浅说》中记载“孙膑是孙武子的后世子孙，齐国阿人”。1990 年解放军出版社出版的《中国人名大辞典》亦言如是。后来凡出版界出版辞、书等亦沿用此说。

其二，郓城说。这一说认为孙膑故里在古邑郓城之廪丘。廪丘，春秋战国时是齐国的重邑，在今郓城西水堡一带。其据：在郓城西北三十里孙林（古廪丘所在地）中，有孙氏墓碑。墓碑为明代兵部侍郎孙时其父孙彦诚所立，上有“金季徙郓之廪丘，祖讳岳字世昌”之文，《孙氏族谱》载“孙岳系孙膑第四十八代孙，北宋靖康之难为避金兵，从山西迁回郓之廪丘孙氏老家”。用两文印证的孙林是孙膑的故里。

其三，鄄城说。此说的依据是清代光绪年间修的《孙氏族谱》和《孙氏家祠序》中所言：“查我始祖，讳膑字伯灵者，本居山左鄄邑，黄河故道之边，曾辅政于齐，与田齐（忌）将军并肩齐名，官居军师，建功立业，为齐之梁栋。因安家于此，定名孙老家。”认为孙老家就是孙膑故里。

史册对孙膑的主要记载有两处可查：

（一）西汉司马迁所著的《史记》载：“孙子武者，齐人也……孙武既死，后百余岁有孙膑。膑生阿、鄄之间。膑亦孙武之后世子孙也。”

（二）《新唐书·宰相世系表》载：“齐田完，字敬仲，四世孙桓子无宇，无宇二子，恒、书，书字子占，齐大夫，伐莒有功，景公赐姓孙氏，食于乐安。生凭，字起宗，齐卿。凭生武，字长卿，以田、鲍四族谋为乱，奔吴，为将军。三子，驰、明、敌……明生膑。”

上述两段文献给考证孙膑故里和孙膑定出了框子：

①孙膑故里在“阿、鄄之间”

司马迁之说是可信的。孙膑在公元前353年为齐威王军师，谋划伐魏。司马迁死于公元前90年。太史公写《史记》的时间距孙膑在世的时间只有二百年左右，故说是可信的。他说的阿就是战国时期的阿邑，指今阳谷县阿城西，东阿故城遗址处。他说的鄄，就是春秋时的鄄邑，即现在的菏泽地区鄄城县城北二十余里处的旧城。阿、鄄两地呈西南—东北方向。

所谓“阿、鄄之间”，既不在阿，也不能在鄄，更不能在阿或鄄的左右。必须在两者之间某一地方，脱离“之间”的位置就不符合太史公所标的地方。谭其骧编的《中国历史地图集》给研究孙膑故里标示出地址范围：阿与鄄战国时是呈西南—东北走向，约距70多公里。在这一领域夹着范、寿两邑的部分版图，这两地带今大部属阳谷。所以说，从大的范围来讲，孙膑故里在阳谷县内是合情合理的，若超出这个范围，其地与阿、鄄呈现三角形，那就不符合太史公所说的“阿、鄄之间”的原意了。

②孙膑的生平

孙膑，原名孙伯灵，因被师弟庞涓加害，受膑刑，后人称其为孙膑，他的生卒年代，史册上没有记载。据有关资料推论，他的一生可能在公元前380年至320年，与商鞅、孟轲同时。

“膑亦孙武之后世子孙也。”孙武在吴国为将。按此说孙膑的籍贯应在乐安（今山东省惠民一带）。当然战国时期局势动荡，孙武之后因乱到别处居住是合情理的，故太史公曰“膑生阿、鄄之间”。《新唐书·宰相世系表》说，孙武生有三个儿子，即孙驰、孙明、孙政。孙武的二儿子生孙膑，这一说法有些不实。按公元前506年孙武伐楚时到公元前354年孙膑与庞涓桂陵之战时，前后相距 152 年，孙膑不应当是孙武的孙子也不应是孙明的儿子，而应当是孙武的曾孙，1995 年，浙江吴县衡山发现《甲山北湾孙氏宗谱》，上面明确记载孙武与孙膑并非祖孙关系，孙武是孙膑的曾祖父，从而消除了孙武与孙膑相隔一百余年的疑问。《东周列国志》记载孙膑自述身世云："吾四岁丧母，九岁丧父，育于祖父孙乔身畔。"《文汇报》1992 年 9 月 25 日载《孙膑故里究竟在何处？》，引《中国史研究》学者陈汉平的文章，认为《新唐书》《姓氏书》所载与孙武有关之孙氏世系谱牒材料，其世系与史实不符。从而得结论：后世所公认的那个孙武并非欧阳修在《新唐书》中确定的那个孙武。

《东周列国志》载："孙膑功成名就之后，齐宣王加封大邑，孙膑不受，将兵法献于宣王曰，臣已废人，过蒙擢用，今上已报祖恩，下报怨，余愿足矣。臣之所学尽在此书，臣留之已无用。愿得闲山一终老之计。宣王留之不得，乃封以石闾之山。"即甲子山。今甲子山孙膑洞可证。孙膑在甲子山隐居不仕，便讲学，著书以度晚年。死后，后裔把孙膑埋葬在乐安，埋葬在阿、鄄之间，埋在吴，埋在甲子山，都是可能的。否则，认定在别的地方那就不合乎情理。

③孙膑一生活动的地方多在阳谷周围

阳谷（古阿邑）是孙膑的故土，他对阳谷（古阿邑）周围的地理最熟悉，对阳谷（古阿邑）周围的人结交也较知己，阳谷（古阿邑）又是齐西陲，是防范魏军的重地，故此他在这块地方活动得较多，能利用这些有利条件（天时、地利、人和）才做出了辉煌的业绩。

第一，出使魏国，把孙膑搭救回齐国使者淳于髡，就是聊城地区茌平（当时称在茌丘）人。此人能言善辩，是个滑稽大师，其人其事在《史记·滑稽列传》中详有记述。茌丘与阿邑相邻，两人是相距不足百里之老乡，同乡之谊，怜悯之情，爱才之心，才使淳氏冒死相救。

第二，孙膑由魏回齐，路过家乡，首先到高唐拜见当时守将田忌。田孙二人均系同宗，还是乡邻。（高唐距阿邑约 60 公里）所以亲如兄弟。之后，两人合作共事，配合默契，特别是田忌对孙膑更是言听计从，取得桂陵、马陵之胜战。

第三，公元前 342 年，孙膑与庞涓马陵之战的古战场，就在今莘县樱桃园和大张乡的马陵和道口一带（马陵距阳谷约 50 公里古范县），《范县志·卷之二·古迹》载：“马陵，在县（当时县城在今莘县樱桃园镇）西南三十里，旧志谓即孙膑擒庞涓处。”如今的马陵，虽然不再是孙庞交战时的老样子，但那古战场的面貌依稀可见，这一带的地势高低起伏，丘壑相间，草木丛生。东南—西北走向的金堤河从此流过，挨着河道，有一条五六里长的深沟，沟深约三四米，沟底宽十余米。以前沟两边都是丛林丘壑，无法通行。道口村就在这条沟的东北端，该村房屋参差错落，正房大门，多朝东南，外人到这里，十有八九要迷失方向，分不清东西南北。

第四，清朝修编的《莘县县志·卷之一·古迹》载：“孙膑减灶处在城西二十里中牟町北马陵寺（距阳谷 25 公里）。”

第五，清朝编的《阳谷县志·卷之四·古迹》载：“迷魂阵，在县城东北十五里，其民居途径迂曲。行者至莫能辨方向。”迷魂阵村现属侨润办事处所在地，街道胡同均呈磨齿形斜曲，房屋依街而建，至今进村迷人。当地长期流传这样的一首民谣：“进了迷魂阵，状元也难认，东西南北中，到处是胡同，好像把磨推，老路走到黑。”这是孙膑斗庞涓在此设的迷魂阵，既能战又能防。

第六，聊城市正西堂邑镇放马场（距阳谷 45 里），也是当年孙膑设计大战庞涓的古战场。高唐县琉璃寺也有迷魂阵，也是当年孙膑为擒庞涓而布设。

由于上述历史资料的印证，可见孙膑对阳谷周围的地理环境非常熟悉，他在阳谷周围设阵布防，主要是为了战胜魏国，擒涓复仇，对保卫自己的诞生地，不是没有考虑。

④阳谷对孙膑的乡亲情

孙膑的故里在阿、鄄之间的阳谷地带，所以，阳谷县人对孙膑的乡亲情就非常深厚，为了表示对孙膑的怀念，历史在阳谷留下了三庙一阁七个营寨的地名。

在现今阳谷县阿城镇城北古城内，原建有孙膑古庙，内有孙膑塑像。古时，香火甚盛，以祭祀孙膑。在今阳谷城北迷魂阵村，存有两块石碑，原在孙膑庙、孙膑阁前矗立，其中一通是康熙年间的古碑，已字迹不清。另一通是1938年立的，由湖北通山县知事，已酉科拔贡张蕊榜撰文。碑中记载："谷县治东北一村名迷魂阵，为孙膑用兵地，神其术数，运其兵法，以迷魏师之魂，而夺其魄，以制其命者也……故自顺治……建阁塑像……设戏楼……竖碑……于其间……"庙在大迷魂阵村，里面有塑像，中间是孙膑，坐北朝南，右侧有孙膑弟子毛遂，左侧有侄子孙燕，孙燕一侧是站着的牛（是孙膑坐骑）。孙膑阁在小迷魂阵村，是两层，砖木结构，上层有画像，正中坐的是孙膑，手握天书。毛遂位西朝东，手托太极图，孙燕坐东朝西，手执拂尘子。阁的北面下部，画有四员大将，东面是花子头王凯、杜穆臣。西面是大刀李穆和袁达，都是孙膑手下的战将。

为了纪念孙膑，迷魂阵村自古就有庙会，每年古历二月十五日，十月十六日举办，每次四天，来客四面八方，烧香磕头祭祀，还搭台演戏。活动一直到1958年时才取消。在阳谷一带自古流传着这样一首民谣："二月二，龙抬头，孙膑下山骑青牛。"

清朝的《阳谷县志·卷之四·古迹》载："县城东北五十里有大百户寨，县城东北三十五里有小百户寨。"阳谷县城东北，古有孙膑战庞涓一溜十八寨，今之谷岩寨、张岩寨、任岩寨、侯岩寨等皆是为怀念孙膑取的地名。

孙膑曾创建一套武术套路，人称孙膑拳，抗日战争前后，曾分别在青岛、烟台国术馆任拳师的杨廷栋（明斋）、杨廷岳兄弟怀其绝技，多次战胜中外武林高手。这种拳术只流传于阿邑一带。

1991年3月12日，台湾拥有41万名信徒、72家孙膑庙的住持黄文生，一行三人专程由台湾来阳谷寻根祭祖师。

《聊城日报》1996年10月7日第2版报道：在杨庄乡小迷魂阵村一农

户家中，发现了一块残碑。碑文载，孙膑原名叫孙百灵，为道教真人。据专家初步考证认为，此碑是迄今为止所发现的有关孙膑情况的最早物证，具有极其重要的历史价值。

正如上述，孙膑故里在阿邑一说还可与当时的时代背景结合起来。战国时期，阿邑为兵家必争之地，《春秋·庄公十三年》载："公会齐侯盟于柯。"古时柯、阿通用。《史记·司马穰苴列传》记载："齐景公时，晋伐阿、甄。"《赵世家》记载："赵与齐战阿下。"诸侯争霸，征伐不断，各国都想通过军事取得霸权，统一中国，在兵家必争之地阿邑产生孙膑这样的伟大军事家为客观条件所具。

刘子长、李印元"阳谷有关孙膑的传说及其他"的主要内容及观点

阳谷是孙膑的故乡，当年孙庞斗智的战场主要在今鲁西地区的阳谷、莘县、菏泽一线。在这一带，人们世代传说着孙膑的故事，并且能指出桂陵、马陵两次主要战役的决战地点，另外还有些孙膑曾到过或摆过战场的地方，后世往往把他奉为神圣祭祀、纪念。位于阳谷县城东北 15 里的迷魂阵就是这样一个赫赫有名的地方。

迷魂阵有着丰富的关于孙膑的传说。这里的老人和青年，都能津津乐道地向你讲述半天孙膑摆迷魂阵的故事。

迷魂阵有大小迷魂阵两个村，小迷魂阵村大，大迷魂阵村小，大迷魂阵在小迷魂阵西南 8 里。据传说，这里以前叫枣林庄，大迷魂阵叫南枣林庄，小迷魂阵叫北枣林庄，自孙膑在这里摆阵以后，才叫迷魂阵。齐魏相争，孙膑为齐国军师，他看中这里是"无魂山"，于是在这个地面上摆了个迷魂阵。把东、南、西、北、东南、西南、西北、东北 8 方，抽去 1 方只剩下 7 方。结果庞涓大军被围困迷糊住。后来孙膑从西南开了个口，放庞涓逃出。到了马陵道口，孙膑在那里也摆了个阵，把从这里抽掉的 1 方加在那里成了 9 方，也是个迷魂阵。在马陵道庞涓再次被围，终致兵败自杀。

关于庞涓身死马陵道，传说孙膑年轻时往河南云梦山投师学艺，路过河北束馆，遇见庞涓要求同去。过山岭时，忽出一虎要吃庞涓，庞涓吓坏了，孙膑救了他。到了云梦山水帘洞见到鬼谷仙师，鬼谷不收庞涓，孙膑再三求情才收下。从此孙庞二人同学并结为兄弟，对天盟誓时，孙膑说："咱俩结拜天地知，若有三心并二意，乱马营中遭惨死。"庞涓说："若有三心并二意，死在马铃铛沟里。"他在这里耍了心眼，意思是马铃铛沟缝小，进不去人，盟了誓也不会实现。后来二人斗智，庞涓被孙膑诱入马陵道口，终于中伏兵败而死，还是应了"死在马铃铛沟里"（谐音）的盟誓。

现在人们到迷魂阵，仍然有如进入迷宫。尤其是小迷魂阵，始终保持着奇特的建筑格局。全村布局由东西并列的两大块分成前后两街，走向从东北向西南又向西北，中间折个大弯，整个呈牛梭子形。群众说该村有两个家前（向阳面）一个家后（背阴面），前街朝阳，后街朝阴。街道斜斜曲曲，无固定方位，房屋则随街道走向而建，斜度不一，定向各异，一条街的两旁都称堂屋（北屋）的，却正好差 90 度。村外地块分布围村呈磨齿形，参差错落，当地叫磨齿子地、洋袜子地、牛梭子地。这样，街面、房屋、道路、地块都是斜的，外来人入村，不论空间感（方向感）还是时间感都会产生错觉。随着街道斜曲和房屋的交错，使人感到方向随时在变。南北中有东西，东西中有南北。若看太阳定时间，在前街不到上午 10 点就是日头正午，而在后街看着正午实际已是下午 4 点。有人编了这样的顺口溜来形容这种情况："进了迷魂阵，状元也难认；东西南北中，到处是胡同，好像把磨推，老路转到黑。"村中老人说抗战前有一次奉军队伍从莘县往阿城走，路过迷魂阵迷了路，好长时间没转出去，还是后来找人领出去的。大迷魂阵现在有些新建房屋改取正向，但原来也是分前后街，前街是磨盘街，转一周遭都是门。后街则是三角形，回环往复。据说有一个外来卖豆腐的，转悠了一天没出村，他看到了 12 头一样的小花牛，12 家一样的打墙的，其实只有 1 头小花牛，1 家打墙的。在距迷魂阵百里之远的马陵道口（马陵和道口两村相邻，分属莘县大张乡、樱桃园乡）

也有着一些类似的传说。

迷魂阵不仅有关于孙膑的传说，并且修有纪念性建筑——孙膑阁。阁在小迷魂阵村东与杨庄交界处，“文革”初期被拆毁，此前曾做过供销社。在其遗址上现有民国二十七年的一通碑倒卧地下，另有清顺治元年的一小断碑在农户家。根据碑文记载，并访问村老，孙膑阁早修于清顺治元年（1644）。后曾几经修整。中华人民共和国成立前，孙膑阁曾有护庙地 12 亩，并有专人管护。阁坐北朝南，8 间两层，上下有楼梯相通。孙膑泥像塑于上层靠北墙中间，一人多高，头戴升帽，脚踏云靴，手托“天书”；两旁是站班，左边是侄孙燕，手持拂尘，右边是徒弟毛遂，手捧太极图。东间靠北墙脚有一卧牛，是孙膑的坐骑青牛，传说是神牛，能日行万里，叫万里牛；还有一个孙膑拄的拐，是他用的兵器。墙上画有多幅彩色壁画，都是孙膑的故事，有上山学艺，有摆阴门阵围困庞涓，四周齐军都是瘸腿孙膑，还有他的四大徒弟像，画面生动，栩栩如生。阁前院内有三通碑，都建有碑楼；在大门外约 100 米处原建有戏楼，早已倒塌。来到这里，人们都爱做一个游戏，闭上眼睛从大门朝戏楼圪垯摸，几乎人人都走偏方向，摸不到地方。

据民国碑碑文记载，“迷魂阵………相传为孙膑用兵地，神其术数，运其兵法，以迷魏师魂而夺其魄，以制其命者也。”“孙膑为齐国孙武之后人，尝学兵法于鬼谷子……孙膑则会祖传师传于一心，而运用其妙者也。”记述了在迷魂阵为孙膑建阁立碑的缘由。其余碑文，则多述孙膑显灵、保佑一方云云，带有严重的迷信色彩，兹不赘述。

据说，在大迷魂阵曾建有八间孙膑庙，塑有孙膑像和神牛（是站着的）。再往西南四五里郭围子村也有孙膑庙（已于六七十年前倒毁）。说这都是孙膑一路摆阵的地方。

第五章　孙膑故里及战争地之争

第一节　古籍记载

孙子膑脚于魏。　　　　　　《韩非子·难言》

孙膑贵势。　　　　　　　　《吕氏春秋》

田忌为齐将，系梁太子申，擒庞涓。孙子谓田忌曰："将军可以为大事乎？"田忌曰："奈何？"孙子曰："将军无解兵而入齐。使彼罢弊于先弱守于主。主者，循轶之途也，辖击摩车而相过。使彼罢弊先弱守于主，必一而当十，十而当百，百而当千。然后背太山，左济，右天唐，军重踵高宛，使轻车锐骑冲雍门。若是，则齐君可正，而成侯可走。不然，则将军不得入于齐矣。"

……

食人炊骨，士无反北之心，是孙膑、吴起之兵也。

《战国策·齐策》

孙武既死，后百余岁有孙膑。膑生阿、鄄之间，膑亦孙武之后世子孙也。孙膑尝与庞涓俱学兵法。庞涓既事魏，得为惠王将军，而自以为能不及孙膑，乃阴使召孙膑。膑至，庞涓恐其贤于己，疾之，则以法刑断其两足而黥之，欲隐勿见。

齐使者如梁，孙膑以刑徒阴见，说齐使。齐使以为奇，窃载与之齐。齐将田忌善而客待之。忌数与齐诸公子驰逐重射。孙子见其马足不甚相远，马有上、中、下辈。于是孙子谓田忌曰："君弟重射，臣能令君胜。"田忌信然之，与王及诸公子逐射千金。及临质，孙子曰："今以君之下驷与彼上驷，取君上驷与彼中驷，取君中驷与彼下驷。"既驰三辈毕，而田忌一不胜而再胜，卒得王千金。于是忌进孙子于威王。威王问兵法，遂以为师。

其后魏伐赵，赵急，请救于齐。齐威王欲将孙膑，膑辞谢曰："刑余之人不可。"于是乃以田忌为将，而孙子为师，居辎车中，坐为计谋。田忌欲引兵之赵，孙子曰："夫解杂乱纷纠者不控卷，救斗者不搏撠，批亢捣虚，形格势禁，则自为解耳。今梁赵相攻，轻兵锐卒必竭于外，老弱罢于内。君不若引兵疾走大梁，据其街路，冲其方虚，彼必释赵而自救。是我一举解赵之围而收弊于魏也。"田忌从之，魏果去邯郸，与齐战于桂陵，大破梁军。

后十三岁，魏与赵攻韩，韩告急于齐。齐使田忌将而往，直走大梁。魏将庞涓闻之，去韩而归，齐军既已过而西矣。孙子谓田忌曰："彼三晋之兵素悍勇而轻齐，齐号为怯，善战者因其势而利导之。兵法，百里而趣利者蹶上将，五十里而趣利者军半至。使齐军入魏地为十万灶，明日为五万灶，又明日为三万灶。"庞涓行三日，大喜，曰："我固知齐军怯，入吾地三日，士卒亡者过半矣。"乃弃其步军，与其轻锐倍日并行逐之。孙子度其行，暮当至马陵。马陵道狭，而旁多阻隘，可伏兵，乃斫大树白而书之曰"庞涓死于此树之下"。于是令齐军善射者万弩，夹道而伏，期曰"暮见火举而俱发"。庞涓果夜至斫木下，见白书，乃钻火烛之。读其书未毕，齐军万弩俱发，魏军大乱相失。庞涓自知智穷兵败，乃自刭，曰："遂成竖子之名！"齐因乘胜尽破其军，虏魏太子申以归。孙膑以此名显天下，世传其兵法。

《史记·孙子吴起列传》

（魏惠王）十八年，拔邯郸。赵请救于齐，齐使田忌、孙膑救赵，败魏桂陵。

三十年，魏伐赵，赵告急齐。齐宣王用孙子计，救赵击魏。魏遂大兴师，使庞涓将，而令太子申为上将军。过外黄，外黄徐子谓太子曰："臣有百战百胜之术。"太子曰："可得闻乎？"客曰："固愿效之。"曰："太子自将攻齐，大胜并莒，则富不过有魏，贵不益为王。若战不胜齐，则万世无魏矣。此臣之百战百胜之术也。”太子曰：“诺，请必从公之言而还矣。”客曰：“太子虽欲还，不得矣。彼劝太子战攻，欲啜汁者众。太子虽欲还，恐不得矣。”太子因欲还，其御曰：“将出而还，与北同。”太子果与齐人战，败于马陵。齐虏魏太子申，杀将军涓，军遂大破。

《史记·魏世家》

（齐宣王）二年，魏伐赵。赵与韩亲，共击魏。赵不利，战于南梁。宣王召田忌复故位。韩氏请救于齐。宣王召大臣而谋曰：“蚤救孰与晚救？”驺忌子曰：“不如勿救。”田忌曰：“弗救，则韩且折而入于魏，不如蚤救之。”孙子曰：“夫韩、魏之兵未弊而救之，是吾代韩受魏之兵，顾反听命于韩也。且魏有破国之志，韩见亡，必东面而诉于齐矣。吾因深结韩之亲而晚承魏之弊，则可重利而得尊名也。”宣王曰：“善。”乃阴告韩之使者而遣之。韩因恃齐，五战不胜，而东委国于齐。齐因起兵，使田忌、田婴将，孙子为师，救韩、赵以击魏，大败之马陵，杀其将庞涓，虏魏太子申。

《史记·田敬仲完世家》

齐威王、宣王用孙子、田忌之徒，而诸侯东面朝齐。

《史记·孟子荀卿列传》

宣王二年，田忌与孙膑、田婴俱伐魏，败之马陵，虏魏太子申而杀魏将庞涓。

《史记·孟尝君列传》

食人炊骨，士无反外之心，是孙膑之兵也。

《史记·鲁仲连邹阳列传》

孙子膑脚，而论兵法。 《史记·太史公自序》

孙子膑脚，兵法修列。 《汉书·司马迁传》

吴有孙武，齐有孙膑，魏有吴起，秦有商鞅，皆擒敌立胜，垂著篇籍。……世方争于功利，而驰说者以孙、吴为宗。

《汉书·刑法志》

《吴孙子兵法》八十二篇。图九卷。

《齐孙子》八十九篇。图九卷。

《汉书·艺文志》

吴起、孙膑、带佗、倪良、王廖、田忌、廉颇、赵奢之伦制其兵。

贾谊《过秦论》

孙膑，楚人，为齐臣，作谋八十九篇，权之势也。

高诱注《吕氏春秋·不二》

不能止人遂为非也，适足绝人还为善耳。虽忠如鬻拳，信如卞和，智如孙膑，冤如巷伯，才如史迁，达如子政，一离刀锯，没世不齿。

《后汉书·孔融传》

庞涓以己不如孙膑，遂刖其二足，此时涓魂魄已被膑摄取矣，岂待大树下哉。

（明清）钱棻《萧林初集》

魏伐韩，齐伐魏以救韩。魏伐赵，齐伐魏以救赵。看二“以”字俱所以著，齐孙膑用兵之法以见，用谋用术，非仁义之师。如文王遏密者比，所谓春秋无义战也。

（明清）陆世仪《思辨录辑要》

孙膑之为赵败魏，自欲报魏也。

（清）王夫之《读通鉴论·德宗十九》

纵横开阖，皆非仁义道德之言也。间或有谲而合于正者，十不得二三耳。此苏秦、商鞅、孙膑、吴起、李斯之徒所以卒殒其身而祸人家国。惜当时诸侯及秦，皆溺于若辈之说，而迄无有早悟者。

康熙：《圣祖仁皇帝御制文集》第二集·书《战国策》后，文渊阁四库全书本

第二节　桂陵之战遗址

一、桂陵之战菏泽说

史学界关于桂陵之战地址也存有争议，概括起来有两种观点：一种观点认为在今菏泽城东北，如郭沫若主编的《中国史稿》，林汉达编的《东周列国故事新编》，安作璋主编的《中国史简编》，中国科学院历史研究所、中国历史博物馆等六单位编写的《中国古代史常识》，文物出版社出版的《孙膑兵法》注释及《中国古今地名大词典》等都持桂陵之战在今菏泽的观点，后来出版的书籍认同此观点的很多；另一种观点认为桂陵之战发生在今河南长垣西或长垣西北，如中华书局出版的《简明社会科学词典》等。《辞海》（修订稿）地理分册，1978 年版长垣西北说与菏泽东北说并存，1978 年版合订本只保留了桂陵在长垣西北一种说法，近些年认可此观点的也不少。

《菏泽县志》载："桂陵在古乘氏县（即今菏泽市）东北，《战国策》齐大破魏师于桂陵，即此。"《曹州府志》《濮州志》及《兖州府志》都有类似记载。从菏泽当地各种版本的地方志书记载和各种历史地图来看，菏泽城区东北部原来确有一座名叫桂陵的土山。菏泽城东北的曹州牡丹园一带原来恰恰是块方圆数万亩的高地。明代诗人王相枢《桂陵柿叶》诗有："枫树流丹柳变黄，杖藜散布桂陵乡……招来野老林间坐，闲说齐师败魏王。"在菏泽曹州牡丹园的东区，有桂陵纪念碑亭、千年桂陵古井等标志，附近的耿氏园一带原来确有上百亩的柿子树。

桂陵之战的交战双方是齐国和魏国的军队。魏国在战国初期因魏文侯的改革而变得强大起来，因而引起了其他诸侯的戒备。公元前 356 年，赵成侯在平陆和齐威王、宋桓侯会盟以示好，并与燕文公在阿地相会。由此，魏国有被诸国联合限制发展的可能。魏国欲找机会突破，以破解这个局。公元前 354 年，赵国进攻魏国的附属国卫国，占领了卫国的一些城市。魏国感到威胁巨大，于是联合宋国出兵助卫反攻，魏、卫、宋三国联军直逼赵国首都邯郸，赵国坚守城池，并派使者向齐国求救。魏军包围邯郸，希望一举歼灭赵国，以解除被诸国包围之局。

齐威王得知赵国被围，本欲立即出兵救援，但大臣段干朋主张延迟出兵，以避免"承魏之弊"为战略方针。待魏军久攻邯郸，魏、赵双方均已无力再战之时，再给予致命的一击。齐威王接受了这个提议，在赵、魏两军相持一年多，邯郸城快要失陷之时，方才委任田忌为主帅，孙膑为军师，率领齐军主力驰援赵国。公元前 353 年，齐国以田忌为将，孙膑为军师，率领齐军主力驰援赵国，开始时田忌计划直趋邯郸，与魏军主力决战，以解邯郸之围。孙膑认为这不利于齐军，于是提出了更为创新和可行的方法，即"批亢捣虚""疾走大梁"。"批亢捣虚"即是避实击虚，攻其必救，使敌方产生后顾之忧，前线之围便会自动解开。"疾走大梁"则是以迅雷不及掩耳之势向魏都大梁进逼，以攻其不备。这样一来，庞涓必定回师自救，齐军则可乘魏军疲惫，一举击败之，而赵国之围则自动解除。

司马迁在《史记・田敬仲完世家》中写道：

二十六年，魏惠王围邯郸，赵求救于齐。齐威王召大臣而谋曰："救赵孰与勿救？"邹忌子曰："不如勿救。"段干朋曰："不救则不义，且不利。"威王曰："何也？"对曰："夫魏氏并邯郸，其于齐何利哉？且夫救赵而军其郊，是赵不伐而魏全也。故不如南攻襄陵以弊魏，邯郸拔而乘魏之弊。"威王从其计。其后成侯邹忌与田忌不善，公孙阅谓成侯忌曰："公何不谋伐魏，田忌必将。战胜有功，则公之谋中也；战不胜，非前死则后北，而命在公矣。"于是成侯言威王，使田忌南攻襄陵。十月，邯郸拔，齐因起兵击魏，大败之桂陵。

《孙膑兵法》上记载着齐军"驰梁郊"迅速形成"围魏"的态势。为达到这一目的，孙膑势必要选择一条从临淄通往大梁最近路线，以最快的速度进逼大梁，造成对魏国的威慑，以解邯郸之危。

无论古代，还是今天，地处菏泽城东北的桂陵恰好与临淄、大梁在一条直线上，是临淄至大梁的必经之地，也是最近的一条路。从地理位置上看，齐军从都城临淄出发，沿古济水向西，经菏泽桂陵，奔赴大梁，是一个最佳进军路线。而所谓长垣的桂陵，在大梁北一百余里。如果齐大军进军大梁经过长垣西北的话，不但路程远，耗时长，而且围大梁之前还必须强渡当时已在魏国控制之下的济水、濮水，这显然是不符合孙膑的战略目的。

从历史记载来看，在齐军进攻大梁之前，孙膑先是"示形""怒其气"。

齐军首先分兵攻打魏国东部边境城市平陵。平陵即现在菏泽的安陵集，在菏泽桂陵遗址南七十里。这个地理方位恰好与《孙膑兵法》上说的"请南攻平陵"相符。接着孙膑建议田忌"请遣轻车西驰梁郊，以怒其气"。就是齐军只派遣少量部队，大张旗鼓，虚张声势，摆出要攻打魏都大梁的架势，以佯攻迷惑敌方，逼迫庞涓迅速从邯郸撤兵回救大梁，从而达到"救赵"的目的。

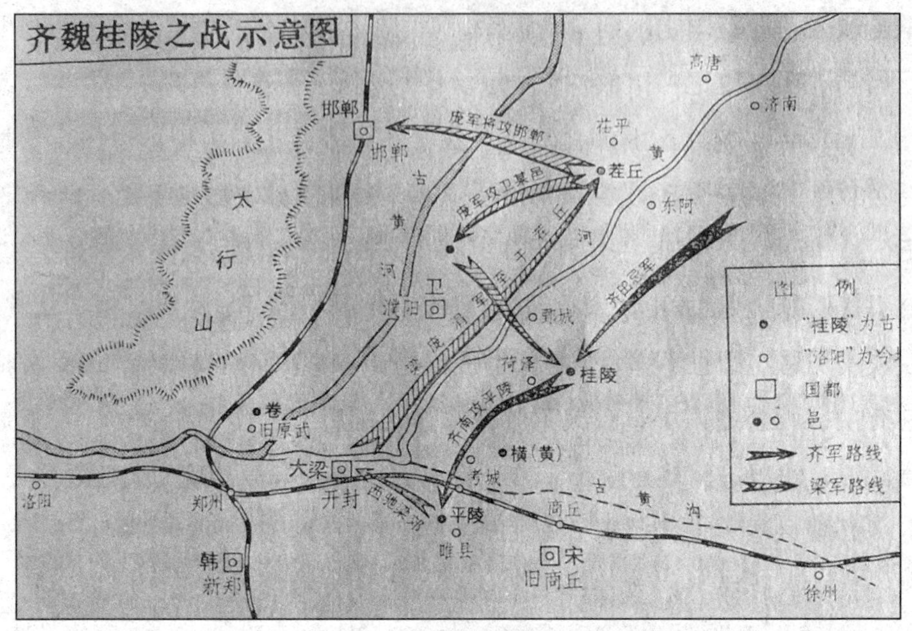

从“请遣轻车西驰梁郊”这一战略上来看，齐军当时所处的地理方位应该是在菏泽桂陵一带，而不应该在大梁偏北方向的长垣桂陵。另外，齐军主力显然没全部去往大梁，他们的大本营应当在大梁以东一二百里的地方（即菏泽桂陵一带）靠近齐国都城临淄方向，主力部队在此休整，以逸待劳，这才能反映孙膑的深谋远虑。

结合上述情况，桂陵之战中的桂陵只可能在现今山东菏泽地区，而不大可能在河南长恒以西或西北的桂陵。在当时，长恒桂陵属于魏地，齐军不可能在不爆发大规模战争的情况下如此轻易地进入魏地。此地利魏不利齐，孙膑随后的战术佯攻、示形、设伏、以逸待劳都难以实施。而菏泽桂陵在当时属于宋地，宋偏向于齐，齐救赵经宋地更符合常理，选择在这里设伏击敌，与魏交战有利于齐。

据《史记》记载，孙膑是“阿、鄄之间”人，阿指的是今山东聊城阳谷县东阿镇，鄄指的是今菏泽鄄城旧城镇。根据现有史料和证据，孙膑家乡在菏泽是没疑问的，所以孙膑在自己的家乡，既熟悉地形，又有桂陵的山川之险，便于用兵设伏，即使魏军突破也能守、能退，占地利又占人和，而长垣桂陵则是不具备这些条件的。

齐军八万人马如果在敌国魏地之长垣以逸待劳，粮草供应也将是一大难题，而菏泽桂陵地理位置更靠近临淄，便于筹集粮草，而且当时这一带远比河南长垣交通便利、经济富裕。选择这么一个交通便利、粮草富足、有山川之险可以伏兵，有人和之利便于施计，西袭大梁派轻骑不过一日路程，东归临淄绝无后顾之忧，齐军在菏泽之桂陵一带作为佯攻大梁以逸待劳的大本营和设伏诱敌的决战地，无疑是最为理想的选择。

从桂陵之战的基本过程来看，齐军从临淄出发经过七百余里的长途跋涉，到达距魏边境不远的桂陵一带安营扎寨。首先派出部分兵力南攻平陵，并遣轻车西驰梁郊，形成围攻大梁的假象。在得知齐军大举进犯魏国的消息后，魏将庞涓急忙从赵国退兵，日夜兼程回救大梁。庞涓渡过黄河（当时黄河河道应在长垣北）赶回魏国。这时齐军的佯攻部队从大梁退兵。势头正盛的魏军见状必然不甘就此罢休。而孙膑根据庞涓“性傲轻敌，急于取胜”的特点，只派小股部队与魏军接触，并战必败，且战且退，逐步诱敌进入桂陵山谷伏击。正如《孙膑兵法》记述的孙膑“分卒而从之，示之寡”。庞涓见齐兵力虚弱，不堪一击，更是求胜心切。“果弃其辎重，兼趣舍而至。”终于进了桂陵伏击圈。于是“孙子弗息而击之桂陵，而擒庞涓”。

如果说这场生擒庞涓的桂陵之战发生在长恒桂陵，就不能解释这次战争发展的行军过程，与孙膑的战略战术思想也不相吻合。一是假如这场战争发生在长恒桂陵，齐国八万兵马从临淄出发，向西长驱进入魏国，马不停蹄，人不卸甲。再派小队人马折向东“攻平陵”、向东南“驰梁郊”，当庞涓从邯郸撤兵回师南下，齐军且战且退向北去迎头截击魏军，不但要长途行军才能到达今长垣西北，还要横渡济水、濮水，其行军路程和辛劳程度都将大大超过庞涓率领的魏军。那就谈不上“以逸待劳”了。二是长恒桂陵地处大梁和邯郸之间，齐军如果从大梁北上迎击南下庞涓，那将会出现后有魏兵追击、前有庞涓重兵拦截的腹背受敌的局面。所谓“诱敌深入”“设伏”“示形”等都是不大可能的。

更重要的是从当时齐、魏两国情况看，魏国在经历魏文侯改革之后，成为战国初期首屈一指的强国，实力远超齐国。齐国无论是国力还是兵力都不足以与魏抗衡。这次齐国出兵的目的是救赵，选择的办法也是“曲线救赵”，需要避开魏国的主力部队。因此，在庞涓正从邯郸撤兵回魏，齐军围魏救赵的目的基本已经达到的情况下，齐军再渡过两条大河，北上所谓长垣桂陵追击庞涓，并在魏国境内与庞涓率领的强大军队展开大战，实际上是不可能的。作为一个高明军事家的孙膑是不会这么做的。桂陵之战不可能在长垣而应是在菏泽东北。

事实上，桂陵之战大败魏师、生擒庞涓后，齐军也没敢乘胜追击，再攻打魏国，而是退兵回齐了。在这场战役之后，魏国与韩国结盟，合攻仍在包围襄陵城的齐军，齐军在此战大败，齐威王于是收兵，被迫向楚国请求调停。魏国因为被秦国偷袭，与齐签署和约。公元前351年，魏国把邯郸归还赵国，齐魏战争暂时结束。

桂陵之战遗址存在争议的另一个点在于现在菏泽地处平原，地势平坦，没有明显的山脉，这与史籍中记载的桂陵之战伏击场面有所不符。我们必须要注意到的是菏泽地处鲁西南黄河冲积平原，1958年，当地村民曾在陈王台（鄄城县旧城镇旧城村东北，原有曹植读书台一处，相传为曹植为鄄城王时为赋诗读书而构筑的。）向下竟挖出三层院子，这也就是说三国时代曹植为鄄城王时居住的地方，距现在地表至少有三十米。至于在地下十几米处挖出宋代的瓷器并不罕见。从战国时期至今两千多年来，黄河数百次泛滥，《禹贡》记载：“黄河决口，济水横流，雷夏不能受，遂泛滥成灾。”一次又一次的黄河泥沙淤积，填平了湖泊，吞没了济水，覆盖了桂陵，形成了坦荡无际的鲁西南大平原。只有当年最高的几座山头至今还裸露在地面，成为大平原上一点点可怜的高地或者堌堆。桂陵遗址那几万亩垄岗高地，战国时期是一座相当可观的山地丘陵是可以想见的。

对菏泽古代山岭的存在，许多史籍和地方志都有详细而准确的记载。桂陵南四十里处现在还有个土丘，名叫仿山，仿山为古曹国二十五代国君的墓地。孔子周游列国时曾到过此山。仿山有一深谷，名叫阿谷，《论语》中详细记载了孔子从阿谷经过时，和他的学生子贡考察一位洗衣女子礼仪道德情况的故事。仿山西五里处，有座堌堆，名叫受命坛，据《史记》记载"刘邦称帝于汜水之阳"即此。刘邦能在这个堌堆上设坛登基当皇帝，可见这堌堆当年气势不凡。菏泽一词的来历就是因这里南有菏山、北有雷泽而得名。古济水流到菏山受阻形成一水泽，也称菏泽。菏山在今菏泽城南约三十里处。春秋战国时期，桂陵南有菏山、左山、仿山，西有凤嘴山，北有历山，这些土山大致以南北走向，构成高低起伏，连绵上百里的丘陵地带，树深林密、杂草丛生、隐蔽几万兵马是绰绰有余的。20 世纪初，在今曹州牡丹园西北，还有一座五千平方米的堌堆，考古工作者在这里采集到战国时期的大板瓦。在牡丹园东约二里处，有一条东北—西南走向峡谷穿过高地，把这块垄岗式高地分为东、西两半。由此，我们可以想见，古之桂陵有山川峡谷，是个驻兵、用兵、打伏击的理想之地。孙膑在他的家乡土地上施展卓越的军事才华，审时度势，围魏救赵，诱敌深入，在桂陵导演了一个名扬千古的著名战役，不但是可能的，而且是可信的。

1972 年临沂银雀山《孙膑兵法》出土后，不少学者对桂陵之战进行了深入的研究。不少从事军事理论和战史研究的专家，从孙膑军事思想这一角度，通过到有争议的几处桂陵故址进行实地考察研究和论证，一致认定桂陵之战战址就在菏泽城东北。

桂陵之战故址论证会述要

战国中期，齐魏桂陵之战的故址在哪里？过去有河南长垣和山东菏泽诸说。为了弄清这个问题，菏泽地区社科联、菏泽师专、菏泽市史志办等单位于1988年4月23—24日在曹州宾馆联合召开了桂陵之战故址论证会。河南大学历史系主任朱绍侯教授、郑州大学历史研究所所长高敏教授、山东社会科学院戚其章研究员、山东大学历史研究所所长田昌五教授、山东师范大学古籍整理研究所所长安作璋教授、曲阜师范大学孔子研究所所长李启谦教授等23个单位30多名史学界知名人士、新闻工作者和菏泽市地方史志的同志，依据史书、兵书、方志等有关资料，从考古、历史、军事、地理、地名、传说等方面对桂陵之战故址进行了翔实论证、比较，一致认为：桂陵之战战址在今菏泽市东北牡丹乡何楼一带。

一、从军事方面论证认为，桂陵之战是齐国“围魏救赵”之战。齐国军师孙膑以智取胜，生擒魏将庞涓。从战争目的、过程和战略战术看，战址都不可能在河南长垣之桂陵。原因：1. 长垣之桂陵当时属魏地，在魏地决战与齐军诸多不利，为大军事家孙膑所不取。2. 齐军在长垣作战，与解救赵国邯郸之围的目的不符，从出土材料看，在菏泽比较合理。3. 若在长垣决战，齐军完成作战计划必须要长途行军千余里，还可能出现腹背受敌的局面，与孙膑采取的“避实击虚”“攻其必救”“示形诱敌深入”“以逸待劳，乘其弊而击之”的战略战术不符，也难以完成作战计划。4. 这次齐国出兵的目的是救赵，而不是攻魏或灭魏。当庞涓从邯郸撤兵回魏，齐军围魏救赵的目的基本达到。在这种情况下，齐军再渡过济水、濮水，北上长垣桂陵迎击强大的魏军，实际上是不可能的。5. 菏泽东北的桂陵是齐军决战的“人和、地利”兼备之地。菏泽之桂陵在战国时属于宋地，当时魏国恃强凌弱，蚕食宋、卫诸国，各国早有攻魏之心。在宋地作战是可能的。菏泽之桂陵是齐军自齐都西进“攻平陵”“驰梁郊”的必经之地，又距魏边境不过十余华里，进退较易，加之“膑生阿、鄄之间”（《史记·孙子吴起列传》），系今菏泽地区人，对地形险要的桂陵比较熟悉。选择菏泽之桂陵与魏军作战是比较可信的。

二、从地理方面论证认为，桂陵战址应在菏泽市牡丹乡何楼一带。原因：1.《孙膑兵法》把桂陵战址方位定死在菏泽东北一带。《孙膑兵法·擒庞涓》

篇中有“请南攻平陵，……吾攻平陵，南有宋，北有卫”。今菏泽地区恰处战国宋、卫之间。再据平陵“轻车西驰梁郊”，约一日之程；东北距桂陵百里之内（弗息而击之桂陵而擒庞涓），平陵系今菏泽市西南55里之安陵集。据《史记》和《地方志》载，平陵应在葭密（今菏泽市西20里）以南、毋丘（今定陶西南约30里）之北、市丘（今开封市西北）之东，也恰是菏泽市安陵集位置。安陵集是由平陵沿革而来的。安陵是安氏立村，村中平亭寺碑上有“平岭”等残字。《乐山堂稿》中的《安陵说》：“安陵踞平陵之阳，面临巨河，背伏崇冈，势如支龙之盘。”可见平陵因地势而得名，后人把姓氏冠平陵之首便成了安平陵。一直到北魏郦道元写《水经注》时还在沿用。随着时间的推移，地名变繁就简，又沿革为今天的安陵。由安陵集向东北百余里，就是今菏泽市东北牡丹乡何楼。《菏泽县志》和《菏泽市志》载：“桂陵在古乘氏县（今菏泽市）东北，战国时齐大破魏师于桂陵，即此。”因此，专家们认为，桂陵的位置在菏泽东北比较合适，说在长垣就有点对不上号。2. 从地形地貌上看，菏泽因南有菏山、北有雷泽而得名。春秋战国时期，桂陵南有菏山、左山、仿山，西有凤嘴山，北有历山，这些土山大致呈西南东—北走向，高的至少在40米以上，是菏泽一带最大的丘陵，今桂陵（何楼）的近邻卢堌堆、洪湾、何楼、梅庙、赵王李、药王庄等乡老，均自称所居之地为古桂陵。由庄名可想，古之桂陵，上有庙宇、房舍、树林、野草、山川峡谷等，确实为孙膑驻兵、用兵、作战的理想之地。但由于黄河决口，洪水横流，一次次淤积，昔日巨大的桂陵丘陵今日变成12万亩大的垄岗式高地。3. 学者们还从水陆交通论证认为：菏泽城是明代开始建置的。桂陵南的定陶（原曹国都城），是这一带四通八达的中心城市，享有“天下之中”（《史记》）的盛名。它处在济水与菏水的交汇处，为交通之要道，向西通山西、陕西，顺济水东下至齐国都城临淄；向南可达江浙地区。孙膑围魏救赵时，曹国已为宋国所灭，定陶、桂陵这一带均属宋地，选择这样一个交通便利，而袭大梁不过一日路程，东归于齐无后顾之忧的地方决战，可谓孙膑的一个理想选择。

三、会议从地名沿革上论证认为，菏泽市东北12里的何楼是由古桂陵沿革而来，它因坐落在桂陵山而得名。“何楼，原名桂陵。明初分为两村，西头为桂陵，东头为耿氏园。后桂陵改名为黄楼。明万历年间御史何尔健买了黄家田庄，又改名何楼。清同治年间（1862—1874），耿氏园村秀才耿灿章竖旗造反，官府欲围剿耿氏园，耿氏闻讯纷纷外逃，余者埋姓，村并入何楼”（《菏泽市地名志》）。何楼村东白衣庙前《重修白衣大士记》碑，系明代所立，上刻“桂陵”“距县城十二里”等文字。

四、会议还从其他方面论证了桂陵之战故址在今菏泽东北何楼一带：1.“桂陵之战”址在菏泽之桂陵世代相传，今桂陵（何楼）一带乡老对孙膑家世、经历颇为熟悉。相传孙膑生于鄄城县红船附近。其父孙超，叔孙乔，母邓氏。膑排行老三，喜读兵书。一日，读书忘牧，牛乱跑舐了石碑，后人称此碑为“牛舐碑”。此说与《史记》所载“膑生阿、鄄之间”相符。乡老还自认，今日垄岗古时为桂陵。系远近闻名的“耿饼之乡”。时逢十月，红叶遍地，古人苏毓眉在此观景，作《桂陵柿叶》怀古诗，有句云：“桂陵何处是，齐魏已成空。”明代诗人王相枢，在此也以《桂陵柿叶》赋诗：“话说齐师败魏王。”2.菏泽之桂陵至今有春秋战国时期的陶片等。前几年兴修水利打井时，无意打在了旧井口（距地面10米左右）上，打井民工淘出了不少盆罐和古代兵器。在何楼西北约二里处的一个堌堆上，考古工作者曾多次采集到春秋战国时期的大板瓦、绳纹瓦、灰陶豆等。3.桂陵之战故址系菏泽东北，史书有不少记载。除《孙膑兵法》和《史记》外，《括地志》说：“故桂陵在曹州乘氏（今菏泽市）县东北21公里”；清代所编《菏泽县乡土志》：“齐师击魏，大败于桂陵，即此。此地距治所东北20里”；《中国古今地名大辞典》：“桂陵在山东菏泽东北20里”；郭沫若主编《中国史稿》，安作璋主编《中国史简编》，吉林师范大学所编《中国历史大事年表》，李炳彦著《三十六计新编》，邓泽宗著《孙膑兵法注释》等，均指明桂陵之战故址在“今山东菏泽东北”。

谈桂陵之战及其相关诸问题

（一）

桂陵之战是战国时期的一次著名大战役。战争的起因是：魏出兵攻取赵邯郸，赵求救于齐，齐以田忌为将、孙膑为军师出兵救赵。按传统说法，孙膑设围魏救赵之计，大获全胜。然《史记》对此次战役的记载过于简略，且和马陵之战搅混在一起，令人莫得穷其究竟。临沂银雀山汉墓出土的《孙膑兵法》为我们解决了这一难题。现将《史记·魏世家》所载此次战役撮录于下：魏惠王十七年，“围赵邯郸。十八年，拔邯郸。齐使田忌、孙膑救赵，败魏桂陵”，“二十年，归赵邯郸，与盟漳水上”。从这里实则看不出孙膑是怎样设计打败魏军的。同书《赵世家》所载此事略同。其文云：赵成侯“二十一年，魏围我邯郸。二十二年，魏惠王拔我邯郸，齐亦败魏于桂陵。二十四年，魏归我邯郸，与魏盟漳水上”。

在《史记》中，只有《田敬仲完世家》记此事较多，而节外生枝，于役经过亦不详焉。录之于下，略加按说：齐威王“二十六年，魏惠王围邯郸，赵求救于齐。齐威王召大臣而谋曰：‘救赵孰与勿救？’邹忌子曰：‘不如勿救。’段干朋曰：‘不救则不义，且不利。’威王曰：‘何也？’对曰：‘夫魏氏并邯郸，其于齐何利哉？且夫救赵而军其郊，是赵不伐而魏全也。故不如南攻襄陵以弊魏，邯郸拔而乘魏之弊。’威王从其计”。“其后成侯邹忌与田忌不善，公孙阅谓成侯邹忌曰：‘公何不谋伐魏，田忌必将。战胜有功，则公之谋中也；战不胜，非前死则后北，而命在公矣。’于是成侯言威王，使田忌南攻襄陵。十月，邯郸拔，齐因起兵击魏，大败之桂陵。于是齐最强于诸侯，自称为王，以令天下。”

太史公以文墨见称，这两段文字却是不相衔接的，显然他是把来源不同的两段材料凑在一起了。而襄陵其地，据《正义》说在兖州邹县，如然当时其地属鲁国，和魏国沾不上边，这岂不是乘魏攻邯郸而攻鲁吗？另有一个襄陵，在今河南睢县境，唯此地当时属宋，距魏较近，然攻此地而救邯郸，亦未免隔靴搔痒。所以这两段文字。除“大败之桂陵”外，于研究问题没有多大意义。

在《史记》中只有《孙子吴起列传》记此事比较符合实际，而且勾画出了孙膑作为军事家的形象。唯文辞生涩，颇难解读，也许是出自当时的成语吧！据这段记载：“其后魏伐赵，赵急，请救于齐。齐威王欲将孙膑，膑辞谢曰：‘刑余之人不可。’于是乃以田忌为将，而孙子为师，居辎车中，坐为计谋。田忌欲引兵之赵，孙子曰：‘夫解杂乱纷纠者不控卷，救斗者不搏戟，批亢捣虚，形格势禁，则自为解耳。今梁赵相攻。轻兵锐卒必竭于外，老弱罢（疲）于内。君不若引兵疾走大梁，据其街路，冲其方虚，彼必释赵而自救。是我一举解赵之围而收弊于魏也。’田忌从之，魏果去邯郸，与齐战于桂陵，大破梁军。”这段文字中的难解之语大意是说，解纷乱的东西不能揉成团，劝架不能动拳头。亢，阳也，实也。故批亢要捣虚。这样就形格势禁，不解而自解了。故对此次战役一般均称之谓“围魏救赵”。现得《孙膑兵法》，观其首篇《擒庞涓》，益知此非虚语。这篇文章看来是孙膑的弟子追记的，但仍不失为实录。文章开头就说：“昔者梁君将攻邯郸，使将军庞涓带甲八万至于茬丘。齐君闻之使将军忌子带甲八万至……竞。”

这里的茬丘所在，从后文提到齐城、高唐来看，应在今茌平一带。因高唐在今高唐、禹城之间，齐城当今济南至齐河一带，其西即今之茌平也。顺便指出，今济南至齐河地区历史上曾设过齐郡，当沿战国时之齐城而得名，有注者以为齐城指临淄，是不妥当的。

如茬丘在今茌平一带，当时黄河在其西，赵地至河以东与齐接壤，是时庞涓当已攻取邯郸，略地至赵之东境，威胁到齐国的安全了。所以齐威王得到情报，立即派田忌率兵八万前往迎战。只是田忌到了何处，原文有缺，不可确指。从后文推断，田忌可能是到了赵之东南境，摆出了从后路截击或从侧翼袭击庞涓的架势。庞涓也不含糊，急引兵返攻“卫□□□”。田忌随之到“卫□□□”。这样，双方都移军到卫国境内了。只是双方各在卫之何地，原文有缺，不详。从后文推断，可能都在卫国的东阳地区，而非卫都濮阳。

在这个当儿，就显出孙膑的高明来了。田忌问孙膑："若不救卫，将若何？"

"孙子曰：'请南攻平陵。平陵，其城小而县大，人众甲兵盛，东阳战邑，难攻也。吾将示之疑。吾攻平陵，南有宋，北有卫，当涂有市丘，是吾粮涂绝也。吾将示之不知事。'于是徙舍而走平陵。"

在这里，主要的是斗智而非斗力。由田忌从南翼包抄庞涓。庞涓撤军南下至卫之东阳地区，截击田忌。田忌又从魏军侧翼南下平陵，直抄庞涓之背。双方都在兜弯子，详情后面再说，这里先考其地。平陵，其地不详，据文义知在东阳地区。东阳，见《史记·赵世家》，惠文王十八年，"王再至卫东阳，决河水，伐魏氏"。《正义》据《括地志》云："东阳故城在贝州历亭县界。"并加按语说："东阳先属卫，今属赵。河历贝州南，东北流，过河南岸即魏地也。故言王再至卫东阳伐魏氏也。"是知齐军所到之东阳为卫地。惟云"东阳故城在贝州历亭县界"，不确。

查贝州原为汉之清河郡，春秋为晋东阳之地，亦为齐境；秦为巨鹿郡地；汉分巨鹿郡地，置清河郡，理清阳。石赵移郡理平晋城，即唐之博州清平县。后周平齐，于清河郡置贝州，理清河，唐仍之。清河，后汉之甘陵清阳县，又兼有汉贝丘之地，贝州以此得名。州领清河、清阳、武城、径城、临清、漳南、历亭、夏津八县。春秋时晋之东阳在历亭县界，与上述卫之东阳是不相干的（参阅冯惠民等编《通鉴地理注词典》，第61页。下历亭同此）。

另据《旧志》：历亭，汉东阳地，隋开皇十六年分隃县置。《隋志》曰：分武城置。历亭属贝州。《九域志》：在州东九十里。如是，历亭当在今山东武城之西，而卫都濮阳在今河南濮阳之南。说卫之东阳在历亭，岂不是南辕北辙吗？

贝州历亭之东阳在战国时始终为赵地。《史记·秦始皇本纪》："十九年，王翦、羌瘣尽取定赵地东阳，得赵王。"此即赵之东阳。地又名平阳，故《正义》云："赵幽缪王八年，秦取赵地至平阳。平阳在贝州历亭县界。"

至于卫之东阳，当另外求之。《史记·赵世家》：悼襄王五年，"庆舍将东阳河外师，守河梁。”《正义》云：“河外，河南岸魏州地也。河梁，桥也。”此即卫之东阳。先属卫，后属赵。以地望考之。当即汉之东郡东武阳县，地在今山东莘县之南。袁绍因表操为东郡太守，治东武田，即其地。东武阳县，汉属东郡，后魏去东字为武阳县。唐贞观初，复武阳人魏州莘县，开元十七年复置，改为朝城县。杜佑曰：魏郡莘肥南有东武阳城，是也。只有此地先属卫，后属赵。赵原有东阳，故后废此东阳之名而不用。河梁之处当有津，疑即后世之观津。《括地志》云，观津时魏州顿丘县东十八里，与此正合。其地在今河南之范县，北可达莘县。战国时，此地西临黄河，这段黄河呈东西向。赵魏以河北为内，故有内黄；以河南为外，故有外黄。“庆舍将东阳河外兵”，指的是这段黄河的南面，大约相当于今南乐至范县一带，其南或可达清丰县境。因东阳在河之南，故赵得以“决河水，攻魏氏”。

不过，卫之东阳和东武阳仍有差别。东武阳因漯水得名。漯水又名武水，水北曰阳。东武阳在漯水之北，故名武阳。卫之东阳当泛指其东部地区，称东阳乃因在濮阳之东，犹云濮也。这样，北达东武阳，南达平陵，自濮阳至卫之东境，均为东阳，故平陵为东阳战邑。孙膑和庞涓就是在这个地区展开角逐的。

由东阳推平陵，我疑即春秋时之平丘。汉于其地设县，属陈留郡。《汉书·地理志》叙其地于长垣、济阳之间，以地望考之，当在今菏泽之西南。济阳在其西南，再西为魏都大梁，故如后文所说，由此地可“西驰梁郊”。长垣在其西北，而濮阳在长垣之东北方向，故此地之北为濮阳，三地大略呈三角形。宋都商丘在其南略偏东一些，卫都濮阳在其北偏西一些，大致处在一条南北线上，故云“南有宋，北有卫”。至于“当涂有市丘”，我疑即陶丘，在今定陶县境。战国时陶为天下之中，是个商贾云集的地方。市丘即使非陶丘，也应在商业发达之陶邑。市丘和平陵处于一条东西线上，相距不远，故曰：“当涂。”当涂，当间、中间、当中也。顺带指出，有人将平丘列入封丘之东境，不妥。汉陈留郡另有封丘，与平丘别为二县，是不能排在一处的。当然也有另一种可能，春秋时之平丘在封丘境，汉之平丘在今菏泽之西南，将平陵与平丘合二为一了。

平陵原属卫，故为卫之东阳战邑。后属魏，仍沿旧称。市丘如在陶邑，原亦应属卫，这时也可能属魏了。魏视卫国为自己的怀中物，不断侵夺其土地，是不会放过这个商业发达之区的。秦昭王时，其相魏冉一度为赵国相，后来秦取陶邑，封之魏冉，可能是利用赵魏之间争夺陶邑之矛盾。此所谓鹬蚌相争，渔翁得利也。孙膑建议齐军袭舍而走平陵，深入魏地不啃这块硬骨头，其战略意图的确是难以捉摸的，故曰“吾将示之疑”。但说“是吾粮涂绝也，吾将示之不知事”，就令人费解了。唯一可能的解释是：庞涓略地至茬丘，田忌率齐军至阿城一带截击；然后庞涓返军至鄄城一带集结，田忌跟着至莘县之南；但没有和庞涓交锋，就一跃到平陵去了。这样，不仅齐军的后路会被魏军切断，而且魏军能以鄄城为中心，西至濮阳、东南至陶邑把齐军包围起来。故曰“是吾粮涂绝也”。孙膑这种设计，不仅迷惑了庞涓，连田忌也是不解其意的。所以，齐军到了指定地区后，田忌就向孙膑提出了如何攻打平陵的问题。

孙膑并没有正面回答田忌的问题。而是反问田忌：“都大夫孰为不识事？”齐称县为都邑，都大夫相当县令长。不识事同上“不知事”，意思是不懂得兵法。那时的地方首要官吏在战时都是要带兵作战的，不管懂不懂兵法。田忌答曰：“齐城，高唐。”即这两个都邑之大夫。古代兵在地方，战时集中。田忌带甲八万，其中包括高唐、齐城兵。孙膑对两位都大夫是怎么发遣的，因简文有缺，文意难通，不得其详。从后文看，当是将主力集结在一个地方，派这两位不识事的都大夫去攻打平陵，使之遭到失败，引诱庞涓前来决战。所以简文说：“吾末甲劲，本甲不断。环涂击柀其后，二大夫可杀也。”末甲，即先头部队，本甲为后卫部队。环涂，魏将或地名，可能是环涂地方的领兵，如上述齐城、高唐然。击柀其后，即从后面将二大夫击溃。田忌照计行事：“于是段齐城、高唐为两，直将蚁附平陵。挟茁环涂夹击其后，齐城、高唐当术而大败。”

这就是说，把二大夫军队分为两段，让他们脱离大部队去攻平陵。蚁附，形容士兵攀登城墙。结果，挟苖环涂从其后夹击，二大夫的军队中途遭到大败。术，道路也。当术而大败，在行军途中就失败了。

孙膑佯攻平陵的计划实现了，但他想以此诱使庞涓前来决战的计划却落空了。庞涓并没有率军前来。挟苖环涂似为地方兵，也不是庞涓派来的。这就是说，庞涓对齐军佯攻平陵根本不予理会，没有中孙膑的圈套。可见，庞涓亦非平庸之辈。这一下田忌急了，就问孙膑，说："吾攻平陵不得而亡齐城、高唐，当术而厥（蹶）。事将何为？"一招不成，孙膑于是拿出第二招来。这一次，庞涓果然中计，兵败被擒。现将原材料照录于下，再加评说："孙子曰：'请遣轻车西驰梁郊，以怒其气。分卒而从之，示之寡。'于是为之。庞子果弃辎重，兼趣舍而至。孙子弗息而击之桂陵，而擒庞涓。故曰：孙子之所以为者尽矣。"

本段除末句为作者评语外，全部讲桂陵之战。桂陵所在其说不一。《史记·田敬仲完世家·正义》云：在曹州乘氏县东北二十一里。乘氏当今菏泽，即在菏泽东北郊曹州牡丹园地区。然亦有谓在今长垣之北者。现观是篇，应以前者为是。之所以有如此异议，是和旧记之误分不开的。按旧记，齐军南攻襄陵，进围大梁，魏军从邯郸撤军，和齐军战于桂陵。这样就有两种可能：一是魏军从邯郸撤军，齐军亦从大梁撤至长垣之北，双方进行决战。长垣北有地名桂阳，亦曰桂陵。此即齐、魏桂陵之战地也。二是魏军从邯郸撤回大梁，齐军撤至菏泽东北郊之桂陵，魏军来此与齐军决战。今观是篇，知齐军本没有南攻襄陵，更不要说包围大梁了。魏军也没有从邯郸撤回大梁之事。齐攻魏可以有两条路线：一条是从临淄出发经莱芜谷向南折而西至于薛（此指齐薛邑，在今滕县），由此再向南从徐州折向西北至大梁；另一条是从临淄出发西经济南，然后沿齐赵边境折向西南，经濮阳之东前至大梁。现知齐军走的大体上是后一条路线，而非前一条路线。不仅如此，我们还可以由此知道双方军队调动的情况和桂陵之战前各自的位置。首先我们知道魏军是时已不在邯郸，而在茬丘，即今茌平地区。齐军出兵“至……竞”，当为赵境，估计在阿城地区。（当时此地分为东、西两部分，东阿属齐，西阿属赵。）如此，可直插魏军之背。魏军南撤攻“卫□□□”，估计其地在鄄城一带，或包括当时鄄城东南之成阳。由此西向可以攻卫都濮阳，所以田忌提出是不是救卫的问题。齐军跟着至“卫□□□”，由后文东阳战邑判断，知此为卫东阳。即前此“赵王再至卫东阳”和“庆舍发东阳河外兵”之处。从这里可以直达卫都濮阳，救卫是很容易的。然而，孙膑却建议齐军南下平陵，到今菏泽之西南，又插入魏军背后了。庞涓所率魏军则在今菏泽之东北。所谓“西驰梁郊，以怒其气”目的在引诱庞涓，由“卫□□□”向南去攻平陵魏军，而“分卒而从之，以示之寡”，则是轮番派兵向庞涓挑战。结果，庞涓率兵向西南进发，孙膑率兵向东北进发，双方相遇于菏泽东北郊之桂陵。激战结果，魏败齐胜。是谓桂陵之战。于是齐最强于诸侯，自称为王，以令天下。而梁惠王后来只有说，“东败于齐，西丧地于秦七百里，寡人耻之”了。孙膑则以此名显天下，成为古今传颂的伟大军事家。

（二）

桂陵之战，孙膑生擒庞涓，与《史记》所记不同。《史记》于桂陵之战没有提到庞涓，而云庞涓在齐魏马陵之战中被杀。究以何者为是，这是一个需要研究的问题。

考《史记》于马陵之战的记载，矛盾甚多，前人已多言之。例如《魏世家》中说庞涓被杀，而《孙子吴起列传》中则曰自杀。现将有关材料和前人考证录之于后，并加评语。

《魏世家》云：“三十年，魏伐赵，赵告急齐。齐宣王用孙子计，救赵击魏。魏遂大兴师，使庞涓将，而令太子申为上将军。过外黄，外黄徐子谓太子曰：‘臣有百战百胜之术。’太子曰：‘可得闻乎？’客曰：‘固愿效之。曰太子自将攻齐，大胜并莒。则富不过有魏，贵不益为王。若战不胜齐，则万世无魏矣。此臣之百战百胜之术也。’太子曰：‘诺，请必从公之言而远矣。’客曰：

‘太子虽欲还，不得矣。彼啜汁者众。太子虽欲还，不得矣。’太子因欲还，其御曰：‘将出而归，与北同。’太子果与齐人战，败马陵。齐虏太子申，杀将庞涓。军遂大破。”

这段记载中徐子和太子申的问答可能是采自地方父老的传说，故事性虽强，但无助于治史，只有头尾可论。前人之论可取者，首推《正义》：“《孙膑传》云‘魏与赵攻韩，韩告急齐’，此文误耳。魏伐赵，赵请救齐，齐使孙膑救赵，败魏桂陵，乃在十八年也。”意思很明白，太史公把桂陵之战安到马陵之战上去了。

还有一段考证马陵所在的注解，其文虽无大可取，但反映了史记马陵之战的一些矛盾，可资参考。现分头引来，略加评说。《集解》徐广曰：“在元城。”此说系附会“魏攻赵，赵请救于齐而来”。元城于汉属魏郡，后世为大名县，现河北大名县是也。既然是齐攻魏救赵，败之于马陵，说马陵在元城，固无不可。《索隐》徐广曰：“在元城”。按“《纪年》二十八年，与齐田肦战于马陵；上二年，魏败韩马陵；十八年，赵又败魏桂陵。桂陵与马陵异处”。《纪年》即《竹书纪年》，西晋时出自汲郡魏安嫠王墓中，是魏国的史记。据此指出马陵和桂陵不在一处，是有道理的。这实际上是说，徐广所谓马陵在元城应为桂陵之战，马陵之战是在另一个地方进行的。但徐广之说系附会《魏世家》，这无异于驳史公之误，最有意思的是下述注解：

《正义》虞喜《志林》云：“马陵在濮州鄄城县东北六十里，有陵，涧谷深峻，可以置伏。”按“庞涓败即此也”。徐说马陵在魏州元城县东南一里，庞涓败非此地也。《田敬仲完世家》云：“宣王二年，魏伐赵，赵与韩亲，共击魏，赵不利，战于南梁。韩氏请于齐，齐使田忌、田婴将，孙子为师，救韩、赵，以击魏。大破之马陵。”按“南梁在汝洲”，又此传云：“太子为上将军，过外黄。”又《孙膑传》云：“魏与赵攻韩，韩告急齐，齐使田忌将而往，直走大梁。魏将庞涓闻之，去韩而归，齐军已过而西矣。”按“孙子减灶退军，三日行至马陵，遂杀庞涓，虏魏太子申，大破魏军，当如虞喜之说，从汴州外黄退至濮州东北六十里也。然赵、韩共击魏，战困于南梁，韩急，请救于齐，齐师走大梁，败魏马陵，岂合更渡河北，至魏州元城哉？徐说定非也”。

这段材料中驳徐广说马陵在元城，可谓振振有词。然说马陵在濮州鄄城县东北六十里，其思路和徐说是基本一致的。即魏师从大梁出发，至外黄与齐师相遇；齐师向东北退去。魏师跟踪追击，至鄄城之马陵被齐师击败。齐杀庞涓，虏太子申。可惜，其所引“孙传”与“田世家”的材料和此说是矛盾的。真可谓知彼之非而不知己之非也。先看《孙子吴起列传》：“后十三岁，魏与赵攻韩，韩告急于齐。齐使田忌将而往，直走大梁。魏将庞涓闻之，去韩而归，齐军既已过而西矣。孙子谓田忌曰：‘彼三晋之兵素悍勇而轻齐，齐号为怯，善战者因其势而利导之。兵法，百里而趣利者蹶上将，五十里而趣利者军半至。使齐军入魏地为十万灶，明日为五万灶，又明日为三万灶。’庞涓行三日，大喜，曰：‘吾固知齐军怯，入吾地三日，士卒死者过半矣。’乃弃其步军，与其轻锐倍日并行逐之，孙子度其行，暮当至马陵。马陵道狭，而旁多阻隘，可伏兵，乃斫大树白而书之曰：‘庞涓亡于此树之下！’于是令齐军善射者万弩，夹道而伏，期日暮见火而俱发。庞涓果夜至斫木下，见白书，乃钻火烛之。读其书未毕，齐军万弩俱发。魏军大乱相失。庞涓自知计穷兵败，乃自刭，曰：‘遂成竖子之名！’齐因乘胜尽破其军，虏魏太子申以归。孙膑以此名显天下，世传其兵法。”

孙传这段记载确实脍炙人口，令人反复吟诵而不厌。也许正由于此，许多矛盾之处被人们忽略了。但稍事冷静即可发现，这段记载破绽最多。后十三年即桂陵战后十三年，时当魏惠王二十九年，而《魏世家》系其事于惠王三十年。《纪年》云：“梁惠王十七年，齐田忌败梁于桂陵，至二十七年十二月，齐田忌败梁于马陵”（《索隐》引《纪年》二十八年，与齐田忌战于马陵）。前后相差一年至四年，此其矛盾一也。此云“魏与赵攻韩，韩告急于齐”，而《魏世家》则云：“魏攻赵，赵告急于齐”，此其矛盾二也。按《魏世家》，魏军从大梁出发至外黄与齐军相遇，而此云“魏将庞涓闻之，去韩而归，齐军既已过而西矣”。此其矛盾三也。齐军既已到了大梁之西，当已深入魏之腹地，而此传同时又云“使齐军入魏地为十万灶”，以便与魏军过外黄相衔接，此其矛盾四也。《魏世家》云庞涓被杀，此云“自刭”，矛盾之五也。为什么有如许矛盾，看来史公还是把桂陵之战的情节安到马陵之战上了。实则，所谓退兵减灶，即《擒庞涓》中“分卒而从之，以示之寡”。“庞子果弃其辎重，兼趣舍而至。孙子弗息而击之桂陵，而擒庞涓。”这样，桂陵和马陵，一在今菏泽东北郊，一在鄄城之东北（古鄄城在今鄄城之北），两地就贴在一起了。如此不合情理，故而有人将桂陵搬到长垣之北了事。但问题并不如此简单，且看《田敬仲完世家》：“二年，魏伐赵。赵与韩亲，共击魏。战于南梁，赵不利。宣王召田忌复故位。韩氏请救于齐。宣王召大臣而谋曰：‘蚤救孰与晚救？’邹忌子曰：‘不如勿救。’田忌曰：‘弗救，则韩且折而入于魏，不如蚤救之。’孙子曰：‘夫韩、魏之兵未弊而救之，是吾代韩受魏之兵，顾反听命于韩也。且魏有破国之志，韩见亡，必东面而愬于齐矣。吾因深结韩之亲而晚承魏之弊，则可重利而得尊名也。’宣王曰：‘善。’乃阴告韩之使者而遣之。韩因恃齐，五战不胜，而东委国于齐。齐因起兵，使田忌、田婴将，孙子为师，救韩、赵以击魏，大败之马陵，杀其将庞涓，虏魏太子申。其后三晋之王皆因田婴朝齐王于博望，盟而去。”

这里又生出许多枝节，矛盾更多了。首先，宣王二年相当魏惠王三十年，然如《孙膑传》所说，则应为宣王元年，而按《纪年》则为威王三十六年或三十五年。这且不说。《孙膑传》云：魏与赵攻韩，到这里又变成韩与赵共击魏了。三处所记不同，莫知谁是？再说，赵与魏战不利，而由“韩氏请救于齐”，文理难通。中间只好插入“宣王召田忌复故位”。按田忌为邹忌所谗，事在威王三十五年，《孟尝君列传》亦载之。其下有《索隐》按：“《战国策》田忌前败魏于马陵，因被构，不得入齐，非是居齐历十年乃出奔出。”这倒很有意思，原来史公将马陵之战混同于桂陵之战，材料出自《战国策》。田忌复故位后，邹忌又出面了。于此，《索隐》按：“《纪年》威王十四年，田肦伐梁，战马陵。”《战国策》南梁之难有张田对曰“蚤救之。此云邹忌者，王劭云‘此时邹忌死已四年，又齐威时未称王，故《战国策》谓之田侯’。今此以田侯为宣王，又横称邹忌，皆谬矣”。这段注解文意不十分清楚，其中引《纪年》说齐魏马陵之战应在威王十四年，即魏惠王六年，不应系于宣王二年。宣王二年时邹忌已死了四年，不可能再出面策划。史公把邹忌的死灵魂拉出来，和他把桂陵之战混同于马陵之战是有关系的，因为讨论桂陵之战时主角就是邹忌。不过，史公于此战也有所修正，在主帅中增加了一位田婴，即孟尝君田文之父。对此，《集解》徐广曰：“婴，一作‘肦’。”如是，田婴就是田肦了。《孟尝君列传》中的注解也是这样说的。《索隐》按：“《战国策》及诸书并无此言，盖诸田之别子也，故《战国策》每称‘婴子’‘肦子’，高诱注云‘田肦，田婴也’。”这里所说诸书并无此言，指田婴为宣王庶弟，可以不去管他。唯田婴是否田肦，尚需研究。《六国年表》于马陵之战说：“败魏马陵，田忌、田婴、田肦将，孙子为师。”分明是把田肦和田婴判为两人的。这里，又是《集解》徐广曰：“《楚世家》云田肦者，齐之将，而《齐世家》不说田肦，或者是时三人皆出征乎？”其实，这位田肦在《田完世家》中是露过面的。威王二十四年，与魏王会田于郊，在回答对方的问题时曾说：“吾臣有肦子者，使守高唐，赵人不敢东渔于河。”史公在《齐世家》中记马陵之战时没有提到他，在《年表》中把他作为一名主将提出来，我看是有其不得已的苦衷的。不提他吧，《战国策》每称婴子、肦子；提他吧，不知婴、肦是一是二。故《世家》只讲田婴，《年表》中则增加田肦。但这样一来，事情反而更不好办了。三人将兵，孙膑为师，这次仗怎么打呢？

由上观之，问题如此纠结不清、难解难分，是不是根本无法解决了呢？曰：不然。在太史公书中，这个问题是有线索的。线索就在《年表》中把田肦提了出来。这位田肦又见于《楚世家》，其文云：“七年，齐孟尝君父田婴欺楚，楚威王伐齐，败之于徐州，而令齐必逐田婴。田婴恐，张丑伪谓楚王曰：‘王所以战胜于徐州者，田肦子不用也。肦子者，有功于国，而百姓为之用。婴子弗善而用申纪。申纪者，大臣不附，百姓不为用，故王胜之也。今王逐婴子，婴子逐，子必用矣。复搏其士卒以与王遇，必不便于王矣。’楚王因弗逐也。”

楚、齐徐州之战，亦见于齐宣王十年，“楚围我徐州”。由这段材料，知齐宣王时田婴用事而黜田肦，则田肦曾在田婴之前用事于齐，他是一位有功于国的名臣重将。据《纪年》：“魏惠王二十八年，与齐田肦战于马陵。”又纪：“梁惠王十七年，齐田忌败梁于桂陵，至二十七年十二月，齐田肦败梁于马陵。”另据《纪年》“二十九年五月，齐田肦伐我东鄙。九月，秦卫鞅伐我西鄙。十月，邯郸伐我北鄙。王攻卫鞅，我师败绩”。如是，马陵之战的主将必田肦也。前已指出，魏惠王二十七年相当于齐威王三十五年，据《田完世家》，是年邹忌构谄田忌，“田忌闻之，因率其徒袭攻临淄，求成侯，不胜而奔。”田忌既已流亡，当然不能参与马陵之战，更不要说挂帅出征了。孙膑原在田忌麾下，自然不能出任军师。至于田婴，他这时在齐国还没有用事呢！齐、魏马陵之战，魏方主将不明。但据《孙膑兵法》，庞涓在桂陵之战中被俘，恐怕他已不可能在马陵之战中充当主将了。所谓孙膑于马陵之战中杀庞涓，完全是附会桂陵之战而成的。

说到这里，问题是不是完全解决了呢？曰：未也。还有虏魏太子申和马陵所在的问题。解决这个问题的线索有没有呢？曰：有。《田敬仲完世家》云：“赵不利，战于南梁。”《索隐》引《晋太康地记》曰：“战国谓梁为南梁者，别之于大梁、少梁也。”《正义》引《括地志》云：“故梁在汝州西南二百步。《晋太康地记》云‘战国时谓南梁者，别之大梁、少梁也’。古蛮子邑也。”汝州，今河南之汝县是也。地在禹县、临汝、登封之间。其地古有梁国，赢姓，非古蛮子邑也。后梁国迁于今陕西之韩城境，因内乱而亡，秦取其地。再后此地为晋国所有，名曰少梁。三家分晋后属魏。少梁，小梁也。因魏名其都曰大梁，故以汝州之梁为南梁。南梁原属郑，韩灭郑后，兼有其地。故魏攻韩，赵救之于南梁也。这样，南梁才可以和齐救韩攻魏的马陵之战联系起来。否则，《田完世家》中这句话是不好理解的。不过，这就不是魏惠王二十八年发生的齐、魏马陵之战，而是魏惠王六年的马陵之战了。史公把桂陵之战混同于后一次马陵之战，又将后马陵之战和前一马陵之战混淆起来，故有此误。于此，如《索隐》案："《纪年》威王十四年，田肦伐梁，战马陵。《战国策》南梁之难，有张田对曰'蚤救之'。此云邹忌者，王劭云'此时邹忌死已四年，又齐威时未称王，故《战国策》谓之田侯'。今此以田侯为宣王，又横称邹忌，皆谬矣。"以魏惠王六年发生的齐、魏马陵之战时间坐标，再联系三个梁地查找太子申的下落，我们发现《六国年表》于魏惠王九年载："与秦战少梁，虏我太子。"同表秦献公二十三年亦云："与魏战少梁，虏其太子。"但《秦本纪》于此则曰："二十三年，与魏晋战少梁，虏其将公孙痤。"《魏世家》亦云：九年，"与秦战少梁，虏我将公孙痤，取庞"。魏太子都不见了。只有《赵世家》载：成侯"十二年，秦攻魏少梁，赵救之。十三年，秦献公使庶长国代魏少梁，虏其太子、痤。"《魏世家》《集解》徐广曰："年表云虏我太子也。"但我们知道，"公孙"一般是不得立为太子的。所以，这位魏太子和公孙痤应是二人。他若隐若现，到底是谁呢？依我看就是太子申。太史公在此虚晃一枪，然后把他打发到所谓孙膑杀庞涓马陵之战中去了。

至于马陵其地，线索更加清楚。据《魏世家》，惠王二年，"魏败韩于马陵，败赵于怀"。《韩世家》云："懿侯二年，魏败我马陵。五年，与魏惠王会宅阳"。齐、魏马陵之战必此马陵也。其地在何处？《孙膑传》提供了一些信息。其中有云："魏将庞涓闻之，去韩而归，齐军已过而西矣。"据此，马陵应在大梁之西。反求之于《田完世家》："韩因恃齐，五战不胜，而东委质于齐。"对马陵亦应作如是观。何哉？魏原都安邑，在今山西运城境，惠王九年迁都大梁，是知第一次齐、魏马陵之战时魏尚未迁都也，如此，魏是从安邑出发进攻韩、赵的。前云战于南梁、韩败后只能向东撤退，撤到首都今郑韩故城遗址附近，只得"东委质于齐"了。记得前几年看到了《中州古今》上有一篇谈马陵之战的短文，云中牟县有马陵，马陵之战即此地也。我认为，此说虽未必中的，还是值得考虑的。中牟西接郑州，当时属韩，古宅阳在此，再往东就是魏之大梁了。

对太子申和马陵所在的问题，姑作如是观。因材料不足，难成定谳。所可定者，乃史公对马陵之战的记述错误。现在应该把史公附会在马陵之战中属于桂陵之战的材料还给桂陵之战，写一篇新的桂陵之战。至于史公原记马陵之战，仍可作为文学名篇继续流传。

（三）

史公记马陵之战有误，是不足怪的。始皇焚书，“非秦纪皆烧之”只有一部分材料保存在博士官那里。但项羽入关，放火烧咸阳，这一部分材料也化为灰烬了。史公多方搜求，把孙膑和桂陵之战写出来，这是非常难得的。我们不能苛求于前人。在《孙膑兵法》未出土前，我和不少人一样，还以为传世《孙子兵法》是孙膑的作品呢！《孙膑兵法》和《孙子兵法》同时出土，改变了我对于这个问题的认识。

桂陵之战是《孙膑兵法》的一次重大运用和实践，由此入手可以进窥《孙膑兵法》之主旨。出土的《孙膑兵法》看来是孙膑后学编辑的，其将《擒庞涓》列为首篇，盖以此也。

由《孙膑兵法》可以进窥《孙子兵法》。据《孙子传》：“孙武既死，后百余岁有孙膑。膑生阿、鄄之间，膑亦孙武之后世子孙也。孙膑尝与庞涓俱学兵法。”其所学当包括《孙子兵法》。从银雀山汉墓同时出土二孙兵法来看，说不定《孙膑兵法》还是《孙子兵法》的续编呢？

（本文摘自孙世民主编的《孙膑研究》，是山东大学教授田昌五先生应邀为孙膑研讨会撰写的会议论文）

平陵今安陵考

战国时期的齐魏桂陵之战，是我国历史上一次著名的战役，平陵是这次战役中齐军进攻的第一个目标，也是这次战役的关键。由于史书记载欠详，材料来源不一，平陵为今何地，史学界还存在着分歧，有襄陵说、平阳说、安陵说、平丘说诸说，我们认为以安陵说为妥，今着重从地名的角度，谈点粗浅看法。

（一）安陵相当平陵的地理方位

桂陵之战发生在公元前353年。齐孙膑以“围魏救赵”之计，在桂陵“设伏聚歼”魏军，生擒庞涓。根据《孙膑兵法·擒庞涓》（以下简称《擒》）篇，分析这次战役的全过程来看，齐军的进军路线，是由东北朝西南方向，大体上是沿着济水而行的。在过了大野泽、雷夏泽以后，来到桂陵，这里离魏境已不远，又有良好的埋兵设伏的地理条件，是“邀击”魏军最适当的地方，所以孙膑便在此地设下伏兵。设伏之后，又采取了两个军事行动：“南攻平陵”和“西驰梁郊”。这两个行动的目的，一是为了能使庞涓“释赵”而回兵自救，更主要的是还要把回救的魏军“邀”进桂陵伏击圈，而后加以歼灭。这只有击中要害处，才能实现这个目的，“西驰梁郊”，只是针对庞涓向来骄傲自负“以怒其气”，采取的辅助行动，而“攻平陵”才是实现这次战略意图的关键。它关系到全局成败。因此，在《擒》篇中不仅讲了攻打平陵的方法，还对它的形势进行了全面分析：“吾攻平陵，南有宋，北有卫，当途有市丘，是我粮途绝也。”这里指出了平陵所处的大体地理方位。

平陵见于史书记载的有齐邑平陵和晋邑平陵，两处一在今济南历城东，一在今陕西成阳东北，其方位均与这次战役不符，当作别论。《擒》篇所记平陵是“东阳战邑”。东阳，《辞海》注：古地区名，相当于今太行山以东地区。《史记·秦始皇本纪》：“五年，将军骜攻魏，定酸枣、燕、虚、长平、雍丘、山阳城，皆拨，取二十城，初置东郡。”即在该区内，郡亦以此得名。东阳地区原本晋地，这次战役发生时，已分属魏、宋、卫。平陵属魏，所以，在魏的“东阳地区”内，并且，处在魏的东境上。根据有二：1.《史记·田敬仲完世家》：秦昭王十九年，苏秦自燕至齐，与齐湣王谋伐宋事，曰：“夫有宋，卫之阳地危……有陶、平陆（前人已证‘陆’为‘陵’误）则梁门不开。”

这里的宋平陵是从魏略取的。宋“君偃十一年，自立为王，东败齐，取五城，南败楚，取地三百里，西败魏军，乃与齐、魏为敌国”。（《史记·宋世家》）所记取齐、楚地甚详明，唯言魏，只用“西败魏军”四字一语带过。既然言“败”，当然像齐、楚一样，一定也要略地，那又为什么不若齐、楚之详，我们认为，是因为这一次攻伐，宋军没有深入魏的内地，只在边境上占了点地方的缘故。平陵就是在这时候被宋略去的，所以平陵当处在魏的边境上。2.《擒》篇：“请遣轻车西驰梁郊。”可知平陵到大梁约有一日的路程，即百余里。大梁、平陵、定陶基本上处在一条东西直线上，定陶至大梁约二百里，所以，平陵的位置，必定已是魏的东边境。这和它“城小”而“人众甲兵盛”被魏视为战略要地也完全符合。

又“平陵”南有宋，北有卫，它处在宋、卫之间。战国时，各国疆域交错，且又相互掠取，国无定土，变化无常。宋、卫的疆界难以细考，今仅以几个地名的归属和相应方位做如下判断：

1. 葭密：《读史方舆纪要》引《竹书纪年》：“幽公十三年，会晋侯于楚丘，取葭密。逐城之。”注曰：“时曹久灭，非宋而卫。”《曹州府志》：“又为宋地。”葭密在今菏泽市西二十里。

2. 母丘：《曹县志·名迹》：“宋取曹卫”，即有母丘，孔颖达以为：“卫在西北。”母丘在今定陶西南约三十里。

3. 市丘：《擒》篇：“当途有市丘。”“当”为“挡”意，即从正面挡住前进的道路。齐军如果去那里，就有三面受敌的危险，“是我粮途绝也”。所以，在这次战役中，齐军就避开了市丘，没有前去用兵。市丘在今开封市西北。

这样，我们就可以做出如下判断：平陵应处在葭密之南（“北有卫”）、母丘之北（“南有宋”）、市丘之东（“当途有市丘”）。还有，西距大梁约一日之程（“请轻车西驰梁郊”），东北距桂陵百里之内（“弗息而击之桂陵，而擒庞涓”）。经考察，在这个地理范围内有记载的战国古邑，其方位、方向和相对里程均与《擒》篇所记的“东阳战邑”平陵完全相当的只有安陵城，即今菏泽市西南五十五里的安陵集。

（二）安陵具备“东阳战邑”的地理条件

地理是战争的重要因素。平陵被称为“东阳战邑”，它是魏都大梁的东部门户。即所谓“有陶、平陵则梁门不开”。作为这样一个有重要战略意义的小城，在“东阳地区”有水无山的广阔平原上它必须是个能够控制水陆交通的枢纽地，必须具备利攻利守的地物、地形，才能形成它的战略上如此重要的地位，否则，是根本不可能的。全面考察安陵的历史地理状况，它完全具备这样的条件。

在历史上，这里是个“同阜连属”的丘陵地带。这个丘陵带，从安陵北约三里的今东、西王沙冈，起伏绵延，一直延伸到今曹县与河南民权县交界处，全长三十余里，宽约七八里。《曹南文献录·山水考》：“曹县西北七十里，有冈自东北崛，而西南隐”，“冈起峦伏，乍断乍续”。由于历代水患，“本皆丘陵，又为黄河填淤，大半湮没”。在这个地段上，至今还有沙山寺、刘冈、重冈、安陵等带山、冈、岭、堌堆的地名十几个。这些地名，就是对古地貌的记录。沿着这些地名进行考察，还可以隐约看到这条丘陵带的遗迹；从今《菏泽地区地图》所绘河流的流向上，也可以看出，现在这里乃是一条隆起地带。由此可见，安陵是个适于古代用兵的地方。

安陵还是历代水陆交通枢纽地。《水经·济水注》：“又东迳魏冉冢南。”魏冉冢是秦相魏冉的陵墓。“大阜高两丈余，占地数亩。”（《曹县志陵墓》）安陵在魏墓西北约三里。济水从这里穿过上述丘陵，转而东北流，“又东北经定陶北”。济水是中原地区的一条大河，是贯通东西的主要航道。定陶在战国时是著名的商业城市，地当经济交通中心，有“天下之中”之称。由此，逆水而上可达秦晋，顺流而下可抵齐都临淄。沿济水还是一条著名的古驰道。《战国策》中有苏秦说赵：“秦若伐齐，魏塞秦午道。”意为魏扼住定陶，就可以截断秦的退路，指的就是这条通道。《大明府志》：“秦始皇东游、至户牖乡，昏雾四塞，不能进，故其名为东昏。”户牖，位于济水南，在今兰考县境内。《巨野县志》："巨野之胜数金山，金山之胜数秦洞。"传秦洞是秦始皇东游避暑处。金山亦在济水之南。今巨野东南。由此可见，秦始皇东游走的也是这条通道。直到后世多次中原用兵，也都是沿着这条通道东进西攻。大梁、安陵、定陶同处在这条水陆通道上，而安陵居其间，据守安陵，就封闭了大梁东北进出的门户：扼住了定陶西往东来的咽喉。这里虽说是"一夫当关，万勇莫开"的险关口，可却是东西往来的必经之路，可谓"一孔之道"。所以历代官府对这个交通枢纽地都十分重视，设"镇""巡检司""栈"等机构严加控制。

综上所述，安陵，不论从地理位置上，还是地形地貌，水陆交通等方面，完全具备"东阳战邑"所必备的条件。

（三）安陵是历来用兵之地

自桂陵之战起，直到近代，历史上在这里发生的战事，有文字可查的就有十多次。有的与安陵有密切关系，如公元前340年，齐再次出兵与宋同伐魏；有的就发生在这里，如195年，曹操与吕布战于重冈（安陵南），吕布败走投靠刘备（《三国志》《曹南文献录》）。883年黄巢兵败汴州（今开封），东退后驻军安陵，再次围攻曹州（左城：《冉氏宗谱》）。1873年曹州人张天鹰聚众起义，占据安陵，山东巡抚亲自调兵前来围剿（《菏泽县乡土志》）；更值得一提的，是现代史上刘邓大军发动的"定陶战役"，"战场设在安陵、韩集之间"。"1945年秋，我军放手诱（敌）整三师冒进"，将其从开封引到这里，"进入我预定战场"，被我一举全歼，生俘中将师长赵锡田。这次著名战役，在"以弱示骄""设伏聚歼""生擒敌将"等方面，和两千多年前的桂陵之战又何其相似。在这两次著名战役的"战图"上，安陵都是被重彩标记的地方。

安陵是个一般规模的集镇，这里历来发生的战事，包括上面所举的著名战役，都是被记在其归属县（曹县、定陶）名下，有的通过查阅方志、谱牒、时人杂记还略可窥见，相信还有更多的是已无法查考。仅从查考到的来看，在这样一个规模不大的集镇，发生如此众多战事，不能说是没有原因的。世界上一切事物都是由一定的条件形成的，不具备一定的条件，就不会有相应的事物，战事也不例外。我们认为，在这里发生的战事，从客观事实上，对我们前面所作的论述，做了有力的说明。

（四）安陵名称是由平陵沿革而来

据当地调查：安陵是由安氏立村（本村最后一户安氏，于抗战时期外迁，今无安姓）年代古老。相传，安氏是由周朝分封于此。《曹县志》中的“安陵君”的记载：“魏攻管而不下，安陵人缩高……乃之使者舍自刎。”还有“县西北七十里安陵城……安陵君墓。”《曹县志》出《曹州志》，《曹州志》清康熙十三年重修。序曰：“期不谬于前修，是徵信于将来。”记载和当地传说基本一致。关于安陵君事还缺少有力的证据，由上述可知，安陵君封、葬于此的说法，却是由来已久，我们认为该村安氏是安陵君后裔（谱系另文考证），村建于秦以前是完全可信的。

村中旧有平亭寺，《曹南文献录》记作“北平亭”，查：亭原系一种敞开的小型建筑，战国时期在国与国之间交界的地方，设此亭以供瞭望，防御敌人，并设置亭长。如前述，这里是魏东边境战邑，所以有亭之设置。称“北”“寺”是后人所为。村中有平亭寺碑，上有“里计”“平岭”等残字。《乐山堂稿》（手抄本，无名氏作，藏曹县文化馆）中有《安陵记》，文曰：“安陵踞平陵之阳，面临巨河，背伏崇冈，势如支龙之盘”（现在安陵村北头地势比南头高约一米）。碑刻“岭”，文作“陵”。这是在地名书写上的互用，如把“马岭岗”（今菏泽市镇名）写作“马陵岗”，将“义和陵”写作“义和岭”等，在方志中为常见。平亭因建在平陵，故亭是由设置地得名。地名平陵，是由这里的地势得名。陵，《说文）：“体隆高地。”指没石头的高地。平，如前述，济水是由这里穿越丘陵带的，因此，这里必然是“冈伏”“乍断”处，与他处的“崇冈”相比，地势显然是“平”的，故这里得名平陵。因此，我们认为平陵是这里最原始的地名。

平陵原是安氏一氏居一地的地方，在封建社会里，人们对姓氏非常注重，总是把它冠在自己居住地名称之首，这也像后世文人爱把自己的家乡名放在姓名之前那样。这样平陵便沿革为安平陵。这个名字至少在北魏郦道元写《水经注》时还在沿用。变繁就简是地名演变的总趋势，随着时代的发展，安平陵又沿革成安陵。结果，名首的姓氏用字被保留，而原始的专名用字却消失了，这样一来，地名的本来含义也就变得模糊不清。安陵的名称就沿着这样一条轨迹演变而来的。这也是地名沿革中普遍存在的现象，符合地名沿革的历史规律。

（五）关于安陵的两条文献记载

安陵曾一度为曹州治，又一度为菏泽县治。但由于种种历史原因，这里没能发展成为一座中心城市。因此，在历史文献中，直接的记载较少，有限的记载中，有的还存在着错误或不够明确，在此提出如下两条予以商榷：

1.《水经·济水注》："又东迳魏冉冢南。秦朝魏冉，卒于陶，因葬焉，世谓之安陵。"有人在引用这条注文时，把安平陵作冢名，这是误解。陵，既指陵墓，也指丘陵，在此应属后者，古人多把土山、冈阜名之曰陵。如齐魏马陵之战的马陵、桂陵之战的桂陵，都是地名。这里的陵也是这样，是地名，而不是指陵墓。其理由是：①魏冉，于秦"封穰侯，谥封于陶"，先后五次为相，查其生平及有关记载，从不见有"安平"的加封。因此，以"安平"名墓，这既不合情理，也不符合对陵墓命名的原则。②细玩注文："卒于陶，因葬焉，世谓之安平陵。""焉"，于此为代词，指葬地，即葬在定陶被人们称为安平陵的地方。③顾祖禹在《读史方舆纪要》中也讲得十分明白："世谓之安平陵，亦曰安陵镇……今曰安陵集。"镇、集毫不含糊，是地名，不是陵墓。

在关于桂陵之战（或马陵之战）的研究文章中，我们看到，有的在引用这段注文时，把"安平陵"当作冢名，认为安陵是以魏冉冢得名，故建村于桂陵之战之后这样的说法，是不正确的。

2.《读史方舆纪要》曹县下："桂陵城：在县西北五十里，本齐邑。《史记》齐威王二十六年以田忌为将，大破梁军于桂陵。其后，秦穰侯葬此……

今为安陵集……孔颖达曰：‘桂陵在乘氏县东北二十一里。’似误。”

这段记载至少有三点欠妥：①安陵在曹县西北七十里，旧志所记均同。安陵没有迁徙的记载，曹县西北五十里也没有古邑旧址。《纪要》里程有误。②桂陵在今菏泽市东北（这是为史学界大多数学者所认可的），孔颖达所言基本正确。《纪要》将地址移到今菏泽市西南，地望上有误。③桂陵和安陵是两座古邑，在桂陵之战时，分别属宋和魏，为齐邑是在齐灭宋以后的事。《纪要》将两邑合二而一，这是地理实体上的错误。

上面指出记载或引用中存在的错误，目的是为了澄清事实，以利于学术讨论，毫无责难于人之意。因为，要求写文章的人，对所写的地方都去做一番实地考察，莫说古人，于今人也是不切实际的。

（六）关于桂陵位置的确认

《读史方舆纪要》关于安陵的记载，尽管存在着错误，可却说明了一个重要事实：安陵是与桂陵之战有直接关系的一个地方。已如上述，安陵不仅在名称上符合《擒》篇所记平陵，而且在地理方位、地理条件等诸多方面也和桂陵之战的历史实际完全吻合。因此，我们认为平陵即今安陵。平陵的位置既已确定，桂陵位置的确认也就容易了。

1.《擒》篇："南攻平陵。"桂陵当在安陵之北。但是，在安陵之北不远处（清丘）已为卫地。齐进军时，魏军正在进攻卫都濮阳，安陵距濮阳不到百里。孙膑这次进军大梁，正是为了避开与庞涓正面交锋，所以齐军是不会走到安陵北面去的。这里"南攻"是行文中只取了正向（取正舍偏是古文中常见的），实则应是"西南攻平陵"。故桂陵当处在安陵的东北方。

2.《擒》篇："弗息而击之桂陵。"桂陵距安陵不会太远，大约百里左右。

据此，桂陵应当在今菏泽市东北牡丹乡何楼一带。

（本文摘自孙世民主编的《孙膑研究》，是菏泽师专教授白崇坤先生为孙膑研讨会撰写的会议论文）

二、桂陵之战长垣说

关于桂陵之战“长垣说”，中国社会科学院教授黄盛璋先生撰写，刊发于1976年第2期《文物》的文章“《孙膑兵法·擒庞涓》篇释地”比较有影响。

黄盛璋“《孙膑兵法·擒庞涓》篇释地”主要内容及观点

《擒庞涓》是失传已久的《孙膑兵法》中很重要的一篇，它提供了和《史记》《战国策》等书很不同的历史材料。

地理是战争活动的条件之一，但是擒庞涓这一战役所牵涉的主要地名大多在文献中直接找不到，有方位记载的仅一桂陵，但又有异说。已出版的三种《孙膑兵法》或是注释未详（如茬丘、市丘），或是说法不同（如平陵有襄陵、平阳、安陵三说），或是根据较晚传说，方位不符（如桂陵）。

（一）卫都（濮阳）与茬丘

《擒庞涓》篇一开头就说：“昔者梁君将攻邯郸，使将军庞涓带甲八万至于茬丘。齐君闻之，使将军忌子带甲八万至……竟（境）。庞子攻卫□□□，将军忌（子）……卫□□，……”

茬丘是庞涓第一个进军据点，文献仅见《广韵》茬子下注：“茬，丘名，《汉书·地理志》泰山郡有茬县。”汉代不仅泰山郡有茬县，东郡还有茌平县，据应劭说：两处皆有茬山，两县皆因茬山得名。汉茬县在今济南之南，茬平在今茬平之南，地在齐境内，魏军攻邯郸，走不到这里；与简文“至于……竟”及“庞子攻卫”不合。茌平县现在还在，已改为茌平县，不论字形、读音都是“茌”，不是“茬”，并且由来已久，所以和茬丘也扯不上关系。《孙膑兵法》尚著录于《隋志·经籍志》。而《广韵》系出隋陆法言《切韵》，“茬，丘名”的说法应出《切韵》。隋唐时代有可能看到《孙膑兵法》（《通典》就曾引孙膑论骄），但从后面注释看，至少此时已不知茬丘何在了。

简文“卫”字后所缺□□应是地名，惜已无法确认，从文意推测，如非卫都郊郭，亦与之必紧密相关，所以下文紧接“救与……”及“若不救卫将何为”

之间。庞涓进驻茬丘，即在于攻卫，所以确定卫都今地所在，也是找寻和考察茬丘何在的一个先决条件。

卫都濮阳虽有记载，但由于后代迁徙频繁，早就不是原址了。今濮阳县城系五代所筑德胜或澶州北城，有城内旧存北宋真宗自澶州北城回师所作“回銮碑”可证。南城故址在城南十二华里三里店之北，百年前尚存城角，今虽早为河水淹没，但其地还保留“城角地”之名。至于他们以前的濮阳县，就是今城南十八华里故县村。《元和郡县志》：“濮阳是本汉旧县也。”汉濮阳县亦即卫都濮阳，实际上这个故县只是《元和志》的濮阳县，它的上限是北朝的魏，亦即《水经注》中的濮阳县：“河水经濮阳县北，汉故城在南”，后者才是汉和卫都濮阳，两城大约南北相连，所以《元和志》就视同一处。城址皆早为黄河所湮没，黄河去后，马夹河又迳其上，已无遗迹，但近年村北半里许开挖马夹河时掘出铜镜、钱、剑、小佛像等和大量碎陶瓦片等，古城在此无疑。

卫都濮阳北面不远就是战国黄河，故道犹存，茬丘只能在其南，并且距濮阳不能过远。从各方面来考察，唯一符合茬丘条件的就是沮丘。

1.《水经注》说，濮水支渠“东迳沮丘城南，京相揷曰：今濮阳城西南十五里有沮丘城”。庞涓自大梁进军攻邯郸，在大军渡黄河前，进驻濮阳西南十五里的沮丘，并选择这里作为攻卫和渡河的基地，不论距离、位置都是恰当的，茬丘就是沮丘，首先从历史地理上看，没有问题。

但是茬丘和沮丘不论字形、字音都不完全一样，能不能落实为一地，关键还在必须从古音韵和古文字上获得解决。

2.《说文》有“茬，(盛)貌，从草在声，济北有茌平县”，草盛貌应是本义，《字林》作“茌”(“草亦盛也”)。地名茌平，除《汉书·地理志》外，《水经》和《注》《后汉书·尹齐传》《续汉书·郡国志》《晋书·地理志》等都作“茌”，宋祁也说“茬当作茌”。茌县一直沿到现在，本也读“持”。《水经注》就已指出，“茌平城世谓之时平城，非也，盖时茌音相近耳”。证明现在的“茌平”不论字形、读音，确是一脉相传而下，从来作“茬”不作“茬”。

至于今字的“茬”，古与“槎”为一字。“槎”从“差”声，和“沮”从“且”声，声出相同，只是韵母上古音有歌、鱼之异。作为地名，可无定字，沮丘既可以写成“沮”，也有写成“钽”“锄”，凭音写字，所以也可以写成“茬”。

3. 从字形上说，“茬”可能是从“左”，最早为“左”字演变来的。茬丘简文作“茬”，所从之“左”与简文在字同作，隶定为“左”，无可非议。现在“茬”读chá，正是从“左”声变来，不是从“在”声变来，所以和“槎”同音。段玉裁推断“茬”，原作茬，不论字音，即在字形演变上也完全找到确证。汉代经常以“左、佐、助”互训，可见歌部从左声的“左”“佐”和鱼部从“且”声的“助”，声音已极为相近，当鱼部韵尾的收音“chá”趋于消失时，（茬）丘和（沮）丘就可以完全同音。

这样茬丘就是沮丘，这个问题可以说完全解决了。“沮”原作“钽”，传为后羿本国，《左传》鲁襄公四年所谓“后羿自钽迁于穷石”，《续汉书·郡国志》说：“濮阳有钽城。”唐时尚存故城，据记载它是在濮阳西南十五里，卫南县东十五里、滑县东六十里，滑县故址今存，卫南县经考察，遗址在卫南店，晋濮阳在故县，利用三个极距交汇，沮丘或沮城基本可以确定在小韩附近，小韩出土有殷周的陶器及鬲，有战国的铁剑，有汉代的五铢钱和铜镜等，附近有大量排列整齐的汉墓群，它是自殷周一直沿到汉代的古代遗址，方位、里距和上三处基本相符。

（二）桂陵

桂陵为活捉庞涓亦即战役结束之处，桂陵之战也见于《史记》和《战国策》。但桂陵在哪里，早就有不同的说法，主要有三：

1.《史记·赵世家》：“齐亦败魏于桂陵。”《正义》引《括地志》：“故桂城在曹州乘氏县东北廿一里，故老云：此即桂陵也。”《史记·田齐世家》中《正义》也有相同的注释。《太平寰宇记》曹州乘氏县下“故桂陵城，……即田忌破魏处”，来源是《括地志》。唐宋的乘氏县为菏泽县，所以乾隆《一统志》说：“桂陵故城在菏泽东北廿一里。”据《山东菏泽县古遗址调查》（《考古通讯》1958 年 3 期第 35 页），城东北十华里，赵楼村北 1000 米有芦堌堆，相传为鲁山，“战国时桂陵城就在这里附近”。但报道仅说“堌堆突出地面 3 米，周围 350 米”，并不是城，究竟是什么性质，什么时代的遗址，是不是就是《括地志》所说古桂城，都还有待于考古发掘的进一步证明。从整个战役看，庞涓先至茬丘，（沮丘）攻卫，准备渡黄河攻邯郸，后来回师为齐军遏击于桂陵，不管是救魏都大梁还是平陵，怎么也走不到乘氏或今菏泽一带。所以尽管这个说法比较通行，但和庞涓战役无关。

2.《读史方舆纪要》卷三三，山东曹州曹县下：“桂陵城：县西北五十里，本齐邑。《史记》齐威王二十六年以田忌为将，大败魏军于桂陵。其后秦穰侯葬此，世谓之安平陵，亦曰安陵镇。……孔颖达曰：桂陵在乘氏县东北廿一里，似误。”看来顾祖禹已发觉唐人桂陵即乘氏故桂城的说法不对，因而提出安陵说。《水经注》：“济水又东迳秦相魏冉冢南……世谓之安平陵。”但是秦穰侯死在桂陵战役后，桂陵之战时还没有这个陵，如何能叫桂陵？《图书集成·职方典》指出：“所谓安陵即桂陵者非”，“通志谓即桂陵，误。”从地理位置看，这一说法同样和庞涓的战役路线不符。

3.《水经·济水注》：“濮渠又迳匡城北……濮渠之侧有漆城，……又有桂城。《竹书纪年》梁惠王十七年齐田忌伐我东鄙，战于桂阳，亦曰桂陵。按《史记》齐威王使田忌击魏败之桂陵。……濮渠又东迳蒲城北，……濮渠又迳韦城南，……濮渠东绝驰道，迳长垣故城北。”濮渠即濮水，虽早不在，但沿流所迳城邑，经实地考察，绝大部分都已找到。例如，蒲城即今长垣市（县级市），明洪武初才迁长垣县于此。汉长垣故城在长垣县东北十华里陈墙集，韦城在它的北面没村，正南北相值，驰道穿濮渠，直达两城，显为车骑渡濮水而筑。漆城仍名戚（漆）城，匡城在司家坡（隋唐匡城）西南的匡庄，皆和记载方里符合。桂城或桂陵之名早已不存，志书没有记载，但根据濮水迳流及其四周有关城邑，可以明确在匡庄（匡城）东北与长垣（城）西南的鲁山固堆附近。庞涓自茬丘（沮丘）回师救魏，由韦城长垣向驰道渡濮水，向西南走向平陵或大梁，正好是经过它的附近。

唐代传说乘氏东北故桂城为桂陵，《水经注》根本不记，可见发生较晚。《水经注》之桂陵，不仅比《括地志》为早，同时并非传说。而更主要的是：孙膑除佯攻平陵外，还“遣轻车西驰梁郊，以怒其气”，所以庞涓放弃攻卫，轻装回师救魏，回师的路线只能向西南往大梁方向走，经今长垣附近。如果往东南向今菏泽东北或安陵集一带走，那就背道而驰，失去战斗对象，这显然是不合理的。

（三）东阳、市丘、平陵

1. 东阳最早见于《左传》晋、齐两次交战中，原指太行山以东晋国东部广大平原地区。后来为赵、魏所分，夹在赵、魏之间的卫国也占有一部，所以赵、魏、卫都有东阳，《史记·赵世家》惠文十八年“王再之卫东阳，决河水以伐魏氏”，这个东阳就是卫阳，在濮阳沿黄河一带。赵东阳在卫国之北，魏东阳在卫国之南，后来卫国土地逐渐为赵、魏所吞并，赵、魏东阳基本以黄河为界。秦始皇五年蒙骜攻魏，指魏东地二十城以为秦东郡，秦东郡基本上即魏之东阳，因而得名。至本篇所记卫国尚在，此时魏东阳应在卫国以南，魏都大梁以东的平原，它是地区之名。这一平原地区有水、无山，无险可写，道路四达，河流及其渡口往往对城邑位置和战略地位有重要影响，平陵所以成为“东阳战邑”，应该具有下列特殊的条件：①凭临河流渡口；②控制水陆交通；③在战略上占有重要地位。平陵之考察必须符合这三个条件。

2. 平陵位置进一步确定，还有赖于周围有关地名。孙膑在分析南攻平陵时，明确指出平陵周围的地理和形势：“吾攻平陵，南有宋，北有卫，当途有市丘，是吾粮途绝也。”宋都商丘（今商丘县南），卫都濮阳，但这里的宋、卫指的是国土。战国疆界不仅犬牙交错，同时变化无常，这里无法详细讨论宋、卫国界，只能粗略指出和本文有关部分的界域：平陵位置进一步确定，还有赖于周围有关地名。孙膑在分析南攻平陵时，明确指出平陵周围的地理和形势：

"吾攻平陵，南有宋，北有卫，当途有市丘，是吾粮途绝也。"宋都商丘（今商丘县南），卫都濮阳，但这里的宋、卫指的是国土。战国疆界不仅犬牙交错，同时变化无常，这里无法详细讨论宋、卫国界，只能粗略指出和本文有关部分的界域：

（1）《战国策·宋策》记"魏太子申自将过外黄，外黄徐子"云云，即记太子申与齐战事。此时外黄尚属宋，但和魏国已很密切，大约宋魏交界在外黄一带，平陵"南有宋"，应在外黄（今杞县北）之北。

（2）《水经·济水注》：长垣、平丘皆"故卫地"，但自梁惠王十一年郑攻平丘、户牖、首垣（即长垣）与魏，十二年"楚师出河水以东长垣之外"，"十六年邯郸伐卫，取漆、富邱"（皆见《水经注》引《竹书纪年》），长垣一带即为魏境；漆即漆城，在濮水北，长垣在濮水南。以上三事，距庞涓战役多仅有六年，少即在战前一年，足以证明当时魏、卫交界大致即在长垣一带依濮渠为界。平陵之"北有卫"应在长垣以南。

（3）当途"有市丘"，如理解市丘当往平陵的途中，则攻平陵必须攻市丘，但齐军"徒舍只走平陵"，并没有经过市丘这一关，证明市丘不在往平陵途中。"当途"乃"挡途"、古无"挡"字，皆作"当"，"当（挡）途"意指挡于途上，不必在途中（按诗句有"当头明月满前除""当门山是忘形容"，更明确为在上在前）。简文明指三面，南攻平陵，不仅"南有宋、北有卫"，还有市丘挡着去路，三面受胁，所以下文紧接着判断"是吾粮途绝也"，意指粮道容易被三方截绝。如市丘在往平陵途中，就无所谓"粮途绝"的问题。孙膑攻平陵，目的在示意要进攻大梁，所以市丘挡着路途上（即挡着去路）的解释，更符合形势，市丘见于《战国策·韩策》："五国约而攻秦……兵而留于成皋。魏顺谓市丘君曰：五国罢，必攻市丘以偿兵费。"又，市丘之见于《吕氏春秋·应言篇》，高诱注："市丘，魏邑也。"顾观光《七国地理考》以为"按汉志故市，属河南，在今开封府西北，疑即此也"。《水经注》记故市故城在荥阳西南，去成皋较近，但远去大梁的西北，和这次战争形势不很符合，历次战争中也未出现，同时《汉志》的故市还可能是后迁来的。大梁之北也有一个故市，南临济水，北阻濮水与黄河，直到东汉末期尚为战争要地。建安五年有名的官渡之战，“袁氏辎重有万余乘”，就“在故市乌巢”，结果为曹操所袭，袁绍从此才一败不可收拾。此故市的位置《水经·济水注》有明确记载：

“济渎又东迳酸枣县之乌巢泽北，泽北有故市亭，晋太康地。《晋书·地理志》也说：“故市在酸枣县东南。”汉酸枣故城位在延津西北的东、西古墙村，旧有古城，古墙即古城之意。封丘故城据乾隆《一统志》以为即在今封丘县，《水经注疏》以为在稍西，乌巢、故市在酸枣南，所以应在今延津县南，封丘县西，在大梁之北或西北，南临济水，恰当齐军进军之去路，又去大梁较近，很容易截断齐军的粮道，此故市亭即战国魏邑的市丘，原来为县，后县废而为市丘亭，又因其地为故市丘所在，所以简称为故市亭。至于荥阳西南之故市，汉仍为县，时代较此为后，应属后来迁去。

3. 齐军进攻平陵，目的即在威胁和示意要攻大梁，引诱庞涓回师，“遣轻车西驰梁郊，以怒其气”。如此和平陵关系最密切的是大梁。第一，平陵所以成为“东阳战邑”，就是因它屏蔽大梁，所以魏国在此配置如许兵力，人众甲兵盛，它之所以难攻，就是因自魏迁大梁后，平陵就成为门户，军事地位因而提高；第二，它西距大梁不能过远，故能“西驰梁郊”，顶多只有一日车程，齐军进攻，基本上是从东北向西南，作为大梁门户起屏蔽作用的平陵应当大梁东北并扼交通要口。

4. 本篇说：“庞子果弃其辎重，兼趣舍而至，孙子弗息而击之桂陵，而擒庞涓”，“弗息而击”说明平陵距桂陵顶多不超过一日夜行程甚至更短，此其一；庞涓自濮阳附近回师，是向西南，孙膑自平陵逆击，必向东北，如此平陵必在桂陵西南，相距甚近，此其二。由于桂陵位置定，平陵所在也就比较容易确定了。

综上所考，平陵位置可总结如下：1. 外黄之北（“南有宋”）；2. 长垣之南（“北有卫”）；3. 封丘故市之东（当途有市丘挡途，即挡着去路）；4. 大梁东北（“西驰梁郊”，车骑一日可达）；5. 桂陵西南（“弗息而击之桂陵”相去很近）。

在这个范围内唯一可以和平陵相当的就是平丘。从字义上说，丘和陵意思差不多，至今还丘、陵联称，古代地名早就有丘、陵互称之例，所以平陵亦可称为平丘。

小城平陵所以成为“东阳战役”，大梁门户，就是由于它扼济水的渡口，屏蔽大梁。平丘战略地位正与平陵相当，田谵死处的临齐亭，就是平丘南面的渡口所在。由于它适应战争需要，此时就直接代替平丘地位，成为魏王国都。

平丘还和长垣附近的驰道可以联系。据《水经·济水注》，此驰道自长垣城达韦城往北就出白马津渡口，往南如向大梁就必须经平丘渡济水。《竹书纪年》记“梁惠成王十一年郑厘侯使许息未致地，平丘、户牖、长垣与郑驰道”。长垣为驰道所经，平丘则正介于驰道与大梁之间，至少和它有联系。作为“东阳战役”的平陵，从战略地位和水陆交通也只有平丘能符合这几方面的条件。从同时代的战争及其路线，同样也能证明平陵即平丘，前举两证：1.《战国策·韩策》：“进齐、宋之兵进首垣，远薄梁郊”；齐、宋之兵进至首垣（即长垣），基本上就同于这次齐军进军路线，而“远薄梁郊”与本篇“西驰梁郊”正相像；2.《战国策·秦策》：“又取蒲、衍、首垣，以临仁、平丘、小黄、济阳婴城，而魏氏服矣。”拿下蒲、衍、长垣后，就要攻平丘，平丘成为进攻大梁前的重要战略地点，上述诸地大抵皆在魏之东阳，作为“东阳战邑”的平陵，只能是平丘。

平丘秦属东都，两汉属陈留郡，晋时入长垣，以后就没有平丘这个地名，但唐宋尚存故城。《太平寰宇记》卷二陈留县下：“平丘城在县北九十里。”《读史方舆纪要》说：“在封丘县东四十里。”《长垣县志》说：“今县西南五十里。”据实地考察今平街原名平丘集，尚存明碑，记载它就是平丘，与上三处距离皆合。大梁处于它的西南，南面八华里就是今黄河，亦即济水故道。临济亭虽沦于河中，但仍可看出，这里是当时往来大梁的重要渡口，如沿濮水进军，故市亭正挡住它的去路，沿濮水北上或南下，都必须经过桂陵，庞涓所以在桂陵被擒，从地理位置上看，是完全符合的。

马王堆帛书《战国策》也有平陵。第十二篇说："韦非以梁王之令欲以平陵蛇（贝也）薛公以陶封君，平陵虽（惟）城而已，其鄙尽入于梁氏矣。"又第十四篇说："□弱宋服则王事速决矣，夏后坚欲为先薛公得平陵……（臣）欲王之县（悬）陶，平陵于薛公，奉阳君之上以勉之。"这两篇都是苏秦和齐湣王谋伐事，《战国策·齐策》也有苏秦说齐湣王伐宋之利，"有阴，平陆则梁门不启"，"阴"是"陶"字之误，前人早已指出"陶、阴字易惑"。《史记·田世家》转载此策，正作"陶"，今据帛书更进一步证明"平陆"乃是"平陵"之误。我们以为宋平陵得自魏平陵，《史记·宋世家》："君偃十一年（前31年）自立为王，东败齐取五城，南败楚取地三百里，西败魏军，乃与齐、魏为敌国"，陶原为曹地，宋灭曹后早就成为宋邑，陶西距平丘不过二日程，并皆屏临济水，宋既"西败魏军"，当然像齐、楚一样，也取魏地。自陶沿济水西进，容易到达平丘。特别是向大梁进攻势力即达平丘。平陵城小占据较易，但县大，城外广大县地，尚为魏有，所以说："其鄙尽入梁氏"，这和平陵"城小而县大"相符。"有陶，平陆（陵），则梁门不启"，说明它们必当大梁对外通道，去大梁较近，具有严重威胁，并且陶、平陵、大梁三地基本应处同一交通线上、如此才能封住大梁对外交通的大门，符合这几个条件的只有平丘。如果单是定陶，很难封锁梁门，但是由于平丘和定陶同处于大梁东北，同当沿济水的水陆通道，并且平丘去大梁特近，又介于大梁与定陶之间，如与定陶相互呼应，那就是以控制大梁往东北方向的交通，所以说"有陶，平陵则梁门不启"。从《战国策》所记平陵和大梁关系，宋平陵和魏平陵是完全一致的。所以平陵就是平丘，新出帛书《战国策》提供了重要证据。

本篇有关战争的地名，目前意见分歧很大，多数又找不到直接记载，唯一可用来检验的就是能否符合这场战争的历史实际。

庞涓至茬丘，目的是攻卫，扫除卫国及其对渡黄河障碍，解除后顾之忧。沮丘（茌丘）在濮阳西南十五华里，再往前进就要遇到卫国与渡河的问题，而八万兵马渡河也必须有个周旋的余地。古黄河流至濮阳北面就折而北流，濮阳是这里最东一个渡口。攻卫至少可以封堵卫国，掩护魏军在其西包括白马津在内的渡口渡河，从当时形势和地理位置看，沮丘完全符合这个条件，庞涓选择这里的意图和战略布署都是容易明白的。

孙膑主张南攻平陵，一是不打"堂堂之阵"，避免和魏军正面一对一地硬拼；二是"攻其必救"，名不救卫，实际上是救卫救赵；而更主要的是诱敌上钩，分解敌军主力，引到适当地区予以歼灭。平陵是擒庞涓战役的关键，其地位置不论"平阳说""安陵说"，或"襄陵说"都和战争实际不符。平阳在山东邹县，当时应是齐地，安陵在山东菏泽西曹县西北面，即顾祖禹指为桂陵者，由秦"穰侯卒于陶而葬焉"（《史记·穰侯列传》）。"世谓之安陵"（《水经注》），则其地属陶，应为宋地，如何能说"南有宋"？并且它是后世所起之名，桂陵战役远在穰侯死前，这个名称当时并不存在，更主要的，齐军攻齐地（平阳），固然违反情理，齐军攻宋地，同样也讲不通，庞涓为什么要回师相救？襄陵虽为魏地，但去大梁也较远，特别是襄陵与桂陵之战同一年为齐所围，皆见《水经注》所引《竹书纪年》，这就否定了襄陵就是平陵。平丘凭临济水渡口，当大梁东北门户，过大梁不过两三舍地，迫近梁郊，攻打这里，庞涓势不能不回救。本书残简有"孙子曰：毋待三日……"虽上下残缺，但所论显为擒庞涓战役事，古代行军日行三十里称为一舍，庞涓由茬丘附近回师"兼趣舍而至"，行程加倍，需要两天左右；而齐军自平陵弗息而击，也需要一天左右，加上战斗时间当不超过三日，与"毋三日"恰相吻合。而与其他三地情况不合。从平陵和大梁及桂陵关系和距离看，只有平丘能够说明上述战略意义。

庞涓为什么带领八万甲兵会束手就擒？平陵居于濮阳、茬丘（沮丘）与大梁之间，而桂陵在濮渠一侧，介于平陵与濮阳、茬丘之间，它和平陵一样，都是凭临渡口，因而为庞涓自茬丘或濮阳附近回救平陵和大梁所必经。从平陵到桂陵一带，南有济水横挡庞涓的去路，北有濮水可以堵截庞涓的回师，再北就是黄河。当庞涓回师一过濮渠进入濮、济两河中间，可以周旋的地方不多，齐军当前，濮水与黄河在后，进退无路，加上军队失去辎重粮草，一天也支持不下去，济水横阻魏军与大梁之间的联系与援助，那就只有被活捉的一条路。由于平陵与茬丘之间相去不远，孙膑完全可以侦探和估计庞涓何时进入濮、济中间地带，齐军坐等平陵，等魏军全部渡过濮水，然后自平陵出动遏击，庞涓为齐军所逼，只有后退，当退到桂陵一带时，濮水阻住他的去路，这里就给齐军创造歼灭敌军的条件，庞涓在桂陵束手被擒是完全合乎逻辑的。

第三节　马陵之战遗址

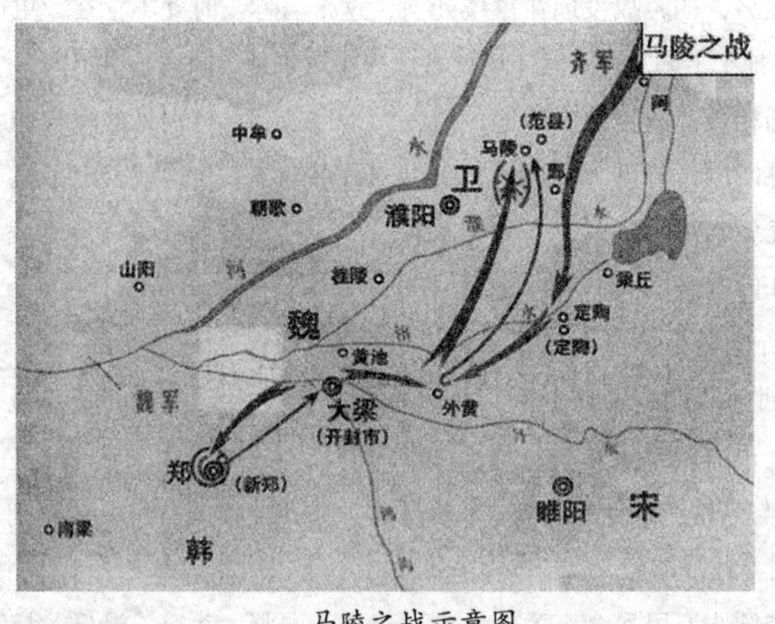

马陵之战示意图

马陵之战是战国时期非常重要的一次战役。在孙膑的运筹下，通过批亢捣虚、减灶诱敌，齐军在马陵道设伏，大败魏军，由此魏国衰落，齐国崛起。但马陵之战的相关争议非常多。原因有三：

一、公元前 334 年，魏惠王和齐威王在徐州会盟，互相称王史称“徐州相王”。惠王并改此年为后元年。《史记》因此而对魏惠王年号记载出现错误，结果把马陵之战时间记载为魏襄王和齐宣王之时，导致对于马陵之战发生的时间出现争议。

二、马陵之战双方交战的主要将领究竟是孙膑和庞涓，还是田盼和太子申，千百年来众说纷纭，没有定论。《竹书纪年》记载魏国攻打韩国的是襄疵，而攻打齐国的是太子申，所以《孙子吴起列传》中所说，庞涓领兵攻打韩国，被孙膑偷袭后方回师也就存疑了。

三、魏国是被齐军侵扰后从韩国回师抵抗，史书明确称其为“马陵之战”。根据记载，马陵的地点应该在齐国都城临淄和魏国都城大梁之间，当时属于齐国，而不属于魏国，且远离大梁。另外，太子申领兵与齐国交战前，曾路过宋国外黄，被外黄徐子规劝不要出战，而外黄是今商丘民权县，在今开封的大梁以东，从大梁出兵前往马陵需要路过外黄。

因为争议过多，所以古今学者甚至有人认为马陵之战根本不存在，因为孙膑如此痛恨庞涓，齐军既然在桂陵之战擒获了庞涓，怎能放过他。可能是司马迁找到两份年代相近，过程也相近的齐魏交战史料，但两份史料不同点也颇多，所以按照两战处理，但这种说法没有得到普遍认可。

关于马陵地点，本来有元城（今河北大名）和鄄城（今山东莘县大张乡，在河南范县县城西南 7.5 公里处）二说。但近些年马陵之战在山东郯城的说法更盛。

1993 年《中国古代军事通史》将公元前 341 年的齐魏马陵之战决战场定在山东郯城马陵山；1997 年中国中央电视台军事部大型系列片《孙子兵法》电视片在郯城马陵山摄取场景。2001 年 5 月，中国孙子兵法研究会创立的全国首家“中国古代军事文化教研基地”还在郯城马陵古战场风景区正式挂牌。但是，关于马陵之战址的争议远没有结束。

马陵之战是战国时期的一场决定性战役，也是我国战争史上设伏歼敌的著名战例。在这场战役中，齐军在马陵设伏，俘虏了魏国主将太子申（后被处死），射杀魏国大将庞涓，从此魏国从战国时期霸主地位跌落，不再有能力与齐秦两国争霸，沦为二流国家。

公元前343年，魏国发兵攻打邻近的韩国。韩国不是魏国对手，只得遣使向齐国求救。齐威王应允救援，以促韩竭力抗魏。但鉴于战事初起，过早出兵对齐不利。在征求孙膑意见后，决定再次坐山观虎斗，待魏、韩火拼一番后才出兵救援，这样则"尊名"与"重利"皆得。直到韩军五战俱败，情况危急，魏军也十分疲惫，才发兵相救。

公元前342年，齐威王以田忌为主将，田婴、田肦为副将，孙膑为军师，运用围魏救赵战法，率军直趋魏国首都大梁，诱使魏军回救，以解韩围。

关于齐魏马陵之战，《史记》有多处文字予以记载，其中以《孙子吴起列传》中的记载最为详细："后十三岁，魏与赵攻韩，韩告急于齐。齐使田忌将而往，直走大梁。魏将庞涓闻之，去韩而归，齐军既已过而西矣。…… 庞涓行三日，大喜……乃弃其步军，与其轻锐倍日并行逐之。孙子度其行，暮当至马陵。马陵道陕，而旁多阻隘，可伏兵，乃斫大树白而书之……齐因乘胜尽破其军，虏魏太子申以归。孙膑以此名显天下，世传其兵法。"

按照《史记·孙吴列传》的记载，齐、魏马陵之战的作战经过大致是：魏赵攻韩，韩向齐求救，齐王命田忌为将，直奔魏国都城大梁，庞涓得知消息放弃对韩的攻击回援大梁。孙膑采用"减灶诱敌"的计谋，使得庞涓大为轻敌，放弃步兵以轻装部队日夜兼程追击齐军。不知不觉，就钻进了齐军的伏击圈——马陵道，最终围歼魏军，俘虏魏国太子申，射杀庞涓。

这段文字记载脱胎于古本《战国策》。据《太平御览》卷二九四引《战国策》说："韩、魏相攻，齐将田忌率兵伐魏。魏将庞涓闻之，去韩而归。……行三日……乃弃其步兵，与其轻锐倍日并行逐之。孙子度其行，暮当至马陵。"

另《史记·魏世家》对齐魏马陵之战也有详细记载："（魏惠王）三十年，魏伐赵，赵告急齐。齐宣王用孙子计，救赵击魏。魏遂大兴师，使庞涓将，而令太子申为上将军。过外黄，外黄徐子……曰：‘太子自将攻齐，大胜并莒，则富不过有魏，贵不益为王。若战不胜齐，则万世无魏矣。’……太子果与齐人战，败于马陵。齐虏魏太子申，杀将军涓，军遂大败。”

《史记·秦本纪》孝公二十一年记载说：“齐败魏马陵”；《史记·田齐世家》记载说：“齐因起兵，使田忌、田婴将，孙子为军师，救韩、赵以击魏，大败之马陵”；《史记·孟尝君列传》记载说：“田忌与孙膑、田婴俱伐魏，败之马陵”；《史记·六国年表》也记载说：“败魏马陵，田忌、田婴、田肦将，孙子为军师。”

《史记》中有关马陵之战的记载多达七处，但并没有明确记载马陵之战发生的地点。

南朝刘宋时期的裴骃在《史记集解》中注释说：“徐广曰‘在元城’。”司马贞在《史记索隐·魏世家》里，沿袭裴骃的说法，对“马陵”一词注释说：“《纪年》二十八年，与齐田肦战于马陵；上二年，魏败韩马陵；十八年，赵又败魏桂陵。桂陵与马陵异处。”

唐代开元年间的张守节在《史记正义·秦本纪》孝公二十一年“齐败魏马陵”一句下，注释说：“虞喜《志林》云：‘濮州鄄城县东北六十余里有马陵，涧谷深峻，可以置伏。’按：庞涓败即此也。”在《史记正义·魏世家》中注释说：“徐说马陵在魏州元城县东南一里，庞涓败非此地也。……按：孙子减灶退军，三日行至马陵，遂杀庞涓，虏魏太子申，大破魏军，当如虞喜之说，从汴州外黄退至濮州东北六十里是也。然赵、韩共击魏，战困于南梁，韩急，请救于齐，齐师走大梁，败魏马陵，岂合更渡河北，至魏州元城哉？徐说定非也。”

虞喜，晋代会稽余姚人，曾著《志林》三十篇，早已佚失，其佚文散见于《史记索隐》《史记正义》《三国志注》《文选》《书钞》《御览》《说郛》等书。

至此《史记》之后虞喜的“濮县说”和徐广的“元城说”并存，后世说法不一。

1972 年，临沂银雀山汉墓出土《孙子兵法》《孙膑兵法》竹简后，专家通过对其内容进行解析，部分学者对马陵之战战址提出了新说。

一、马陵之战郯城说

1992 年 9 月，山东省社科联、省历史学会等单位在郯城县召开了海峡两岸《孙膑兵法》暨马陵之战学术讨论会。专家学者们认定马陵之战的战址在郯城马陵山。会议后发布了研讨成果——《孙膑兵法暨马陵之战研究》论文集。代表性论文主要有：《齐魏马陵之战战场新说》《齐魏马陵之战发生在郯城马陵山补证》《重解千古马陵之疑》《有关马陵之战诸问题释疑》以及《敬答马陵之战诸问题质疑》等，会议否定了马陵战址在莘县的说法。

山东工程学院稷下学研究所研究员黄宝先在《马陵战址莘县说与郯城说之比较》一文中指出，“郯城说，最早见于史书的是明万历十六年刻本《沂州志》，其《山水志》载：‘马陵山在州东九十里，与郯城接，状如奔马，直抵宿迁……齐伐魏，孙膑胜庞涓于此’”。他的依据有五条：

第一，据《左传》关于会盟的记载。春秋时期，两国或多国会盟的重要原因之一，常常是某一国家或少数国家顺服于主盟国。在这种情况下，会盟地点都在顺服国的国内或顺服国附近。“莒服故也”是马陵会盟的重要原因之一，因此，马陵可能距莒地不远，有利于“郯城说”。

他举例，《春秋·成公五年》：“十有二月己丑，公会晋侯、齐侯、宋公、卫侯、郑伯、曹伯、邾子、杞伯同盟于虫牢。”杜预注：“虫牢，郑地。”《左传·成公五年》：“冬，同盟于虫牢，郑服也。”郑国顺服于他国，会盟地点选择在郑地。再如，《春秋·宣公十一年》：“夏，楚子、陈侯、郑伯盟于辰陵。”杜预注：“辰陵，郑地。”《左传·宣公十一年》：“夏，楚盟于辰陵，陈、郑服也。”陈国、郑国顺服于他国，会盟地点选择在郑地。《左传》中关于此类会盟的记载还有几例，会盟地点都在顺服国的国内或顺服国附近。

由《左传·成公七年》“八月，同盟于马陵，寻虫牢之盟，且莒服故也”

可知，马陵会盟的原因是“寻虫牢之盟”，也是因为“莒服”的缘故，所以会盟地点“马陵”可能在莒地附近。再联系郯城距莒地较近这一事实，以及前述徐广等人认为马陵之战的马陵即马陵会盟的马陵等观点，可推测马陵之战的马陵有可能在莒地附近的郯城。

第二，郯城出土的大量兵器可能是鞌之战郤克军队遗留，《史记·齐太公世家》记载郤克曾率晋军“追齐至马陵”。20世纪50年代以来，郯城马陵山附近出土了大量兵器，有铜箭镞、铜剑、铜戈等。《史记·齐太公世家》记载，鞌之战晋军（主将郤克）追齐军至马陵，无论两军在马陵开战与否，都可能在那里遗留兵器，而“郤氏左戈”有可能是郤克的兵器。吴良宝《十四年上郡守匽氏戈考》（《华夏文化论坛》2012年第1期）一文认为：“近见一件私家收藏的有铭战国秦戈……内部正面刻有2行11字：‘十四年上郡守匽氏造，工鬵’……从形制与铭文来看，戈的铸造年代比较早，应是秦惠文王时的兵器。戈铭中的‘匽氏’，可与上引青川木牍、珍秦斋藏兵器的铭文相对照，视为同一人应无问题。”吴镇烽《新见十四年上郡守匽氏戈考》（《秦始皇帝陵博物院》2012年第2辑）一文指出：“匽氏，上郡郡守，此戈的监造者。”李学勤在《孙膑兵法暨马陵之战研究》（国防大学出版社1993年版）中撰有《郤氏左戈小考》一文，他指出：“郯城马陵山一带出土文物，引起我很大兴趣，特别是其中一件郤氏左戈，相当重要。……戈上的‘郤氏’，依照这类铭文的体例，乃是地名……由上所论，郯城大尚庄这件戈应该是魏军的兵器，年代也能与马陵之战相合，这是有利于马陵郯城说的。”文中认为戈上的“郤氏”是地名，“这件戈应该是魏军的兵器”。该文还有“由此推想，郯城大尚庄的‘郤氏左戈’也不会早于战国中期”之语。李学勤在《珍秦斋藏金·秦铜器篇》“前言”第14页还有“铭文人名不应有氏”之语。这两篇文章可否定“铭文人名不应有氏”的观点，也可旁证“郤氏左戈”中的“郤氏”可能是人物而非地名，且吴良宝认为“上郡守匽氏戈”年代为“秦惠文王时的兵器”，也与郤氏左戈（可能为郤克兵器）的时期相当。

前述徐广等人认为马陵之战的马陵即马陵会盟的马陵，而马陵会盟与鞌之战又都发生在春秋时期，故马陵之战的“马陵”有可能是与鞌之战相关的“马陵”。这样，郯城出土的大量兵器尤其是“郤氏左戈”有利于“郯城说”。

第三，《汉书·五行志》记载，鞌之战晋军“追亡逐北，东临海水”，颜师古注曰：“谓逐之三周华不注，又纵之，入自丘舆，击马陉，东至海滨也。”郯城距离海滨较近，与《汉书》记载相吻合。“马陉”即“马陵”，如《左传》对鞌之战记载为“晋师从齐师，入自丘舆，击马陉”，《史记》对此记载为“于是晋军追齐至马陵”（裴骃《集解》引徐广的观点对“马陵”的“陵”注释为“一作‘陉’”）。结合颜师古注释及前文，郯城马陵更符合晋军追齐“东临海水”“东至海滨”的说法。

第四，《史记·魏世家》记载，庞涓和魏太子申追击孙膑的途中经过外黄（今河南民权），魏军过外黄，说明是朝着郯城方向而来。

《史记·魏世家》有外黄徐子对太子申说：“太子自将攻齐，大胜并莒，则富不过有魏，贵不益为王。若战不胜齐，则万世无魏矣。”太子申听后想撤军，但被其御劝阻，于是继续追齐军。太子申与徐子对话，当在庞涓、太子申“弃其步军，与其轻锐倍日并行”（《史记·孙子吴起列传》）之前。魏军昼夜兼程追赶齐军可能是过了外黄以后的事。通常情况下，骑兵一昼夜行七百里是没问题的。《史记·刘敬叔孙通列传》就有“去长安七百里，轻骑一日一夜可以至秦中”之语，而外黄到鄄城、范县只有三百里左右，到莘县、大名也只有四五百里，其距离应不足以庞涓、太子申率轻锐“倍日并行”。况且庞涓、太子申昼夜兼程可能不止一日一夜。与鄄城等地相比，郯城距外黄较远，两地之间的路程更适合魏军轻锐倍日并行”且据文献可知，大梁到郯城之间（外黄在两地之间）的交通较为便利，《史记·楚世家》有“膺击郯国，大梁可得而有也”之语。交通便利，也是魏军长驱直入齐地的重要原因。而此前庞涓在桂陵受过伏击，若再往曾遭受伏击的方向追击，应有所顾忌。

第五，魏都城与齐军诱敌路线说明“郯城说”是可靠的。当代很多马陵之战的研究者认为马陵之战时魏国国都在大梁，但魏都那时还在安邑（今山西夏县）。如《史记·魏世家》记载：“齐虏魏太子申，杀将军涓，军遂大破……安邑近秦，于是徙都大梁。”《史记·商君列传》记载：“齐败魏兵于马陵，虏其太子申，杀将军庞涓。其明年……魏遂去安邑，徙都大梁。”了解当时魏都在安邑，对研究齐魏双方的行军路线有价值。若《史记·孙子吴起列传》所载“齐使田忌将而往，直走大梁。魏将庞涓闻之，去韩而归，齐军既已过而西矣”和庞涓所言齐军“入吾地三日”属实，则可知当时齐军已深入魏国腹地，而“过而西矣”很可能是指齐军已经过大梁，向西（魏都安邑方向）进军，“直走魏都”（《资治通鉴》周纪二）。

马陵之战前魏军是尾随齐军追击。既然齐军已经过大梁西进，魏军在追击齐军的过程中又经过外黄，那么齐军诱敌的路线肯定有一段是“大梁西—大梁—外黄”，这一路线大致是由西向东走向，而鄄城、范县、莘县、大名几乎在外黄正北方。如果孙膑在庞涓的“追击”下，选择在鄄城等地设伏，齐军就要在外黄附近拐弯，拐近乎直角的弯，才能到达鄄城等地，这有悖行军常理。

海峡两岸《孙膑兵法》暨马陵之战学术讨论会综述

“海峡两岸《孙膑兵法》暨马陵之战学术讨论会”于 1992 年 9 月 19 日至 21 日在山东临沂召开。来自海峡两岸的 104 名专家学者畅所欲言、各抒己见，就《孙膑兵法》、马陵之战进行了深入的研讨，并取得如下共识：《孙膑兵法》

在我国文化中拥有十分重要的地位和作用；齐魏马陵之战的战址在郯城马陵山一说与其他几说相比有着更为充分的证据。

一、关于《孙膑兵法》的讨论

《孙膑兵法》是我国军事史上一部不朽的兵法“圣典”，在世界军事史上也占有十分重要的地位。这部著作自 1972 年在山东临沂出土，从而被确认后，便引起我国史学界和军事理论工作者的极大重视和研究兴趣，在国际上也产生了重 大的影响。

郭墨兰先生从人道主义的角度提出了自己的看法。他说，古典人道主义在中国春秋战国时期已完全理论化、系统化成为进步思想家们的共识和社会思想潮流。但是，人们在谈先秦古典人道主义时，只强调儒、墨、黄老道家，而忽视兵家。因为兵家和战争连在一起，似乎就说不上人道。其实，战争也有正义与非正义之分，正义的战争就是人道主义的。《孙膑兵法》可以说充分体现了先秦古典人道主义精神。它强调德、仁、义、信、智等，体现了对人格的尊重和人的权利的重视从关心人、爱护人出发强 调战争的正义和严正性主张用战争制止战争。姜国柱就孙膑的军事思想阐发了自己的观点。认为孙膑的军事思想是在继承孙武军事思想、总结当时战争经验的基础上形成的，其主要内容有：举兵兴义，禁止争夺；认识战争，赢得胜利；将帅有德，士卒效死；认识矛盾，驾驭战争四个方面。于联凯从哲学上对《孙膑兵法》进行了探讨。指出《孙膑兵法 》在论述战争指导规律时，表现出对辩证法的规律已有若干自发的朴素认识，对矛盾的普遍性有了朴素的见解，并认识到矛盾双方的斗争和转化，自发地接触到了矛盾的特殊性问题，不仅通过若干具体问题说明了认识矛盾特殊性的重要意义，还从一定的理论高度加以总结。同时对抓主要矛盾这一思想也有了比较深刻的认识，并进行了实践。朴素地揭示了内因在事物发展中的根本作用和质量互变规律。赵炯则认为，孙膑生活在奴隶社会向封建社会转变的巨变时期，《孙膑兵法》在这种历史条件下产生，表现了当时人的意志、心态，反映了当时的愿望、要求，因此，它不仅仅同当时的战争有关，而且首先和当时的政治思潮有关。他的军事思想与当时的社会现实紧紧连在一起，始终受到当时政治思潮的影响，是当时社会意识形态的一部分。王德敏从文化背景解说了《孙膑兵法》形成与稷下学的关系。他说《孙膑兵法》与稷下学是同一时代，同一国家和政治路线的产物。二者有区别，也有密切的联系，互相影响和促进，它和稷下学一样都是为田齐政治服务的。《孙膑兵法》的形成除了战争实践外，其理论建构同稷下学的影响分不开，从社会效果看二者也相同。总之，稷下学与《孙膑兵法》分别体现了田齐政治路线中的“文韬”和“武略”两个方面。

二、关于马陵之战的讨论

与会学者主要在以下几个方面进行了探讨。

1. 历史上有没有马陵之战。有学者曾指出，既然在桂陵之战中庞涓已经被擒，就不可能再有马陵之战，而且《史记》所记两次战争的过程、用兵方法基本相同。

与会学者进行了认真的讨论，一致认为历史上确实存在马陵之战。王汝涛先生指出，桂陵之战与马陵之战是齐魏两国间发生的相距13年的两次战争，《史记》等原始材料均有明确记载。《孙膑兵法·陈忌问垒》虽然没有“马陵”二字，但有两点证明绝不是另外一次战役：一是只有马陵之战才是由太子申领兵而文中明言取庞而擒太子申；二是所言战场的地形特征，绝非平原地带的桂陵战场，只能是设伏取胜的马陵之战战场。至于庞涓桂陵被擒的“擒”字，不能当捉住讲，当为战败、制伏。因此，庞涓依然可以做马陵之战魏军主帅。另外，从本篇中还可以看出，马陵之战田忌并未参加，齐军主帅为田盼、孙膑。多数学者同意王先生的观点。庄春波对庞涓桂陵被擒做出了新解。他说《战国策·魏策》载庞葱（恭）与太子质于邯郸，庞葱正是桂陵之战被“擒”的庞涓，太子即太子申。事实上，桂陵战后庞涓确实为齐国所“擒”，不过不是战场上的被俘，而是作为魏军主将于战役后的谈判桌上与太子申一道成了魏向齐赵求和的筹码和抵押品。既然《魏策》记录了魏国人质太子申和庞涓由被“擒”，而终又“罢质”遣返归国之事，那么，他们于马陵之战时复任为将的可能性便不成问题。

2. 马陵之战的原因是什么。关于马陵之战的原因，《史记》中有三种不同的讲法，王汝涛先生在经过分析对比后指出， 齐魏马陵之战是发生在齐魏两国之间的战争，与救赵救韩没有关系，它的原因是魏国欲报桂陵之战大败之仇。王焕春对魏伐齐又补充以下三点：①从战国总形势上讲，魏伐齐是急于改变地理上的不利态势。②从客观上讲，是魏惠王中了卫鞅的挑唆之计乃决定伐齐见《赵国策·齐五》。③从战机上讲，当时齐国将相邹忌与田忌不和。与会代表在战争起因上基本上取得共识，即魏伐齐比其他原因更有可信度和说服力。但也有代表对这一原因提出异议，认为在当时魏尚不具备主动伐齐的条件与时机，而且从当时各国的关系看，齐因救韩而攻魏，引起马陵之战是可信的。

3. 关于作战路线。黄宝先从：①齐魏马陵之战的原因、目的、性质；②古驿道的性质与分布情况；③齐境武库设防及天然、人为屏障的情况；④魏齐与周围诸侯国的关系；⑤史书中关于马陵古道的记载等五个方面论证了齐魏马陵之战的作战路线：魏军从大梁出发，过宋外黄、睢阳，从彭城、到郯城马陵山。大多数学者对该路线表示赞同，并认为该路线的尽头郯城马陵山即是齐魏马陵之战战址所在。任力则从救韩说出发认为齐军是从齐境出发，直走大梁，然后从南线东退，过外黄等地到郯城马陵山。以此诱魏军至死地而全歼之。

4. 关于马陵之战的战略战术。大多数学者认为，从文献记载看马陵之战是大规模的伏击战。还可以从《史记》《战国策》等史籍找到证据。由于当时魏强齐弱，因而在两军相遇之后，齐军采用退兵减灶之术向齐国境内撤兵。学者们指出，十万灶、五万灶、三万灶指的是数量众多，而不是实指十万、五万、三万个灶等。齐军通过减灶，麻痹魏军；使之丧失警惕，以齐军为怯，才敢于长驱直入。军事科学院任力同志的《齐魏双方的战略意图和作战方针》

详细论述退兵减灶与诱敌入伏两方面是孙膑诱魏军入马陵山的主要方略。这篇论文足以代表军事家的观点。另外，伏击歼敌是该战中的另一重要战术。学者们指出，魏齐此强彼弱，齐不敢与魏行阵地战，因而，在退兵减灶的过程中引诱魏追至马陵山，采用伏击战术以大破魏军。

5. 马陵战址究竟在何处。对马陵战战址的讨论是这次会议讨论的焦点。郯城县课题组从文献资料、军事地理、出土文物、地名成因等四个方面对马陵之战战址进行了论证。在文献资料方面，他们指出马陵之战的原因是魏伐齐，目的是大胜并莒，作战路线是从大梁，过外黄、睢阳，彭城、邳到郯城马陵山；从军事地理方面，他们指出郯城马陵山是隘塞死地，是理想的伏击战场，这同司马迁在《史记》中有关记载和《孙膑兵法》“死地”是相吻合的。在出土文物方面，郯城马陵山附近出土了数千枚铜箭头及部分剑、铜钩、铜刺等，这些出土兵器经专家鉴定为战国时兵器，尤其是带铭文的铜戈“郤氏左戈”更是值得一提。据著名考古学家李学勤先生考证，该戈是战国时魏国河内郤邑所铸兵器，其年代与马陵之战相合。另外，这里的地名成因多数同马陵之战有关。他们据此认为郯城马陵山应当是马陵之战的战场所在。此外，国防大学的张锦良教授从军事学角度论证，覆魏十万之众的地形必须如《孙膑兵法》所说的是“隘塞死地”，这只有郯城马陵山才备这种地形。大平原的大名元城与莘县，即使在两千年前，也不具备这种地形。即使大地震，也不能使山变为平原。他说“隘塞死地”四字，一字千金。这是以实践经验为基础的论述，特别能说服人。黄宝先对莘县说与郯城说进行了详细的比较。他认为从文献资的运用上看，莘县说太薄弱具有错用资料之嫌；从军事地理上看，莘县地处平原根本不具备进行伏击战的条件，而且，莘县一带无一件出土文物同文献相佐证，而郯城说则不仅引证了大量的史料，而且进行了去伪存真的工作；从地形上看，郯城马陵山山势不高，入口平缓，深入则险峻，适合打伏击战，另外，这里出土了大量的铜箭头，“郤氏左戈””等同文献佐证。通过对比认为马陵之战的战址应在郯城马陵山。

另外，与会学者还从马陵之战的必具条件，马陵之战的路线等不同角度论证了马陵之战发生在郯城马陵山的可能性与必然性。

二、马陵之战莘县说

2005年10月底，莘县组织召开了马陵之战学术研讨会。会议认为：莘县马陵为马陵之战发生地最为可信。会后发布了研讨成果——《千古战例垂青史——莘县马陵之战学术研讨会论文集》。山东大学教授徐鸿修、林鸿雁撰写，发表于《山东大学学报》1998年第4期的“马陵战址新说商榷”，较具代表性，对马陵之战“郯城说”提出了不同意见。

徐鸿修、林鸿雁“马陵战战址新说商榷”主要内容及观点

发生于公元前341年的齐魏马陵之战的战场所在，历来有元城（今河北大名）和鄄城（今山东莘县大张乡，在河南范县县城西南7.5公里处）二说。后又有学者主张马陵战址在今郯城马陵山。并召开“海峡两岸孙膑兵法暨马陵之战学术讨论会”，会后出版了论文集《孙膑兵法暨马陵之战研究》，清一色地专收主张或附和“新说”的文章，需要对“新说”各项论点逐一进行辨识。

（一）关于前人对马陵战战址的记述

持“新说”者认为，“《史记》有六处记马陵之战，但没有指出马陵在何处”。既批评了司马迁，又暗示了元城、鄄城二说没有《史记》的内证作依据。《史记·孙子吴起列传》记马陵决战前“孙子谓田忌曰：……使齐军入魏地为十万灶，明日为五万灶，又明日为三万灶”，又说“庞涓行三日，大喜曰：‘我固知齐军怯，入吾地三日，士卒亡者过半矣。’”两度明指马陵为魏地，以此为准，即使战国时“马陵”不止一处，司马迁也限定了齐魏之战的马陵只能在魏境内寻找，从而为后人确定马陵战址提供了基本依据。徐广、虞喜虽然是东晋人，而且二人都未到过北方，但北方地名并未因晋室南播而全盘重改，加以地名具有持久的生命力，所以在两晋通行的地名中仍然保存了不少先秦

时的古地名。“黄城”之黄及“清亭”之“清”都是晋时仍然存在的先秦地名。徐广、虞喜说马陵在元城、鄄城，和杜预指某地有某古地名一样，至少能证明当时此地确有古马陵地名，在这两个地方寻找马陵战址，至少有地名学上的根据。尤其是虞喜所说的鄄城马陵，其地正在魏国境内，与司马迁限定的地理范围恰相符合，因而更加值得重视。

（二）关于战争的“起因”

关于战争的起因，《史记》除《孙吴列传》“魏与赵攻韩”之说外，还有《魏世家》的魏伐赵、齐救赵和《田世家》的“魏伐赵，赵与韩亲，共击魏……战于南梁………韩氏请救于齐”两说，三处三个说法，互相矛盾。而且《史记·六国年表》在这一年内只有齐、魏两国栏内有马陵之战的记载，韩、赵两国栏内都是空白，《史记·赵世家》和《韩世家》也均无“魏伐我”之类的记述，这说明公元前341年的马陵之战是齐、魏两国之间的战争，与齐救韩、救赵无关。那么，齐、魏双方是哪一方首先发动战争呢？“新说”认为，据《孟子·尽心》篇“梁惠王以土地之故，糜烂其民而战之，大败。将复之，恐不能胜，故驱其所爱子弟以殉之”和《战国策·魏策二》“魏惠王起境内众，将太子申而攻齐”两条资料，当是魏惠王为复桂陵之仇而主动起境之兵大举攻齐，魏国是首先进攻的一方。

“新说”所谓战争的起因，只列举了魏复桂陵之仇一项，未免失于简单，以下依次加以分析。

关于马陵战前有无序战，《战国策·齐策一》有一条重要记载：

“南梁之难，韩氏请救于齐。田侯召大臣而谋曰：早救之，孰与晚救之便？张丐对曰：晚救之，韩且折而入于魏，不如早救之。田臣思曰：不可，夫韩魏之兵未弊，而我救之，我代韩受魏之兵，顾反听命于韩也。且夫魏有破韩之志，韩见且亡，必东愬于齐。我因阴结韩之亲，而晚承魏之弊，则国可重、利可得、名可尊矣。田侯曰：善。乃阴告韩使而遣之。韩自以专有齐国，五战五不胜，东愬于齐，齐因起兵击魏，大破之马陵。”

这条史料的可贵之处，在于它明确指出了“南梁之难”是韩、魏之间的战争并且是齐魏马陵战前的一次序战，与《田世家》“战于南梁……韩氏请救于齐”及其下文所述齐国大臣早救晚救争议的情节正相符合，所不同的仅在于《田世家》主张“勿救”的是邹忌，主张“早救”的是田忌（即田臣思）而非张丐，主张“阴结韩之亲而晚承魏之弊”的是孙膑而非田臣思而已。

魏、齐马陵决战前魏国的确曾经进攻韩国，南梁之难为马陵之战的序战是无可置疑的。魏国为复桂陵之仇而先攻韩，是由一定的历史背景促成的。众所周知，韩、赵、魏三家原本同属晋国，魏在战国初期因最早实行变法而首先强大起来，所以三家在分晋以后的很长一段时间内仍保持着以魏为首三位一体共同对外的关系。矛头所向，主要是东方之齐与南方之楚。然而，到韩、赵也羽毛丰满并各有自己对外扩张的图谋后，三晋便开始分裂了。从此，魏向东与齐争雄，便首先要压伏韩、赵，实行“攘齐必先统晋”的策略，而齐国则力图利用三晋之间的矛盾使之互相削弱并首先挫败魏国。前353年的桂陵之战，齐国就是利用魏、赵矛盾取得了对魏的第一次大胜。然而，桂陵之战后，魏惠王漠视齐国已经强大起来和三晋关系已趋疏远的事实，竟接受了秦国使者卫鞅“先行王服，然后图齐楚”的游说，“乘夏车，称夏王”，俨然摆出天子的场面来。前344年，魏惠王还召集逢泽之会，除了邀请宋、卫、邹、鲁等小国的国君参加外，还企图迫使韩国等大国参加，实现魏国独霸和重建三晋旧盟的双重目的。由于魏国举行逢泽之会对韩、赵都有压力，所以韩国首先带头抵制，齐楚两国对魏国称王和号令诸侯的举动也感到愤怒，不久便相继爆发了南梁之战和马陵之战。由此可知，马陵之战的深层起因是魏、齐争雄和三晋分裂两种矛盾的交错，魏复桂陵之仇便包含在第一种矛盾之内。

（三）关于魏“主动攻齐”的“战役目标”

持“新说”者所以力倡马陵之战魏“主动攻齐”之说，“魏既然是主动起兵攻齐，就可以自己拟定战役的目标，而进军路线是从属于战役目标的”。那么，魏自己拟定的战役目标是什么呢？《史记·魏世家》保存了一条“最近于真实的资料”：

“魏伐赵，赵告急齐。齐宣王用孙子计，救赵击魏。魏遂大兴师，使庞涓将，而令太子申为上将军。过外黄，外黄徐子谓太子曰：‘臣有百战百胜之术’，太子曰：‘可得闻乎？’客曰：‘固愿效之。’曰：‘太子自将攻齐，大胜并莒，则富不过有魏，贵不益为王，若战不胜齐，则万世无魏矣，此臣之百战百胜之术也。’”

这段话是“借客之口，提出了魏军的作战目标，或者说阶段性的作战目标：‘大胜并莒。’”何谓“大胜并莒”？前人的解释是：由齐国西境进攻临淄，然后一直打到东南方的莒国并将其吞并。持“新说”者一再强调指出并莒“只是占领齐国南部”，“取得有限度的胜利”，“并非攻占临淄，灭亡齐国”。至于进军路线，“从外黄和莒两个地名看来，魏军从国内向东南方宋国假道，然后向东，经淮上十二诸侯之地，到达马陵山南口。马陵山当时有一条南北驿路，出山的北口，就离莒地不远了”。魏自行拟定的战役目标仅限于“并莒”说，是战址在郯城马陵山说的一个重要支柱，而《宋卫策》绝对可信说又是支撑这一支柱的基石。

然而，《宋卫策》所载外黄徐子“大胜并莒”的话果真那样可信吗？1. 春秋后期至马陵战前，晋国及分晋后的三家与齐国接境和争夺之地一向在齐的西境，即今鲁西和鲁冀、鲁豫交界一带。春秋后期以来，由于国家结构中的血缘纽带逐渐让位于地域关系，大国扩张领土一般都采取由近及远的方式，以求新占领土与原有的疆域连成一片，原始时代遗留下来的同一部落各分支的居地不相毗连、其间夹有外部落居地的“插花地”现象已不复存在。在这种形势下，魏惠王怎么会异想天开地去吞并一个与本国边境相距六百余里的飞地？

2. 战国前期，齐国除向西扩张外，还由南阳地区（泰山西南）积极向南扩展。前 412 年，攻取了鲁的安阳（今山东曹县东），前 408 年，攻取了鲁的郎（今山东泗水县北），次年，又攻取了卫国的贯丘（今曹县西南郊），此后又陆续兼并了原邹、任、薛诸小国的土地。前356年左右，齐威王将薛的故都下邳（今江苏邳县南）封给邹忌，号曰“成侯”，是齐国南境自邹、任至今江苏邳县、睢宁一带已连成一片。这一地区东连楚东北境与郯接壤之地，西接宋之彭城，已将魏、宋通郑的道路拦腰截断，魏军怎能越过这一地区去取道郯城北上“并莒”呢？难道他们不怕齐人从薛邳一线抄其后路吗？

3. 马陵之战前，西方秦国由于商鞅变法成功已迅速强大起来，开始东向与魏争雄。所以魏惠王沿西洛水东岸修筑了一条长城，自今陕西华县延伸至雕阴县西，作为西部边境的屏障。自此以后，魏向东扩张便不能不兼顾西境的安全。在西方秦国威胁日益加大的形势下，魏惠王为什么要费九牛二虎之力长途跋涉到东方去背上这个无用的包袱？

4. 更重要的是，马陵之战前夕，莒邑尚未纳入齐国版图而是属于楚国的领土。《史记·楚世家》：“简王元年（前431年），北伐灭莒。”此后百余年间，莒邑始终在楚的掌握之中。持“新说”者中有人说前412年莒邑为齐攻取，那是将齐国所取的鲁国莒邑误认为楚灭之莒国，不确。

如上所述，既然马陵战前莒地与魏东境相距甚远，魏通莒的道路已被齐南境隔断，攻占莒邑纯属劳而无功之举，且其时莒邑尚未属齐，那么，前341年马陵之战中魏方就不可能以“大胜并莒”为战役目标。《宋卫策》所载外黄徐子的话，很可能是出于战国后期人的依托。像这样与前4世纪中叶的列国形势及地缘政治明显不合的依托之词，持“新说”者竟然誉之为《史记》关于马陵之战记述中“最有根据”之处，以之作为战址在郯城马陵山说的基石或“前因”，如此“创新”，难免有沙上建塔的危险。

（四）关于“战址在郯城马陵山”的证据

持“新说”者宣称，他们不仅找到了关于马陵之战起因和魏方战役目标的“最可信的资料”，从而为确定战址找到了可靠的“前因”，而且发现了证明战址在郯城马陵山的“第一手资料”和出土古物，从而证实了由“前因”必然得出的“后果”。他们发现的第一手资料，主要是银雀山汉简《孙膑兵法·陈忌问垒》篇中的一句话："用此者，所以应卒窘处隘塞死地之中也，此吾所以取庞□而擒太子申也。""隘塞死地"只能是"山隘险阻等死地"，而三个被认为战址的地方，只有郯城马陵山与《陈忌问垒》的条件相符。

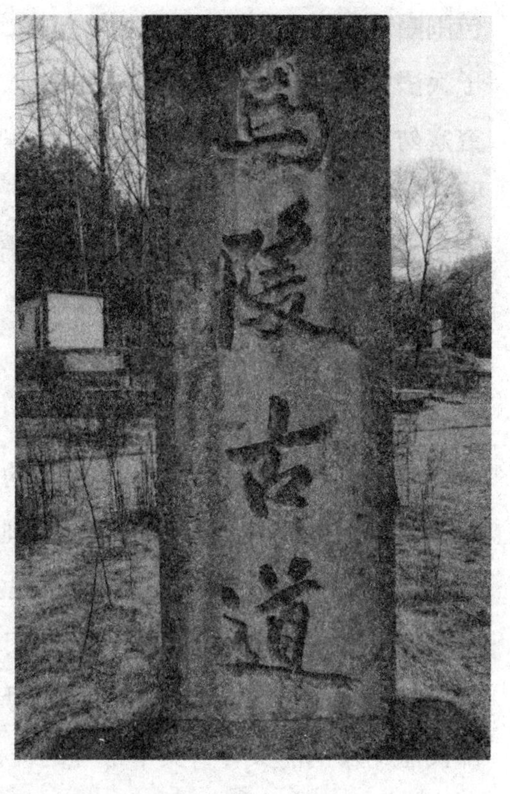

说《孙膑兵法·陈忌问垒》是研究马陵之战的第一手资料，自然是不错的。然而，持"新说"者对该篇的理解和上述推论，却大有商榷的余地：

其一，以"能将十万魏军全部装进包围圈"作为确定马陵战址的必要条件，实际上是先验地肯定了齐军在这次战役中是打了一场以伏击为手段的歼灭战，而这样的假定是没有根据的。再看马陵之战，《史记·孙子吴起列传》已明言庞涓为孙膑减灶之计迷惑后"弃其步军，与其轻锐倍日并行逐之"。"轻锐"既非步军，当指轻装快速的骑兵部队。而魏国的骑兵，据《战国策·魏策一》所载苏秦的夸大之辞也不过"骑五千匹"。假如将"轻锐"理解为车兵，则抛弃随车步卒后每车只有甲士3—4人，按《魏策》所说魏有"战车六百乘"计算，共有甲士1800—2400人。持"新说"者说魏精锐"当有五六万之数"，那是将轻锐与步军一锅煮的误解，不足为训。这5000骑兵或1800—2400车甲即使倾巢而出并全部编入倍日并行追逐齐军的序列，孙膑也无须选择"可以包围五六万以至十万魏军"的巨大战场来设伏，范县西南那处以3.5公里冲沟为中心的战场已足够了。《孙吴列传》又说，庞涓中计进入马陵道后，齐军万弩俱发，魏军大乱相失，庞涓自刭，"齐因乘胜，尽破其军"，是庞涓自刭后孙膑趁魏军失去指挥系统之机先胜"大乱相失"的魏轻锐，又“乘胜”将其后续步军击败。所谓“尽破”，无非是指将伏击圈内的魏骑兵与伏击圈外的步兵先后统统打垮而已，哪里有将十万魏军全部装进包围圈、一举予以全歼的意思？况且，中国古典军事理论从不偏重歼灭战，《孙子兵法》通篇未见关于歼灭战的论述，相反地却主张“归师勿遏，围师必阙，穷寇勿迫”就是明显的证据。说孙膑在马陵之战中将十万魏军全部装进包围圈一举全歼，恐怕是将毛泽东军事思想挂到了孙膑名下。用这种以今律古的方法去寻找马陵战址不导致错误的结论才怪。

其二，持“新说”的同志断言“只有马陵山才有隘塞死地”，也有失于片面和武断。《孙子》所说的死地，当是由作战双方态势和地形条件两种因素所形成的有覆亡危险的境地。持“新说”者将死地与杀地完全等同起来，又将隘塞的含义归结为仅指两山间的狭谷，再将这两种绝对化的理解合在一起，从而得出“只有马陵山才有隘塞地”的结论。这种加倍绝对化的武断之词，怎能说就是《陈忌问垒》篇的原意呢？

持“新说”的同志们宣称，他们断定战址在郯城马陵山，还有出土古物为证。马陵山出土的古物，有战国炊具陶片、战国齐的大夫一级官员的墓葬、郤氏左戈及铜箭头等，其中最强的证据是郤氏左戈和铜箭头 。

郤氏左戈1978年出土于独龙涧附近粮管所院内，有铭文“郤氏左”三字，经李学勤先生考证，从款式及铭文看，系战国早期所铸，“郤”为地名，《一切经音义》云：“郤乡在河内”，河内在战国时属魏，可知这件戈应是魏军的兵器。至于铜箭头，则数量更多，自1958年以来，以独龙涧为中心，山中多处出土铜箭头约数千枚。这些箭头有两翼式的，也有战国时才出现的三棱式的。持“新说”者称，郤氏左戈出土于田野证明战国早期魏军到过马陵山，大量铜箭头证明此地是古战场，再佐以“除了马陵之战外，马陵山未发生过任何一次大规模的战争”的考据，马陵战址非郯城马陵山莫属，这就是他们的推理和结论。

郤氏左戈出土于田野而非出土于墓葬，不能据以断定战国前期魏军到过马陵山。因为，武器是铜器中流动性较大的器类之一，它的流动既可发生于器主在世之时，也可能发生于器主去世之后的某一时代。《吕氏春秋·离俗览》："齐晋相与战，平阿之余子亡戟得矛"，就是器主在世时的流动，倘若平阿余子所亡之戟为晋人所得而得戟者又在另一次战役中将此戟丢失，那么后来失戟的地点就不是当年"齐晋相与战"的战场。倘若此戟在后世被人收藏而收藏者的后人又不知它的文物价值而将其遗弃，则其再发现地与"齐晋相与战"的战址的距离就更不知如何推断了。

至于断定铜箭头是马陵之战的遗物，也是令人难以信服的。首先，关于箭头的形制，持"新说"者的说法便互有出入。这些箭头"有两翼式的，也有战国时期才出现的三棱式的"，语气间似乎战国时期的箭头居少数；但又有人说这些箭头中"少数为春秋时期"，似乎多数箭头属战国时期，令人无所适从。其次，他们的课题组查对"当地方志和先秦文献"所得"除了马陵之战外，马陵山未发生过任何一次大规模的战争"的结论也有问题。古本《竹书纪年》明文记载：于粤（越）子朱句三十五年（前413），"灭郯，以郯子鸪归"。灭郯时越都琅琊，由琅琊向郯进军，很可能要经过马陵山。又，公元前443年，即越灭郯前的30年，楚已"广地至泗上"，越亦"以淮上地与楚"。因此，越灭郯后楚东北地即与郯接界，此后不知何年郯即落入楚手。《续山东考古录》"郯城"条下云："周郯国，后入越，又入楚"，证以战国后期荀子曾任楚"兰陵令"事（兰陵距郯仅90余华里），其说可信。楚既与越争郯，马陵山便很有可能成为两国交战之地。创"新说"的课题组既然认真查对了先秦文献，为什么对郯城两度易主的事实视而不见？如果没有这样的证据，那么，出土的铜箭头和郤氏左戈一样，也不能成为马陵战址在郯城马陵山的证据。

持"新说"者断定马陵战址在郯城马陵山，不仅所据的文献和考古资料不足为证，而且还有两个很大的弱点。其一，他们所指孙膑胜庞涓的地点自古至今都没有马陵地名，而只有"独龙涧"的俗名，至于连接独龙涧的所谓"长达数十里的马陵古道”，则是他们据这条古道在马陵山而推想出来的，史籍、方志和当地群众的俗语中并没有这一名称。然而，对这条想象出来的马陵道，持“新说”的同志中有人仍嫌其小，还要进一步发挥道：“马陵道不仅包括以‘马陵道’命名的某条道路，而且包括整个马陵山区所有狭窄的大小道路”，这就离事实更远了。《孙吴列传》孙膑设伏前曾计算庞涓率轻锐日夜兼程行进的速度，“度其行，暮当至马陵”，可见马陵在地理上是一个可以用来计算行程的坐标点，而绝不是一个广大的面，这是计算距离的客观要求所决定的，自古至今概莫能外。马陵山自北至南绵亘数百里，如果这个广大山区内所有大小狭窄道路都叫作“马陵道”，那岂不是说到达宿迁便等于到了临沂，或者说从宿迁到临沂就是从马陵道到了马陵道，孙膑作为一个杰出的军事家，怎么会用如此含混的地理概念去计算庞涓的行程？况且，马陵山究竟得名于何时，本身还是一个有待考证的问题。持“新说”的同志考证道：“马陵山之名，始见于北魏郦道元的《水经注》，称之为陵山，又称此山为马岭山。”说“陵山”始见于《水经注》，这是不错的。但是，说《水经注》“又称此山为马岭山”，则是持“新说”者凭空添加进去的，《水经注》原书绝无此文。《水经·沭水注》的原文是：“沭水又南迳东海厚丘县……又南迳陵山西”，戴震认为陵山是建陵山之误，引《魏书·地形志》“建陵县有建陵山”为证。建陵县在厚丘西南，是戴说可信。陵山既是建陵山之误，则不应被定为马陵山的初名。《魏书·地形志》建陵山跨郯城、建陵二县，在建陵县下又说此县除有建陵山外，又“有……马岭山”，这才是“马岭山”的始见。建陵县在今江苏新沂，郯城在其北约60华里。《地形志》于郯城下只说有建陵山而不说有马岭山，在建陵县下则别出“马岭山”以与“建陵山”并列，可知马岭山只是建陵山南的另一处山丘，它成为绵亘数百里的临、郯、宿山脉的总称，当在北魏以后（可能不早于北宋时）。持“新说”者为《水经注》加进陵山“又称马岭山”之文，从而将古建陵县境内的马岭山说成是今日的马陵山，又根据马陵山内所有道路都可以称为马陵道的假设，将连接独龙涧的道路指为孙膑设伏的马陵道，显然是根据后起的山名臆造先秦时代的古地名。

马陵战址在郯城马陵山说的第二个弱点，在于此说与郯、莒交通路线不合。从地形看，郯城地处临、郯、苍（山）平原之中，马陵山自北向南在其东侧向南延展。由郯城北上经马站、李庄入临沂，再向东北入莒县，所经之地大部为平原地带，无须由郯城向东过马陵山。所以当有的同志质问：“魏军为何放着平原大道不走，非再往东钻那地形险要的马陵山不可？”持“新说”者无言以对，只有借口推脱说：“这是战前的决策问题，只能由太子申和庞涓来回答”，以太子申和庞涓死无对证来摆脱窘境了。可见，说马陵战址在郯城马陵山在地名和地理方面也存在着难以克服的困难。

莘县马陵之战学术研讨会纪要

莘县马陵之战学术研讨会于2005年10月29日召开，历时2天。来自北京、天津、上海、南京、石家庄、郑州、开封、济南、烟台、潍坊、聊城、濮阳、鄄城、惠民、广饶、东阿等地的66位专家和研究人员应邀出席了研讨会。莘县政协主席、研讨会组委会主任张晓民主持会议，莘县县委书记、县人大常委会主任赵庆忠到会并致辞，莘县有关单位人员出席会议。会议共收到论文57篇，贺电贺词14件。这次研讨会虽由莘县发起并组办，但从与会人员的广度与层次上看，实际上是全国性的。

研讨会期间，与会人员视察了马陵古道遗址，参加了马陵之战纪念馆开馆典礼，然后就孙膑、《孙膑兵法》和马陵之战的有关问题进行了认真研讨。来自四面八方的专家和研究人员欢聚一堂，畅所欲言，通过多种形式和渠道展示了自己的研究成果，发表了自己的真知灼见。归纳起来，大家在以下七个问题上初步达成了共识。

一、《孙膑兵法》是对《孙子兵法》的继承和发展。孙膑作为孙武的后人，在战争观、战略战术运用原则、治军建军方略等方面都卓有成效地继承发展了孙武的军事思想，对孙子兵学的形成和发展做出了特殊的贡献。在战争观方面，他充分认识并肯定战争的地位和作用，把战争看成关乎国家生死存亡的政治大事。他认为战争应服务于保障国家安定统一、政权巩固、国家大治的政治目的，但又必须慎战，不可穷兵黩武。在战略战术方面，他主张按战争规律办事，以备防战，以备应战，以备止战；主张避实击虚，攻其不守；主张巧妙布阵，各兵种协同作战；主张灵活用兵，掌握战争的主动权；主张知彼知己、知天知地，抓住敌军的弱点，利用天时地利，造成有利于我、不利于敌的战争态势。在治军建军方面，他认为国家财力充裕是战争的基本条件和胜利的必要保证，富国才能强兵；认为将帅的选择是国家的大事，将帅优劣，直接影响战争的胜负，关系国家的存亡；认为将兵者必须珍爱士卒，注重士卒的选用和积极性调动；认为治军者必须赏罚严明，必须以法治军，必须有完备的法规条文，做到赏罚有据、一视同仁。孙膑的这些兵学理论，在今天看来依然具有十分重要的实用价值。

二、马陵之战是战国战略格局变化的一个转折点。中国历史进入战国时期之后，争霸战争逐渐转变成兼并统一战争。魏国最早实行变法，逐渐强大起来，成为中原一霸。此时西有强秦，东有大齐。魏试图兼并邻国，进一步壮大自己，齐则力图抑制并削弱魏国，巩固自己的东方大国地位，齐魏之间的关系由此变得十分微妙。桂陵之战，孙膑虽然用“围魏救赵”之计打败了魏军,但魏国的强国地位并未从根本上受到动摇。马陵之战则使魏国元气大伤。其后，魏又多次为秦所败，从中原霸主沦为三等强国，齐、秦两强东西对峙的战略格局形成，合纵连横活动应运而生。

三、马陵之战是孙膑创造性地运用孙子兵学的光辉范例。马陵之战是一场以弱胜强的战争。在战争之前和战争过程中，孙膑对形势的判断和战略战术的把握都是准确无误的。第一，必须救韩。如不救韩，韩必为魏所灭，魏必更加强大，齐必将承受更大的军事压力。为抑魏计，救韩势在必行。第二，必须迟救韩。韩国得到齐国相救的承诺，必然拼全力抗击魏军。待韩十分危险时再出兵救之，可使韩更加感恩于齐，也可避开魏军初战的锐气；直逼魏都。第三，从地理位置上看，韩在西，齐在东，魏国居中，入韩地作战，最好的办法仍然是兵临魏都，迫其回兵自救，间接解韩国之围。第四，仍应采用伏击战术。魏强齐弱，齐只能智取，不可力敌。智取的最好办法是伏击。但齐军未进入韩地，自然不可能像桂陵之战那样在魏军由韩撤军的路上设伏，齐军只有主动后撤，然后在退军途中设伏击之。如在魏地设伏，保密是个大问题。只有将魏军引入齐地后伏击之，齐占地利人和，才能确保伏击成功。第五，以骄兵之计诱敌。魏军强，齐军弱，魏军从来就看不齐军。齐军再以减灶之计示弱，魏军必会轻易上当。第六，精心选择伏击地点。马陵道狭而险，且多歧路，既能展弓弩之长，又能使魏军迷途失道，是打伏击战的好地方。再以树木为障，兵车为垒，齐军严阵以待，必操胜算。孙膑的这一筹划，环环紧扣，层层相连，疏而不漏。未战之前，魏军已是囊中之物。

四、马陵之战的真实性不容怀疑。有的学者怀疑马陵之战的真实性，进而认为史书记载有误，马陵之战和桂陵之战可能是一回事。持此说者抓住《战国策》中的个别词句及其与《史记》中的抵牾之处，便武断地否定马陵之战的历史存在，这种做法是极不严肃又十分片面的。不要说《史记》中关于马陵之战的起因和过程写得十分具体，就连《战国策》中也有多处述及“邯郸之难”和“南梁之难”。庞涓在桂陵之战中被擒后获释，又参加了13年后的马陵之战，这是合乎情理的。否定马陵之战的真实性者不是学术上的无知，便一定是别有所图。

五、魏主动从南线攻打齐国以报桂陵之仇的说法站不住脚。理由有七：第一，魏要称霸，必先剪灭韩、赵等较弱的国家，在此之前不可能主动与雄踞东方的齐国全面开战。第二，魏韩战事未了，魏不可能在东西两个战场同时开战。第三，庞涓自韩撤回，直接向东北方向迎击齐军，魏王又派太子申经外黄出兵为后队，这才形成了庞涓与太子申一前一后的阵势。如从南线进军，二人势必合兵一处，外黄徐子为何只劝阻太子申而不劝阻庞涓？第四，魏军如走南线，小小的宋国可以穿越而过，但强楚的辖地就必须假道，这种外交手续绝不是三言两语可以办妥的。第五，齐国南部有长城之险可守，魏如主动攻齐，最好的办法是向西北进军，攻其鞭长莫及之处，岂会弃易就难？第六，魏军系尾追齐军而行，齐军须尽快撤入本国境内，绝不会穿过宋、楚等国辖地撤向郯地。第七，“大胜并莒”一语只是徐子的假设，并非魏军追击齐军的战略目的。魏军实际上是被齐军牵着鼻子走，在进军方向与交战地点上没有丝毫的选择余地。

六、认定莘县马陵为马陵之战战址理由最充分。中国北方大地上，叫马陵的地方有多处。但综合分析各方面的因素，莘县马陵为马陵之战发生地最为可信。理由有九：第一，莘县马陵位于齐魏交界处，齐国多次西向用兵皆由此出境，这次击魏救韩当不会例外。第二，莘县马陵距魏都大梁（今开封）300 华里，与史书记载的三日行程基本吻合。第三，莘县马陵一带今日虽为平原地貌，古时却是沟壑纵横，此事有虞喜《志林》记述、古地名、老年人回忆和今日尚存的局部沟壑地貌可证。与会者在道口村现场察看之后，对此深信不疑。第四，史料中记载的“濮州北三十里”“鄄城东北（应为西北，古书记载可能有误）六十里”“范县西南四十里”“观城南十八里”，均为今莘县马陵所在的位置。旧范县县城和旧观城现在均为莘县辖地。所谓“濮州说”“鄄城说”“范县说”“观城说”实际上是一说，就是“莘县说”。第五，孙膑生长于“阿、鄄之间”（司马迁语），其家乡距今莘县马陵不足百里，他对马陵一带的复杂地形应十分熟悉，这是其选定马陵为伏击地点的重要条件。第六，莘县马陵一带古多土丘土沟，这与“陵，大土山”（《辞海》首条注解）的本义相符。第七，莘县马陵一带沟宽多在百米以内，伏兵正可展弓弩之长。第八，莘县马陵一带沟中之路较平，利于以战车为垒，前堵后截。第九，莘县马陵一带关于马陵之战的民间传说很多，传说的产生应该有其历史背景。

七、应该把马陵战址的开发利用和《孙膑兵法》的研究作为经济和文化发展的载体。对马陵之战，不能为研究而研究，更不能为争胜而争论。一切研究都应该力求符合史实，一切研究都应以弘扬历史文化、促进当前事业发展为落脚点。《孙膑兵法》是我国古代军事理论的集大成之作，马陵之战是集多种军事谋略于一役的光辉战例，值得后人很好地开发利用。中国共产党在抗日战争的战略制定和军事指挥上就很好地应用了《孙膑兵法》的军事理论，这生动地说明了《孙膑兵法》在现代战争史上的重要地位。当前，不仅军事工作者应该研究《孙膑兵法》，政治、经济、教育等战线的工作者也应该将《孙膑兵法》的基本原理推而广之，以获得多方面的应用。对于马陵战址所在地的莘县下一步应该采取哪些措施，与会专家也以不同方式提出了很好的建议：第一，最好成立一个研究会，将《孙膑兵法》和马陵之战的探讨工作继续进行下去。第二，按计划建设马陵风景区，以形成冀鲁豫交界处的历史文化亮点。第三，将马陵风景区纳入聊城市及冀鲁豫边区的旅游网络，以提高知名度。第四，将大张家镇更名为“马陵镇”，以扩大马陵的影响。第五，注意保护马陵之战遗址和纪念馆的无形资产。第六，保持与各地专家和研究者的联系，以便互相交流，共同提高。第七，可于适当时候召开《孙膑兵法》应用研讨会或经验交流会，以促进古为今用。第八，可组织人员进行有关马陵之战的文学创作，最好能创作电视文学剧本并力争拍成电视连续剧，以造成轰动效应。第九，条件成熟时可争取有关方面投资建设“战国城”，以与外地已建的三国城、水浒城、唐城等相呼应。

第六章 文化遗存遗址

第一节 功不可没的银雀山汉墓

在山东临沂城东南岚山区有两座隆起的小山岗，东西对峙，东岗名为金雀山，西岗名为银雀山。驰名中外的银雀山汉墓址就在这个海拔不足百米的银雀山上。

一、汉墓竹简现世

1972年4月，临沂县城关建筑管理站的工作人员，在银雀山上施工的时候，发现了两处汉代墓穴，并及时向县文物部门进行了报告。当地考古工作人员从墓穴的规模、形制认定这只是一个普通的汉代墓穴，后来发现在清理出来的竹片上有字，疑似竹简，立即向上级报告，引起了上级的重视。

发掘的两个墓穴被分别命名为银雀山1号、2号墓。墓穴开凿在山崖之中，两墓椁室结构大体相同，是长方形竖穴，每个墓都有一椁一棺。椁内有隔板分割，一侧是棺，另一侧放置随葬器物。

根据两个墓穴里出土的钱币和2号墓中出土的《元光元年历谱》推定，1号墓下葬年代在公元前140年至前118年，2号墓下葬的年代在公元前134年至前118年。而墓室中出土的竹简上的字体属早期隶书，应该是公元前179年至公元前118年（西汉文帝、景帝至武帝初期）书写成的。竹简的抄写年代早于墓葬年代。

另外，1号墓出土的两件漆耳杯底部刻有隶书“司马”，大多数研究者认为这应该是墓主人的姓氏。2号墓出土的陶罐上肩部刻有“召氏十斗”四字，“召氏”也被视为2号墓主人的姓氏。此外西汉时期避讳不严，竹简有时似避“邦”讳，有时又不避（《孙膑兵法·陈忌问垒》有“晋邦之将”语）。“盈”（惠帝名）、“彻”（武帝名）诸字，竹简中常见，“雉”（吕后名）、“启”（景帝名）二字虽不常用，但也出现过。

在1号、2号墓室中共发掘出极为珍贵的西汉竹简7500余枚，其中，完整简、残简4942简，此外还有2500余枚竹简残片。出土竹简的长度有3种：

1. 长69厘米，约合汉尺三尺，经缀联共32简。出土于2号墓。

2. 长27.6厘米，约合汉尺一尺二寸，约5000简。出土于1号墓。

3. 复原长度为18厘米，约合汉尺八寸，此类简仅10简。出土于1号墓。

此外，在1号墓还出土少量木牍，长23厘米，约合汉尺1尺。

汉简的不同长度，也反映了汉代礼制。编联竹简的丝绳早已朽断，从简上留下的编痕可知有两道和三道的编联方式。从编痕处留下的空白可看出，竹简是先编联成册，然后再书写的。

1981年，当地政府在银雀山西南麓汉墓遗址上开始修建银雀山汉墓竹简博物馆，并于1989年正式对外开放。博物馆占地面积约10000平方米，建筑面积2400平方米，为古典宫廷式建筑。馆内分为银雀山汉墓厅、孙子兵法展厅、孙膑兵法展厅、简牍陈列厅和文物陈列厅等五部分。现馆内有竹简复制品、说唱俑、玛瑙印、古钱币等文物展示。

二、内容丰富的汉墓竹简

《银雀山汉墓竹简》是银雀山汉墓中出土的最珍贵的文物，被列为“新中国30年十大考古发现”之一，21世纪初又被评为“中国20世纪100项重大考古发现”之一。竹简目前被保存在银雀山汉墓竹简博物馆和山东省博物馆内。其内容包括《孙子兵法》《孙膑兵法》《六韬》《尉缭子》《晏子》《守法守令十三篇》《元光元年历谱》等先秦古籍及古佚书。这些古籍均为西汉时手书，是较早的写本。对于研究中国历史、古代兵法、历法、哲学、古文字学、简册制度和书法艺术等方面，都提供了可贵的资料。临沂银雀山汉墓整理的大批先秦竹简,无一儒家经典,而道家和兵法类文献则占有相当大比重。

这些竹简的出土，特别是失传了1700多年的《孙膑兵法》与《孙子兵法》在同一墓地出土,对于研究先秦历史和古代军事思想提供了极为重要的史料，解决了孙武和孙膑二人关系的历史之谜。目前整理出的105枚《孙子兵法》有关内容，共一千余字，已发现的篇名与《宋本十一家注孙子》的十三篇相同。《孙膑兵法》竹简222枚，计16篇。

竹简简文系墨书，每简字数不等。书写格式有4种：

1. 汉简的上下两端各留1—2厘米的空白。《孙子兵法》《孙膑兵法》《晏子》《尉缭子》均属此种。

2. 汉简的上下两端不留空白，整枚简自上而下写满。《六韬》《守法守令十三篇》均属此种。这两种简均长27.6厘米，一般书写三十五字左右，篇末多有计数，标明本篇字数。

3. 图表形式,《阴阳时令占候之类·天地八风五行客主五音之居》篇即此例。此图表系十二简编联成，从图中心向四方绘八条朱红色线，以代表八种风。一年十二月分成四组，于图四角由内向外放射状排列。

4. 表格形式。《元光元年历谱》即此例。

竹简篇题的书写有4种形式：

1. 单独写在第一简的简首正面，正文从第二简开始书写。

2. 写在第一简的简首背面，正面书写正文。

3. 写在篇末最后一简的文字结束处下。

4. 篇题书于最后一简背面，说明是简册书写完毕，自左向右卷起，提篇题于外，利于索检。

简上的文字全部为隶书，用毛笔蘸墨书写，字迹有的端正，也有的潦草，不是出于一个人的手笔。1号墓竹书非一人一时书写，书体和行款不尽一致。

书体可分为规整和草率两大类。

银雀山 1 号墓出土竹简中有传本书籍和古佚书，古佚书占大部分。由于简本与传本的篇章分合不尽相同，故两类有交错的现象。

有传本的书籍包括：

《孙子兵法》（即《孙子》十三篇）及其佚篇。简本除《地形》篇外，其余 12 篇文字均有发现。但与竹简同出的篇题木牍残片上，在《九地》篇题前书有《□形》。传本《孙子·九地》前一篇为《地形》，木牍的《□形》当即《地形》，由此看来，简本《孙子兵法》应是十三篇足本。佚篇共 4 篇，《吴问》篇记吴王与孙子关于晋国六卿军事、政治制度的问答。《黄帝伐赤帝》《四变》《地形二》3 篇是分别对《行军》《九变》和《九地》部分内容的解释与发挥。

《尉缭子》共 5 篇。简本与传本《尉缭子》相合的共 6 篇，其中《兵令》一篇收入《守法守令十三篇》。简本与传本《尉缭子》的《兵谈》《政权》《守权》《将理》《原官》5 篇文字相合。

《太公》共 14 组，可分 3 类。《汉书·艺文志》道家下著录。1—7 组为第一类，见于传本《六韬》者，《文韬》4 组，《武韬》3 组。8—13 组为第二类，均为《群书治要》《通典》《太平御览》等书增加称引而为传本所无的佚文。14 组为第三类，是一些零散残简，其简式、字体与第一、第二类相似，简文又提及文王或太公望，据此当属简本《太公》残简。

《晏子》共 16 章，散见于传本 8 篇之中。其中第 10、第 11 两章传本都分别析为两章。

佚书类包括：《孙膑兵法》，《汉书·艺文志》称《齐孙子》。简本共 16 篇。第 1 篇至第 4 篇记孙子与齐威王、田忌的问答，确定是孙膑书。第 16 篇《强兵》篇也记孙膑与齐威王的问答，但可能不是孙膑书的本文，故暂附在书末。第 5 至第 15 各篇篇首都称“孙子曰”。但其文体、风格与《孙子兵法》及其佚篇不相类。这些篇中的“孙子”以指孙膑的可能性为大，因此，亦定为孙膑书。

《守法守令十三篇》，共10篇，是以篇题木牍为线索整理出来的。其中《守法》《守令》两篇不易划分，暂合为一篇。《上篇》《下篇》疑即简本《六韬》，因无直接证据，这两篇暂缺。《守法》篇的内容与《墨子》论守城之法的《备城门》及《号令》等篇相似。《要言》篇文字多韵语，为格言之汇集。《库法》《市法》《田法》《委积》等篇记述土地、市廛、库藏、赋税的法制。《王兵》篇内容散见于《管子》的《参患》《七法》《兵法》《地图》等篇。《李法》记处罚官吏之事。《王法》记王者之道。《兵令》篇简式与《守法》篇同，与《尉缭子》各篇简式不合，其内容与传本《尉缭子》之《兵令》篇合。

此外还有《地典》，《汉书·艺文志》兵阴阳家下著录。《唐勒》，为唐勒、宋玉论驭赋。《定心固气》《相狗》《作酱》等杂书。论政和论兵的文章，如《十官》《五议》《务过》《为国之过》《起师》等40余篇。阴阳、时令、占候之书，如《曹氏阴阳》等10余篇等。

银雀山2号墓边箱南端底部出土竹简32枚，为《汉武帝元光元年历谱》，简册基本完整，每简长69厘米、宽1厘米、厚0.2厘米。《历谱》以十月为岁首，是迄至20世纪发现的中国最早，也是最完整的古代历谱。

银雀山汉墓竹简中的《六韬》《尉缭子》《晏子》等书，自唐宋以来就被疑为后人假托的伪书。此次发掘证实了以上书籍在西汉前期已经传世，并非后人假托的伪书。《孙子兵法》与《孙膑兵法》的同时出土，更是中国文化史上的盛事，证实了《史记·孙武吴起列传》有关孙武仕吴、孙膑仕齐，各有兵法传世的记载。

《汉书·艺文志》著录《吴孙子》（即《孙子兵法》）和《齐孙子》（即《孙膑兵法》）。《隋书·经籍志》中《齐孙子》已不见于著录。唐宋以来认为《孙子兵法》是曹操“削其繁剩，笔其精粹”而成书的，或以为是后人伪托的，或以为世无孙武其人，兵法为孙膑所著。《孙子兵法》与《孙膑兵法》同时被发掘出来，使这个长期存在的疑问得到解决。

银雀山汉墓竹简所载史实与传世史籍有不同之处，如《史记·孙子吴起列传》记载齐魏桂陵之役比较详细，但根本未提及庞涓。至十三年之后马陵之役，方谓庞涓自杀，魏惠王的太子申被俘。简本《孙膑兵法·禽庞涓》谓孙膑擒庞涓于桂陵，与《史记》显然矛盾。从已有材料来看，孙膑擒庞涓确有可能在桂陵而不在马陵。

竹简出土时浸泡在烂泥污水中，损坏十分严重。这些竹简由当时开始发掘的文物组工作人员初步处理后，交由文物保护科学技术研究所、山东省博物馆等单位合作清洗整理。整理好的竹简保存在山东省考古研究所，临沂汉墓竹简博物馆内只保留复制件。

1972—1974 年，罗福颐、顾铁符、吴九龙三人对这批竹简进行考释研究，为以后的整理工作打下了良好的基础。1974 年成立了银雀山汉墓竹简整理组。首先进行《孙子兵法》《孙膑兵法》二书的整理，参加这两部书初稿本编辑工作的有中华书局的杨伯峻、魏连科、刘起釪，中国历史博物馆的史树青，中山大学的商承祚、曾宪通，故宫博物院的罗福颐、顾铁符，中国科学院历史研究所的张政烺，北京大学的朱德熙、孙贯文、裘锡圭，山东省博物馆的吴九龙、湖北省沙市文化馆的李家浩等人。其中部分专家还参加了《孙膑兵法》普及本的注释工作。

整理组将全部竹简整理编成《银雀山汉墓竹简》一书，分三辑出版。朱德熙、裘锡圭、李家浩、吴九龙参加了第一、二两辑整理工作的始终，参加过《孙子兵法》和《尉缭子》整理注释工作的有曾宪通，参加过《六韬》和《晏子》整理注释工作的有北京大学实习生李均明、骈宇骞。第三辑的全部整理考释工作是由吴九龙担任的。此外，傅熹年为第一、二辑摹写简文，张守中摹写了第二辑的一部分；周祖谟书写释文，商承祚担任摹本的校字工作。

第二节 风景览胜

一、孙膑故里

（一）孙氏祠堂

孙老家是鄄城县红船镇的一个大村子，全村2300多人中95%的人姓孙，孙氏祠堂就坐落在孙老家村内。孙氏祠堂始建于明朝景泰五年（1454），占地10余亩，正殿5间，东西厢房各3间，明崇祯年间曾遭兵燹而毁。清道光年间重建，正房3间，坐北朝南，占地70平方米，砖木结构，建筑形式古朴典雅，颇具传统风格。

祠堂内设有神龛，正中供奉孙膑雕像和牌位，上写“齐国军师晋封左丞始祖孙公讳膑字伯灵暨苏夫人之神位”。神龛两旁陈列孙膑后人牌位。祠堂前面有家祠碑一通，碑阳刻有“孙氏家祠序”，碑阴刻孙氏分支概况。

祠堂后壁墙上方有一长方形匾额，上书“孙氏家祠”四个大字，两旁对联为“灉右立宗两千年家声未坠，古鄄分支六十世祠庙犹存”，祠堂门联为“祖德宗功千载泽，子承孙继万年春”，横批“源远流长”。

1991年7月“全国孙氏族谱及孙膑论证会”召开以后，确定孙老家为孙膑故里。此后，为进一步搞好孙膑故里的研究和开发利用，鄄城县拨专款对孙膑故里珍贵文物包括孙氏祠堂进行了抢救、维修和重建。

在孙武故里广饶县孙家村，也有一座孙膑祠，与孙武祠并立，据史料记载，该祠原建于隋唐时期，民国时期被毁后复建。20世纪末，在河南淇县云梦山五里鬼谷，依孙膑墓旁，由台湾孙膑研究会兴建了孙膑祠。淄博市淄川区梦泉村、潍坊市区也都有祭祀孙膑的孙膑祠，是为祭祀孙膑任军师于齐国所建。

（二）牛添碑

在郓城县水堡村（古廪丘），流传着很多有关孙膑的童年故事。传说孙膑曾替一户冷姓地主放牧，经常将牛系在一块大青石上，他坐在旁边苦读，时间长了，牛就在青石上留下牛舌舔过的痕迹，形成了一道舌槽。后人称为“孙膑牛舔碑”。

孙膑后代为纪念先祖，曾将此石凿成碑形，在碑上保留牛舌舔痕。清宣统元年（1909）编纂的《濮州志》中有关于孙膑牛舔碑的记载：“邑之东南七十里水堡镇，旧有龙虎殿一座，不知建于何年……仅存禅门外古碑五，半淤土中，上仅三尺余，傍东一碑，有牛舔刷之迹，深二三分许，碑青色，其舔处则淡红色而滑，确似牛舔。但碑文模糊不可识，相传齐将孙膑射庞涓，经此庙憩息，系牛碑上，留此遗迹。”该碑原是水堡二十四景之一，许多外地人慕名而来。1975 年，中国科学院曾派人来此进行过实地考察。可惜此碑已毁于十年动乱，但碑座仍在。

（三）孙膑纪念馆

孙膑纪念馆坐落在孙老家村东 200 米，占地 4500 平方米，孙膑故里确定在鄄城孙老家以后建设。

孙膑纪念馆由一四合院的纪念馆和碑林组成。纪念馆大门上方悬一大型匾额，上书“孙膑纪念馆”，为原解放军出版社社长、著名书法家马法冉所题。主殿 5 间，正中为孙膑塑像，四面墙壁绘“孙膑放牛”“田忌赛马”“马陵之战”“桂陵之战”等大型壁画六幅，东西配殿分别有 3 间，东庑内陈列孙氏先人牌位，西庑内陈列《孙膑兵法》复制件及有关研究孙膑的著述及农耕物品。

碑林为孙膑纪念馆的一个重要组成部分。分“百名将军碑林”“百名书法家碑林”两部分，孙膑故里确定后，众多将军、专家学者和书法家为孙膑故里题词，鄄城县政府筹资建题词碑林，现已立碑 62 座。

在孙膑纪念馆东侧，台湾宏德宫出资建有孙膑殿。除此外，在永宁县青龙山，还有一个专门供奉孙膑的孙膑殿。

专奉孙膑的庙宇，在国内也不少。河北易县云蒙山、淇县云梦山都有孙膑庙，庙内有孙膑洞。在寿光营里镇河北道口、阳谷阿城镇、密云云蒙山、临汾鼓楼北、贵阳花溪青岩镇等地，都有孙膑庙遗址。

北京门头沟永定、临沂跑马梁子、莒南甲子山、河南桐柏大峡谷、新安云顶山、山西黄龙紫金山岭等地，均有孙膑洞。

（四）迷魂阵、孙膑营、孙膑井

1. 迷魂阵

郓城水堡村是一个古老的村镇，其街道布局和房屋建设却迥然不同于我国北方地区其他村庄建设格局。该村主要街道呈东南—西北走向，房屋也偏向东南，其非主要街道及小胡同因地势和房屋建设而朝不同方向拓展，呈不规则走向，故而被外地人称为："水堡集，真稀奇，十人来了九人迷。"究其原因，该村许多老年人介绍：水堡系孙膑老家，他外出随鬼谷子学艺前就在家经常琢磨兵书，研究阵法，反复排练各种阵势，现在的地形就是他当年摆的迷魂阵所致，沿袭至今，仍依其阵势修建房屋、安排道路，因而造成这种与北方广大地区不同的村庄建筑格局。流传的水堡二十四景之一的"黑风口"，就是孙膑摆迷魂阵时留下的一条西北—东南走向的狭长建筑巷道，风过此巷急而烈，飞沙弥漫，不辨天日，令人望而生畏，故后人谓之"黑风口"，以记其险。

位于阳谷县城北十二华里处有一处迷魂阵，相传是孙膑打败魏国大将庞涓的古战场。现在的迷魂阵村仍保留着原貌，外人进去分不清东西南北，进村后在弯弯的胡同里行走，不久便迷失方向，找不到出路，有的走来走去，又回到原路。当地流传着一首民谣：进了迷魂阵，状元也难认，东西南北中，到处是胡同，好像把磨推，老路转到黑。战乱时期，兵匪闻其名不敢入村，后人感德建起了孙膑阁（“文革”时期被毁）和孙膑庙，现只剩下民国时期（1927）一块万民感灵碑。

在鄄城宋楼乡，也保留有以迷魂阵布局的村庄。

2. 孙膑营

孙膑营是传说中孙膑带兵驻扎过的地址，故址在今水堡村南略偏西约一华里处，原老赵王河（即古灉水河）岸边，此处原系一村庄遗址，由于赵王河多次决口和黄河淤积，其故址已不复存在，现为水堡村耕地。世传孙膑被庞涓迫害后，被救回齐国，任齐威王军师，孙膑领兵攻打庞涓时，齐军途经故里，便在村南安营扎寨，在桂陵（今菏泽市牡丹区东北）布阵设伏，桂陵之战拉开序幕，孙膑带兵离开，留下部分帐篷供家乡穷人使用，有些村民便来此定居，逐渐形成一村庄，故名“孙膑营”。由于历史的变迁和黄河淤积，老赵王河不断改道，此地逐渐荒芜，至清代中叶彻底湮灭，遂成耕地。1956年水堡村组织在此地打井时，曾在距地面5米处挖出老河桥的青砖，再向下还出土了一些战国时期的断剑、箭镞、甲片、陶器等文物。

此外，湖北当阳青溪山、江西贵溪鬼谷山、山西浑源千佛岭等地，原来还有孙膑寨。

3. 孙膑井

在廪丘的南坡，古冷庄河附近有孙楼村，西北距水堡约10公里，该村以孙姓为主，其族谱和明代碑文证实该村孙氏是孙膑后裔。其村东有一古井，村民均不知建造年代，中华人民共和国成立后群众淘此井时，发现井口向下4米处有一层薄型古砖，约3米多厚，再向下井筒光滑如浑然一体，摸不到缝隙，是石是砖不可分辨。此井泉眼甚旺，据该村历代相传，孙膑曾带兵在此驻扎，千军万马饮用，井水不干。近年来在水利建设中，在此村附近还出土了春秋战国时期齐国的刀币、铜箭头和铜觚等文物。

（五）亿城寺

据传，孙膑隐居孙花园后，齐王念孙膑功劳卓著，经常派大臣前来看望，有时来的人马多，食宿不便，齐王便下令在附近建驿馆一处。后来陆续有人搬此居住，日子一长，遂成为一座城邑，名为“驿城”。

孙膑死后，齐国官员常来此致祭，每年的八月十八日孙氏族人还在此举行大祭。驿城逐渐演变为“亿城”。亿城屡遭兵灾水患，慢慢荒落，后来变成一片废墟。大约东汉末年，有一游方僧人传佛经到此，闻亿城及孙膑之故事，遂生建寺立庙之意。孙花园孙姓族人得知此事，鼎力相助，四处募捐在亿城旧址建寺庙一座。北齐皇建元年，又重新修造，有大佛殿、中佛殿、伽蓝殿、祖师殿、四大天王殿等，规模宏大，并刻造佛像万余尊，僧众最多时达500余人，成为中原一带佛教圣地之一。

在漫长的历史进程中，亿城寺经历了佛教历史上有名的“三武之难”，寺院毁坏严重，加上黄河多次泛滥，亿城寺后淹没于地下，到了明代嘉靖年间，一慕名前来修行的僧人——方纪和尚，见此情景，便四处化缘，在孙氏族人及官府的协助下，重修了亿城寺。以后屡毁屡建，规模逐渐缩小，1946年寺院被拆除。

（六）孙膑著书馆

传说，孙膑功成名就后隐居在孙花园，收徒授艺，著书立说。后来弟子增多，孙膑便专门让人建著书馆、授徒堂各一处。著书馆供自己和弟子著书立说，授徒堂专供教徒授业之用。著书馆前是他带领弟子依九宫八卦阵势栽种的花草，形成一座四季鲜花不断的奇妙花园，花园内建赏花亭一座，孙膑刻写兵法文章累了，让人推车上到赏花亭，北望青山郁郁葱葱，近看花园鲜花盛开，南观月厌河水潺潺东流，禽鸟戏耍，婉转鸣唱，清风徐来，花香扑面，沁人肺腑，好不惬意。孙膑去世之后，著书馆、授徒堂因年久失修，在战乱中被毁。后来，孙花园孙姓族人在孙膑著书馆旧址建家庙一座，世代纪念孙膑。

至今，孙花园村后，仍保留一座小庙。每逢清明节、八月十八日、十月一日，孙氏族人都到庙前祭奠孙膑。

（七）孙膑旅游城

孙膑旅游城位于鄄城县箕山镇境内，占地面积999亩，总建筑面积24.7万平方米，总投资12.6亿元。是一处由山东省人民政府批准、台湾人士募资兴建、鄄城县人民政府协助建设的大型旅游景区。目前该景区已累计完成投资11.2亿元，基础配套设施完善，综合接待功能齐全，是国家4A级旅游景区，同时也是山东省国防教育基地、山东最具特色影视拍摄基地、菏泽市文化旅游产业示范基地、市级风景名胜区和菏泽市魅力景点，现在已经成为全国最大的孙膑文化、孙膑兵法、孙膑世家、孙膑军事思想与科学研究基地和北方最大的佛教圣地。

整个景区分为孙膑军事文化旅游区、亿城寺景区、园林游览区及羊左结义区四个区域。孙膑军事文化旅游区在孙膑古墓的基础上修建了兵圣门、九宫八卦阵、将军碑林、武圣门、孙膑纪念馆、孙膑墓、兵圣馆等，再现武圣孙膑富有传奇色彩的一生和辉煌业绩；亿城寺景区是在古亿城寺遗址上兴建的，占地26万余平方米，寺院占地21万平方米，修复建设了古亿城寺牌坊、山门、放生池、滴水观音、天王殿、圆通殿、药师殿、大雄宝殿、送子观音殿、伽蓝殿、达摩殿、地藏王菩萨殿、罗汉堂、讲堂、斋堂、配殿、长廊、厢房等，形成“一山、一池、六大殿”的格局，整体规模为江北第一大佛教寺院；园林游览区建设了膑公湖、明心桥、日月岛、和谐文化广场、历史文化长廊、菩提达摩祖师雕像等，栽植各种树木30万余株，涉及600多个品种，建设了牡丹园、芍药园、百花园和绿色农业观光园，园区内碧水荡漾、彩鱼潜底、鸥鸟飞鸣、百花争妍，垂柳依依、青杨挺拔、古树参天、鸟语花香。羊左结义区是中国古代“八拜之交”中羊角哀、左伯桃舍命之交故事的发源地，主要包括羊左合葬墓、荆轲墓古遗址、结义树、聚义坛、结义亭等景点，园区内道路蜿蜒曲折，松柏挺拔参天，鸟语花香，徜徉其中，静心感受羊左忠义之风。整个园区建筑宏伟、文化底蕴深厚，是参禅拜佛、旅游休憩的理想圣地。

（八）孙膑墓

孙膑墓在国内有多处。鄄城孙膑墓，位于鄄城孙老家村北。1990 年在此处出土一块明嘉靖三十七年重修亿城寺墓碑，上有“膑墓址深邃”五字。孙氏族人因此重修坟茔立碑“孙膑墓”，现其址位于孙膑旅游城内。

郓城孙膑墓，位于郓城县城西 15 公里处的孙林村西南角。林前耸立着石望柱、石牌坊，神道两旁有石马、石羊、石狲等；林地的后边左右分列两通吊龙碑。左边是由兵部尚书、大学士杨士奇撰文，兵部右侍郎樊敬书写的峪祭神道碑，立于明正统元年（1436）；右边坐落着孙时重建的墓碑，碑文由翰林院学士魏希徵撰书，孙时为清康熙年间的太常寺卿、兵部右侍郎。据郓城孙氏传：孙林为郓城孙氏先祖孙膑墓地。

此外，德州赵虎镇辛庄有孙膑衣冠冢一座，四周修有八卦形围墙。《大清一统志》云：此墓旁原有庙，庙中有孙膑殿。肥城孙伯镇东坞村原有孙膑墓，称孙伯陵。镇江招隐寺、淇县云梦山五里鬼谷、河北廊坊方城等地都有号称孙膑的坟墓。

二、桂陵之战战址

（一）菏泽桂陵之战遗址纪念亭

据 1988 年桂陵之战故址论证会论证，战国时期齐魏桂陵之战就发生在菏泽曹州牡丹园一带。

曹州牡丹园东大门往北 80 米处有一小广场，地面有彩色鹅卵石铺设的花纹图案，十分别致。周边垂柳依依、芳草萋萋，中间便是高高矗立的桂陵之战遗址碑亭，通体高约 8 米，为青色大理石雕筑，刻艺精湛，气势恢宏。于石级之上，六根深雕石柱，祥云盘龙；六角宝葫攒顶，脊龙翘首；檐额“义战亭”三字，亭中石碑一块，正面刻“桂陵之战遗址”六个大字，落款为“菏泽地区社科联、菏泽市政府 1997 年立”，背面刻“桂陵之战遗址碑记”，记录有桂陵之战的历史简介。

西北约300米，在景区“一亩荷塘”西畔，有一四柱梁架石亭。亭下有眼八角古井，此古井是1980年发现的，井深16.9米，井底为砖石，当时挖出了陶制器皿10余件，有些为兵用，经专家考证，此井为桂陵之战屯兵时所用，所以定名为“桂陵古井”。

出牡丹园西门，往北不远处有一村——芦堌堆，2017年牡丹区政府立“桂陵遗址碑”。

（二）长垣桂陵之战纪念堂

河南长垣县县城北的张三寨镇大堽村，传说因为建于高岗之上而得名。《水经注疏》《中国历史地图集》《战国史》等书籍记载战国时期齐魏桂陵之战就发生在这里。

1977年文物普查时，在大堽村周围发现了数百个排列整齐的战国墓葬，全为单室砖墓。墓葬内出土了战国时期的铜矛、铜箭镞、车马饰、铜带钩等物。2002年8月，长垣县在大堽村南立了“桂陵之战遗址”纪念碑，并公布为县级文物保护单位。桂陵之战纪念堂建于战场遗址之上。纪念堂多次修缮，今建有广场一处，内含纪念堂一座，孙膑、庞涓雕像及古代碑刻数十件。

三、马陵之战战址

（一）阳谷迷魂阵和孙膑阁

迷魂阵村位于阳谷县城东北，传说是战国时期孙膑为了擒住庞涓而在这里摆下的迷魂阵。等到孙膑扬名天下后，人们开始按照迷魂阵原本的格局在这里建造房子，最终建成了两个迷魂阵村，一个南村叫作大迷魂阵村，另一个北村则叫作小迷魂阵村。小迷魂阵村大，大迷魂阵村小，大迷魂阵在小迷魂阵西南。

当地人认为，当年孙膑看中这里是“无魂山”，于是在这个地面上摆了个迷魂阵。分东、南、西、北、东南、西南、西北、东北8方，庞涓大军被围困住。后来孙膑抽去1方，只剩下7方。从西南开了个口，放庞涓逃出，到了马陵道口，孙膑在那里也摆了个阵，把从这里抽掉的 1 方加在那里成了 9 方，也是个迷魂阵。庞涓在马陵道再次被围，终致兵败自杀。

现在人们到迷魂阵，仍然有如进入迷宫。尤其是小迷魂阵，始终保持着奇特的建筑格局。全村布局由东西并列的两大块分成前后两街，走向从东北向西南又向西北，中间折一个大弯，整个呈牛梭子形。前街朝阳，后街朝阴。街道斜斜曲曲，无固定方位，房屋则随街道走向而建，斜度不一，定向各异，一条街的两旁都称堂屋的，却正好差 90° 。村外地块分布围村呈磨齿形，参差错落，当地叫磨齿子地、洋袜子地、牛梭子地。这样，街面、房屋、道路、地块都是斜的，外来人入村，不论空间感（方向感）还是时间感都会产生错觉。随着街道斜曲和房屋的交错，使人感到方向随时在变，南北中有东西，东西中有南北。若看太阳定时间，在前街不到上午 10 点就是日头正午，而在后街看着正午实际已是下午 4 点。有人编了顺口溜："进了迷魂阵，状元也难认；东西南北中，到处是胡同；好像把磨推，老路转到黑。"村中老人说，抗战前有一次奉军队伍从莘县往阿城走，路过迷魂阵迷了路，好长时间没转出去，最后还是找人领出去的。大迷魂阵现在有些新建房屋改取正向，但原来也是分前后街，前街是磨盘街，转一周都是门。后街则是三角形，回环往复。

孙膑阁位于小迷魂阵村东与杨庄交界处。孙膑阁匾额为中央军委副主席、国防部部长迟浩田题写。国学大师季羡林为迷魂阵孙膑阁撰写楹联："运筹决胜神州独步至今仍留迷魂阵，发潜显幽裔追踪自古艳称智多星。"由书法家欧阳中石书写。

孙膑阁前有 1938 年（民国二十七年）所立《万民感灵碑》，另有清顺治元年（1644）的一个残碑，碑头上有"老祖碑记" 字样。据民国碑文记载："迷魂阵……相传为孙膑用兵地，神其术数，运其兵法，以迷魂阵师魂而夺气魄，以制其命者也。"阁坐北朝南，三间两层。孙膑像塑于上层靠北墙中间，一人多高，头戴升帽，脚踏云靴，手托天书；两旁是站班，左边是侄儿孙燕，手持拂尘，右边是徒弟毛遂，手捧太极图。东间靠北墙脚有一卧牛，是孙膑的坐骑青牛，传说是神牛，能日行万里，叫万里牛；还有一个孙膑拄的拐，是他用的兵器。墙上绘有多幅彩色壁画，都是孙膑的故事，有上山学艺的；有摆阴门阵围困庞涓的；孙膑用了分身术，四周齐军都是瘸腿孙膑；还有他的四大徒弟像，画面生动，栩栩如生。在大迷魂阵村也曾有一座孙膑庙，塑有孙膑像和神牛（是站着的）。再往西南四五里郭围子村也有孙膑庙。当地人传说，这些都是孙膑一路摆阵的地方。

（二）莘县马陵道古战场和马陵之战纪念馆

位于莘县大张家镇马陵村和樱桃园镇道口村之间有马陵之战古战场遗址。马陵、道口两村相距10余里，皆顺河流向建屋，村中房屋、胡同、道路无一不斜，且拐弯甚多，至今进村后仍极易使人迷失方向，故有“迷魂阵”之称。元代范县县令孟之普在《马陵道中》中，对遗址作了详细的记述：“广衍东原境，势非峨眉巅。夹堤积冲撞，倾崩成大川。房屋多斜曲，歧路几回旋。奇哉孙子智，减灶擒庞涓。”据说，当初孙膑利用这些有利条件，伏兵于马陵道旁，一举打败了骄纵的魏兵。马陵北有一高土岗，人称黄桑岗。相传当年有一粗大黄桑树，庞涓就是在这棵树下自刎身亡的。黄桑岗西原有孙膑庙，飞檐斗拱，琉璃瓦顶，金碧辉煌，颇为壮观。庙前有座碑，碑左右各有一井，人称“一百（碑）单（担）二井”。传此井系孙膑布阵时为军队吃水而挖。

马陵之战纪念馆坐落于马陵村村东，是标志性建筑，馆名由原北京军区司令员李来柱上将题写。门口两旁篆书对联：“千古战例垂青史，一卷兵书启后人。”馆内布置了古马陵之战的作战过程，展示了孙膑的生平事迹，是国内研究孙膑的重要基地。

（三）河北元城马陵城

在河北省大名县城东南四十余里，分布着东马陵、西马陵、郭马陵、李马陵、刘马陵和江马陵等六个以“马陵”命名的村庄。据说，战国时期的齐魏马陵之战就发生在这一带。

马陵，春秋时期属于卫国，战国时归于齐国。西汉以后，为元城县管辖。

晋代杜预《春秋左氏经传集解》记载："马陵，卫地，阳平元城县东南有地名马陵。"南朝宋裴骃的《史记集解》、唐代司马贞的《史记索隐》、宋代乐史的《太平寰宇记》和清《畿辅通志》、《山东通志》等史书，皆赞同杜预的观点，认为马陵之战发生在元城。中华人民共和国成立后出版的多种书籍、词典，都载明马陵在元城（今大名县）。

当今的元城马陵渐渐成了一座沙岭小镇。

（四）新沂马陵山

马陵山又称马岭山、马连山，相传，公元前341年齐魏马陵之战孙膑胜庞涓于此地，因战马相连故得名。

如今的马陵山，为4A级景区。马陵山山体蜿蜒、涧谷纵横，分布其间的水体平静如镜，湖岸曲折有致，山水风光宜人，颇具江南山水之秀美。在满山坡青绿如茵的草地上，点缀丛丛苍翠的树木，与紫红色的山岩搭配清新明快的色调，此景于晨曦夕霭之中更具魅力。

（五）郯城齐魏马陵之战古战场遗址公园

马陵山为沂蒙山余脉，位于山东省临沂市郯城县境内，绵延50余公里，南北走向，为低山丘陵地貌。清乾隆年间修编的《沂州志》记载："齐伐魏，孙子胜庞涓于此。"2001年，马陵古战场被中国军事科学院定为公元前341年齐魏马陵之战决战地、中国古代军事科学教研基地。齐魏马陵之战古战场遗址公园位于郯城县泉源乡。

马陵之战古战场遗址公园景观有：滨水广场、孙子孙膑纪念园、马陵之战博物馆、百将书法碑林广场、诱敌景观廊道、木栈道、孙膑指挥台等。庞涓沟为马陵战场核心区域，名胜古迹众多，也是该公园的核心区域。

庞涓沟，又名独龙涧，由九条冲沟汇成一条东南至西北走向的山涧。尖子山环绕一周，形似葫芦，又称葫芦谷。山沟弯弯曲曲，山路两旁悬崖峭壁，谷深林密。全长六七里，易进难出，是隘塞死地，适合进行伏击战。据传，公元前341年，魏国太子申和大将庞涓统率的十万大军，被孙膑采用"减灶"

的办法，诱敌深入到这片山岭之上，钻进了孙膑设下的圈套——独龙涧里。当年庞涓自杀于此涧，故名庞涓沟。

该沟内与马陵之战有关的地名很多，有孙膑营垒、伏兵崖、恨古崖等战场遗迹。孙膑养马的马场，齐军射庞涓的“射子”（今称“社子”）、挂箭区、卸甲营由此得名。其中较有名的为卸甲营村，相传是庞涓中箭死后，孙膑在这里安营，让士兵卸甲休整而得名。庞涓沟附近的样山，山顶有庞涓墓，山前古有“安子庙”，传为孙膑念及与庞涓同学为庞涓而建。

庞涓沟附近马陵山区古道，出土了大量的与齐魏马陵之战相关的文物。这些文物主要有两大类：一是兵器与锅灶炕；二是墓葬。自 1958 年以来，发掘出了数千枚铜箭头、三棱式铜镞，数百个锅灶炕，以及青铜剑、青铜刺、青铜戈等战国时期的青铜兵器。

马陵之战博物馆建筑面积 3000 平方米，是公园主入口的标志。博物馆为现代形式，坚实的体块配合金属的冷峻，营造出古战场的严酷之感。利用建筑形体与对面崖体的呼应，体现隘塞要地的空间感。建筑平面体现古道幽深，以映照独龙涧的狭长。可以在建筑内通览马陵之战的历史全过程，然后通过狭窄的木栈道进入谷地，体现独龙涧的复杂地形，以及孙膑兵法中的地形奥妙。

（六）长葛马陵之战遗址

河南省长葛市大周镇老梅庄村北马陵岗（长葛东北，与新郑交界处），高出周围两三米的土岗，南北长约 500 米、东西宽约 65 米。岗上有一座“五岳庙”。庙内有孙膑石雕像，有明代石碑及古建筑遗址。

据民国十九年《长葛县志》载：“东马陵岗，在县北十五里，西去古城岗二里余。起自中牟，过洧入葛。上有孙膑、庞涓庙。”近年来，通过文物调查，先后在马陵岗上发现了战国骨头坑多处，尸骨上都有铜镞，当地群众还在岗上挖出有铁釜等军事用品。1998 年，长葛市人民政府把马陵岗即“马陵之战遗址”公布为市级文物保护单位。

第七章　简文《孙膑兵法》

第一节　上编

擒庞涓、【见威王】、威王问、陈忌问垒、篡（选）卒、
月战、八阵、地葆、势备、【兵情】、行篡（选）、杀士、
延气、官一、五教法、【强兵】

禽（擒）庞涓

昔者，梁（梁）君将攻邯郸，使将军庞涓带甲八万至于茬丘。齐君闻之，使将军忌子带甲八万至……竸（境）。庞子攻卫□□□【都帝丘】，将军忌【子】……□卫□□救与……救卫是失令。田忌曰：若不救卫，将何为？”孙子曰：“请南攻平陵。平陵，其城小而县大，人众甲兵盛，东阳战邑，难攻也；吾将示之疑。吾攻平陵，南有宋，北有卫，当涂（途）有市丘，是吾粮涂（途）绝也；吾将示之不智（知）事。”于是徙舍而走平陵。……陵，忌子召孙子而问曰:“事将何为？”孙子曰:“都大夫熟(孰)为不识事？”曰:“齐城、高唐。”孙子曰：“请取所□□□□□□□□□□□二大夫□以□□□臧□□都横卷四达环涂（途），□横卷所□陈也。环涂（途）铍甲之所处也。吾末甲劲，本甲不断。环涂（途）击柀其后，二大夫可杀也。”于是段齐城、高唐为两，直将蚁附平陵。挟茁、环涂(途)夹击其后，齐城、高唐当术而大败。将军忌子召孙子问曰：“吾攻平陵不得，而亡齐城、高唐，当术而厥（蹶）。事将何为？”孙子曰：“请遣轻车西驰梁（梁）郊，以怒其气。分卒而从（纵）之，示之寡。”于是为之。庞子果弃其辎重，兼取（趣）舍而至。孙子弗息，

而击之桂陵，而禽（擒）庞涓。故曰：孙子之所以为者，尽矣。

四百六。

见威王

孙子见威王，曰："夫兵者，非士恒埶（势）也。此先王之傅道也。战胜，则所以在亡国而继绝世也；战不胜，则所以削地而危社稷也。是故，兵者不可不察。然夫乐兵者亡，而利胜者辱。兵非所乐也，而胜非所利也！事备而后动。故城小而守固者，有委也；卒寡而兵强者，有义也。夫守而无委，战而无义，天下无能以固且强者。尧有天下之时，诎（黜）王命而弗行者七，夷有二，中国四，故尧伐负海之国而后北方民得不苛，伐共工而后兵寝（寝）而不起，施（弛）而不用。其间数年，尧身衰而治屈，胥天下而传舜。舜击讙收（兜），方（放）之宗（崇）；击归（鲧），方（放）之羽；击三苗，方（放）之危；亡有户（扈）是（氏）。中国有苗民存，蜀（独）为弘。舜身衰而治屈，胥天下而传之禹。禹凿孟门而通大夏，斩八林而焚九□。西面而并（屏）三苗，□……素佚而至（致）利也。战胜而强立，故天下服矣！昔者，神戎（农）战斧遂，黄帝战蜀禄，尧伐共工，舜伐劂管，汤汸（放）桀，武王伐纣；帝奄反，故周公浅之。故曰：德不若五帝，而能不及三王，知（智）不若周公，曰：我将欲责（积）仁义，式礼乐，垂衣常（裳），以禁争捝（夺）。此尧舜非弗欲也，不可得，故举兵绳之。"

威王问

齐威王问用兵孙子，曰："两军相当，两将相望，皆坚而固，莫敢先举，为之奈何？"孙子合（答）曰："以轻卒尝之，贱而勇者将之，期于北，毋期于得。为之微陈（阵）以触其厕（侧）。是胃（谓）大得。"

威王曰："用众用寡，有道乎？"孙子曰："有。"威王曰："我强適（敌）弱，我众適（敌）寡，用之奈何？"孙子再拜，曰："明王之问。夫众且强，犹问用之，则安国之道也。命之曰赞师：毁卒乱行，以顺其志，则必战矣。”

威王曰：“適（敌）众我寡，適（敌）强我弱，用之奈何？”孙子曰：“命曰让威：必臧（藏）其尾，令之能归。长兵在前，短兵在【后】，为之流弩，以助其急者。□□毋动，以侍（待）適（敌）能（罷）。”

威王曰：“我出適（敌）出，未知众少，用之奈何？”孙子命曰：“险成。適（敌）将为正，出为三阵，一□□□□能相助可以止而止，可以行而行，毋求……”

威王曰：“击穷寇奈何？”孙子【曰】：“……可以待生计矣。”

威王曰：“击钧（均）奈何？”孙子曰：“营而离之，我并卒而击之，毋令適（敌）知之。然而不离，案（按）而止，毋击疑。”

威王曰：“以一击十，有道乎？”孙子曰：“有。功（攻）其无备，出其不意。”

威王曰：“地平卒齐，合而北者，何也？”孙子曰：“其陈（阵）无逢（锋）也。”

威王曰：“令民素听，奈何？”孙子曰：“素信。”

威王曰：“善哉！言兵埶（势）不穷。”

田忌问孙子曰：“患兵者何也？困適（敌）者何也？壁延不得者何也？失天者何也？失地者何也？失人者何也？请问此六者有道乎？”孙子曰：“有。患兵者地也，困適（敌）者险也。故曰：三里灉（沮）洳将患军……涉将留大甲。故曰：患兵者地也，困適（敌）者险也，壁延不得者渠寒也，……”

【田忌曰：“敌人坚守不出，我欲诱而击之，】奈何？”孙子曰：“鼓而坐之，十而揄之。”

田忌曰：“行陈（阵）已定，动而令士必听，奈何？”孙子曰：“严而视（示）之利。”

田忌曰：“赏罚者，兵之急者邪？”孙子曰：“非。夫赏者，所以喜众，令士忘死也；罚者，所以正乱，令民畏上也。可以益胜，非其急者也。”

田忌曰："权、势、谋、诈，兵之急者邪？"孙子曰："非也。夫权者，所以聚众也。埶（势）者，所以令士必斗也。谋者，所以令適（敌）无备也。诈者，所以困適（敌）也。可以益胜，非其急者也。"

田忌忿然作色："此六者，皆善者所用，而子大夫曰非其急者也。然则其急者何也？"孙子曰："缭（料）適（敌）计险，必察远近，……将之道也。必攻不守，兵之急者也。……骨也。"

田忌问孙子曰："张军毋战，有道？"孙子曰："有。倅险赠（增）垒，诤戒毋动，毋可□□，毋可怒。"

田忌曰："適（敌）众且武，必战有道乎？"孙子曰："有。埤垒广志，严正辑众，辟（避）而骄之，引而劳之，攻其无备，出其不意，必以为久。"

田忌问孙子曰："锥行者何也？雁行者何也？篡（选）卒力士者何也？劲弩趋发者何也？剽（飘）风之陈（阵）者何也？众卒者何也？"孙子曰："锥行者，所以冲坚毁兑（锐）也。雁行者，所以触厕（侧）应□【也】。篡（选）卒力士者，所以绝陈（阵）取将也。劲弩趋发者，所以甘战持久也。剽（飘）风之陈（阵）者，所以回□□□【也】。众卒者，所以分功（攻）有胜也。"孙子曰："明主、知道之将，不以众卒几功。"

孙子出，而弟子问曰："威王、田忌，臣主之问何如？"孙子曰："威王问九，田忌问七，几知兵矣，而未达于道。吾闻素信者昌，立义用兵，无备者伤，穷兵者亡。齐三枼（世）其忧矣。"

……善则適（敌）为之备矣。"孙子曰："……"

……孙子曰："八陈（阵）已陈（阵）……"

……□孙子曰："毋待三日□……"

……也。"孙子曰："战……"

……□威王曰："……"

……道也。"田忌……

陈忌问垒

田忌问孙子曰："吾卒少不相见，处此若何？"曰：传令趣弩舒弓，弩□□□□□……，不禁，为之奈何？孙子曰："明将之问也。此者人之所过而不急也。此□之所以疾……志也。"田忌曰："可得闻乎？"曰："可。用此者，所以应卒（猝）窘、处隘塞死地之中也，是吾所以取庞【涓】而禽（擒）泰（太）子申也。"田忌曰："善。事已往，而刑（形）不见。"

孙子曰："疾利（蒺藜）者，所以当溝（沟）池也。车者，所以当垒【也】。【□□者】，所以当堞也。发者，所以当俾（埤）堄也。长兵次之，所以救其隋（隳）也。从（鏦）次之者，所以为长兵【辅】也。短兵次之者，所以难其归而徼（邀）其衰也。弩次之者，所以当投几（机）也。中央无人，故盈之以□卒已定，乃具其法。制曰：以弩次疾利（蒺藜），然后以其法射之，垒上弩戟分。法曰：见使枼（谍）来言而动□去守。五里直（置）候，令相见也。高则方之，下则员（圆）之；夜则举鼓，昼则举旗。"

田忌问孙子曰："子言晋邦之将荀息、孙轸之于兵也，未□……"

"……无以军恐不守。"忌子曰："善。"田忌问孙子曰："子言晋邦之将荀息、孙【轸】为晋要秦于崤，溃秦军，获三……"

……强晋，终秦穆公之身，秦不敢与……

……也，劲将之陈（阵）也。"孙子曰："士卒……"

……田忌曰："善。独行之将也。……

……人。"田忌请问："兵请（情）奈何？……

……言而后中。田忌请问："……

……兵情奈何？"孙子……

……请问兵伤□……

……见弗取。"田忌服，问孙【子】……

……□橐□□□焉。"孙子曰："兵之……

……□应之？”孙子曰：“伍□……

……孙子曰：“□……

……以也。孙……

……则孙子……

……明之吴越，言之于齐。曰：智（知）孙氏之道者，必合于天地。孙氏者……

……求其道，国故长久。”孙子……

……田忌请问智（知）道奈何？”孙子……

……【未战】而先智（知）胜不胜之谓智（知）道。已战而知其所……

……所以智（知）適（敌），所以曰知（智），故兵无……

篹（选）卒

孙子曰：兵之胜在于篹（选）卒，其勇在于制，其巧在于埶（势），其利在于信，其德在于道，其富在于亟归，其强在于休民，其伤在于数战。

孙子曰：德行者，兵之厚积也。信者，兵明赏也。恶战者，兵之王器也。取众者，胜□□□也。

孙子曰：恒胜有五：得主剸（专）制，胜。知道，胜。得众，胜。左右和，胜。粮（量）適（敌）计险，胜。

孙子曰：恒不胜有五：御将，不胜。不知道，不胜。乖将，不胜。不用间，不胜。不得众，不胜。

孙子曰：胜在尽……明赏，撰（选）卒，乘適（敌）……之□。是胃（谓）泰武之葆。孙子曰：不得主弗将也……

……令，一曰信，二曰忠，三曰敢。安忠？忠王。安信？信赏。安敢？敢去不善。不忠于王，不敢用其兵。不信于赏，百生（姓）弗德。不敢去不善，百生（姓）弗畏。

二百卅五。

月 战

孙子曰：间于天地之间，莫贵于人。战【必三得、五】不单（殚）。天时、地利、人和，三者不得，虽胜有央（殃）。是以必付与而【用】战，不得已而后战。故抚时而战，不复（覆）使其众。无方而战者小胜以付磿者也。孙子曰：十战而六胜，以星也。十战而七胜，以日者也。十战而八胜，以月者也。十战而九胜，月有……【十战】而十胜，将善而生过者也。一单（殚）……

……所不胜者也五，五者有所壹，不胜。故战之道，有多杀人而不得将卒者，有得将卒而不得舍者，有得舍而不得将军者，有复（覆）军杀将者。故得其道，则虽欲生不可得也。

八十。

八 阵

孙子曰：知（智），不足将兵，自恃也。勇，不足将兵，自广也。不知道、数战，不足将兵，幸也。夫安万乘国，广万乘王，全万乘之民命者，唯知道。知道者，上知天之道，下知地之理，内得其民之心，外知適（敌）之请（情），陈（阵）则知八陈（阵）之经，见胜而战，弗见而诤（静），此王者之将也。

孙子曰：用八陈（阵）战者，因地之利，用八陈（阵）之宜。用陈（阵）参（三）分，诲陈（阵）有蜂（锋），诲逄（锋）有后，皆侍（待）令而动。斗一，守二；以一侵適（敌），以二收。適（敌）弱以乱，先其选卒以乘之；適（敌）强以治，先其下卒以诱之。车骑与战者，分以为三，一在于右，一在于左，一在于后。易则多其车，险则多其骑，厄则多其弩，险易必知生地、死地，居生击死。

二百一十四。八陈（阵）

地　葆

孙子曰：凡地之道：阳为表，阴为里；直者为刚（纲），术者为纪。纪刚（纲）则得，陈（阵）乃不惑。直者毛产，术者半死。凡战地也，日其精也，八风将来，必勿忘也。绝水、迎陵、逆溜（流）、居杀地、迎众树者，钧（均）举也，五者皆不胜。

南陈（阵）之山，生山也；东陈（阵）之山，死山也。东注之水，生水也；北注之水，死水【也】。不留（流），死水也。

五地之胜曰：山胜陵，陵胜阜，阜胜陈丘，陈丘胜林平地。五草之胜曰：藩、棘、椐、茅、莎。五壤之胜：青胜黄，黄胜黑，黑胜赤，赤胜白，白胜青。五地之败曰：谿、川、泽、斥、【卤】。五地之杀曰：天井、天宛、天离（罗）、天郤、天柖（陷）。五墓，杀地也，勿居也，勿【留】也。春毋降，秋毋登。军与陈（阵）皆毋政（攻）前右，右周毋左周。

地葆二百。

势　备

孙子曰：夫陷（含）齿戴角，前蚤（爪）后锯（距），喜而合，怒而斗，天之道也，不可止也。故无天兵者自为备，圣人之事也。

黄帝作剑，以陈（阵）象之。笄（羿）作弓弩，以埶（势）象之。禹作舟车，以变象之。汤、武作长兵，以权象之。凡此四者，兵之用也。

何以知剑之为陈（阵）也？旦莫（暮）服之，未必用也。故曰：陈（阵）而不战，剑之为陈（阵）也。剑无封（锋），唯（虽）孟贲【之勇】，不敢【斗藏获】；陈（阵）无蜂（锋），非孟贲之勇也，敢将而进者，不智（知）兵之至也。剑无首铤，唯（虽）巧士不能进【拒敌】；陈（阵）无后，非巧士敢将而进者，不知兵之请（情）者。故有蜂（锋）有后，相信不动，適（敌）人必走；无蜂（锋）无后券不道何以知弓奴（弩）之为埶（势）也？发于肩应（膺）

之间，杀人百步之外，不识其所道至。故曰：弓弩，埶（势）也。何以【知舟车】之为变也？高则……

何以知长兵之权也？击，非高下非……

……卢毁肩。故曰：长兵，权也。凡此四……所循以成道也。知其道者，兵有功，主有名。□用而不知其道者，【兵】无功。凡兵之道四：曰陈（阵），曰埶（势），曰变，曰权。察此四者，所以破强適（敌）、取孟（猛）将也。

……埶（势）者，攻无备，出不意，……

……中之近……

……也。视之近，中之远。权者，昼多旗，夜多鼓，所以送战也。凡此四者，兵之用也。【众】皆以为用，而莫彻其道。

……□得四者生，失四者死。□□□□……

【兵情】

孙子曰：若欲知兵之请（情），弩矢其法也。矢，卒也；弩，将也；发者，主也。

矢，金在前，羽在后，故犀而善走，前【重而】后轻，故正而听人。今治卒则后重而前轻，陈（阵）之则辨（辩），趣（趋）之適（敌）则不听，人治卒不法矢也。

弩者，将也。弩张柄不正，偏强偏弱而不和，其两洋之送矢也不壹，矢唯（虽）轻重得，前后适，犹不中【招也】……□□□将之用心不和，【阵之前后虽】得，犹不胜適（敌）也。矢轻重得，前【后】适，而弩张正，其送矢壹，发者非也，犹不中昭（招）也。卒轻重得，前后适，而将唯于……兵□□□□□□□□，犹不胜適（敌）也。故曰：弩之中彀合于四，兵有功，【主有名】……【主也】，将也，卒也，【法】也。故曰：兵胜適（敌）也，不异于弩之中召（招）也。此兵之道也。

行篡（选）

孙子曰：用兵移民之道，权衡也。权衡，所以篡（选）贤取良也。阴阳，所以聚众合適（敌）也。正衡再累……暨（既）忠，是谓不穷。称乡县（悬）衡，虽（唯）其宜也。私公之财壹也，夫民有不足于寿而有余于货者，有不足于货而有余于寿者，唯明王圣人智（知）之，故能留之。死者不毒，夺者不温（愠），此无穷……□□□□民皆尽力，近者弗则（贼），远者无能。货多则辨（辩），辨（辩）则民不德其上。货少则□，□则天下以为尊。然则为民赇也，吾所以为赇也，此兵之久也。用兵之国之葆（宝）也。

杀　士

孙子曰：明爵禄而……

……士死。明赏罚……

……士死。立……

……必审而行之，士死……

……死。挤而下之，士死……

……之，士死。□而传……

……勉之欢，或死州□……

……之亲，或死賁（坟）墓……

……之鹃，或死饮食……

……处之安，或死疾疢之间，或死……

延　气

孙子曰：合军聚众，【务在激气】。复徙合军，务在治兵利气。临竟（境）近適（敌），务在疠（厉）气。战日有期，务在断气。今日将战，务在（延）气。

……以威三军之士，所以敫（激）气也。将军令……其令，所以利气也。

将军乃…

……短衣絜裘，以劝士志，所以疠（厉）气也。将军令，令军人人为三日粮，国人家为……

……望，国使毋来，军使毋往，【所以】断气也。将军召将卫人者而告之曰：“饮食毋……【所】以延气【也】。……【所以激气】也。

……也。延气……

……营也，以易营之，众而贵武，適（敌）必败。气不利则拙，拙则不及，不及则失利，失利【则】……

……气不疠（厉）则聂（慑），聂（慑）则众【恐】，众【恐则】……

……气不断则迵，【迵】则不槫易散，临难易散，必败……

……□□气不□则隋（惰），隋（惰）则难使，难使则不可以合旨……

……□□则不智（知）为已之节，不智（知）为已之节则事……

……□而弗救，身死家残。将军召使而勉之，击……

官 一

孙子曰：凡处卒、利陈（阵）、体甲兵者，立官则以身宜，贱令以采章，乘削以伦物，序行以【□】□，制卒以周（州）闾，授正以乡曲。辩（辨）疑以旌舆，申令以金鼓，齐兵以从速，庵结以人雄。邋军以索陈（阵），茭肄以囚逆。陈（阵）师以危□，射战以云陈（阵），圉（御）裹以羸渭，取喙以阖燧（隧），即败以包□，奔救以皮傅，燥战以错行。用【重】以正【聚】，用轻以正散。攻兼用行城……

【易】地【而阵】用方，迎陵而陈（阵）用封，险【地而阵】用圜（圆），交易武退用兵，□□陈（阵）临用方，……

翼，泛战接厝用喙逢。囚险解谷以□远，草驵（苴）沙（莎）荼以阳削，战胜而陈（阵）以奋国。而……

为畏（隈）以山胠。秦怫（榛茀）以委施（逶迤），便罢（摆）以雁行。

险厄以杂管，还退以蓬错。绕山林以曲次，袭国邑以水则（侧），辩（辨）夜退以明简，夜敬（警）以传节，厝入内寇以棺士，遇短兵以必舆，火输积以车。陈（阵）刃以锥行。陈（阵）少卒以合杂。合杂，所以圉（御）裹也。修行连削，所以结陈（阵）也。云折重杂，所【以】权趮也。猋凡振陈（阵）（飙风振尘），所以乘疑也。隐匿谋詐（诈），所以钓战也。龙隋陈（阵）伏，所以山斗也。□□乖举，所以厌（压）津也。□□□卒，所以□□也。不意侍（待）卒，所以昧战也。遏沟□陈（阵），所以合少也。疏削明旗，所以疑適（敌）也。歝（剽）陈（阵）辖 车，所以从遗（逸）也。椎下移师所以备强也。浮沮而翼，所以燧（隧）斗也。禅祏虆避（盘避），所以莠聂（诱蹑）也。涧（简）练歝（剽）便，所以逆喙也。坚陈（阵）敦【兵】，所以攻槥也。[illegible]（揆）繼（断）藩薄，所以泫（眩）疑也。伪遗小亡，所以䰧（餽、饵）適（敌）也。重害，所以茭□也。顺明到声，所以夜军也。佰奉离积，所以利胜也。刚者，所以圉（御）劫也。更者，所以过□也。□者，所以圉（御）□也。□□□□□□□□□□者，所以厌门也。胡退□入，所以解困也。

……令以金……

……云陈（阵）圉（御）裹【以羸渭，取喙】以阖……

……荼以阳削，战……

……畏（限）以山胠，秦怫（榛茀）以委施（逶迤），便罢（摆）以雁……

……夜退以明简，夜敬（警）……

……舆，火输积以车，陈（阵）……

……龙隋陈（阵）……

……也。疏削明……

……也。涧（简）练□便，所以逆喙也……

……繼（断）藩薄，所以泫（眩）【疑也。伪遗小亡】，所以䰧（餽、饵）適（敌）也。重害，所……

……奉离积，所以利……

……所以圉（御）□【也。□者，所以□□】也。序者，所以厌……

五教法

【孙】子曰：善教者于本，不临军而变，故曰五教：处国之教一，行行之教一，处军之【教一，处阵之教一，隐而】不相见利战之教一。

处国之教奚如？曰：……孝弟（悌）良五德者，士无壹乎？虽能射不登车。是故，善射者为左，善御为御，毕毋（无）为右。然则三人安车，五人安伍，十人为列，百人为卒，千人有鼓，万人为戎，而众大可用也。处国之教如此。

行行之教奚如？废车罢（疲）马，将军之人必任焉，所以衛（率）……险幼（要）将自立焉，所以敬□……足矣。行行之教如此。

处军之教【奚如？】……也。处军之教如【此。】

【处阵】之教奚如？兵革车甲，陈（阵）之器也。……以兴善。然而陈（阵）暨（既）利而陈（阵）实蘩。处陈【之】教如此。

隐而不相见利战之教【奚如？】……

……五教法

……垒涂（途）道，使三军之士皆见死而不见生，所【以】

……锡所以教耳也□……

……【所】以教足也。五教暨（既）至，目益明……

【强兵】

威王问孙子曰：“□□□□……与齐士教寡人强兵者，皆不同道。……【有】教寡人以正（政）教者，有教寡人以【赋】敛者，有教寡人以散粮者，有教寡人以静者……”【孙子曰：】“……皆非强兵之急者也。”威【王】“……□□。”孙子曰：“富国。”威王曰：“富国。……”□厚，威王、宣王以胜诸侯，至于……

……将胜之，此齐之所以大败燕□……

……众乃知之，此齐之所以大败楚人反……

……知之，此齐之【所以】大败赵……

……人于嚣桑而禽（擒）氾（范）皋也。

……禽（擒）唐□也。

……禽（擒）□瞏……

第二节　下编

十阵、十问、略甲、客主人分、善者、五名五恭、

【兵失】、将义、【将德】、将败、【将失】、【雄牝城】、

【五度九夺】、【积疏】、【奇正】

十　阵

凡陈（阵）有十：有枋（方）陈（阵），有员（圆）陈（阵），有疏陈（阵），有数陈（阵），有锥形之陈（阵），有雁行之陈（阵），有钩形之陈（阵），有玄襄之陈（阵），有火陈（阵），有水陈（阵），此皆有所利。枋（方）陈（阵）者，所以剸（专）也。员（圆）陈（阵）者，所以槫（团）也。疏陈（阵）者，所以吠也。数陈（阵）者，为不可掇。锥行之陈（阵）者，所以夬（决）绝也。雁行之陈（阵）者，所以接（接）射也。钩行之陈（阵）者，所以变质易虑也。玄翼（襄）之陈（阵）者，所以疑众难故也。火陈（阵）者，所以拔也。水陈（阵）者，所以伥固也。

枋（方）陈（阵）之法：必西専（薄）中厚方，居陈（阵）在后。中之薄也，将以吠也。重□其□，将以剸（专）也。居陈（阵）在后，所以……

【圆阵之法】：……

【疏阵之法】：其甲寡而人之少也，是故坚之。武者在旌旗，是人者在兵，故必疏巨间，多其旌旗羽旄，砥刃以为旁。疏而不可戚（蹙），数而不可军者，

在于慎。车毋驰，徒人毋驱（趋）。凡疏陈（阵）之法，在为数丑，或进或退，或击或颒（毁），或与之征，或要（邀）其衰。然则疏可以取阅（锐）矣。

数陈（阵）之法：毋疏巨间，戚（蹙）而行首，积刃而信（伸）之，前后相葆（保），变□□，甲恐则坐，以声坐□，往者弗送，来者弗止，或击其迂，或辱其阅（锐），笄之而无间，车反山而退。然则数不可掇也。

锥行之陈（阵）：卑（譬）之若剑，末不阅（锐）则不入，刃不溥（薄）则不剸，本不厚则不可以列陈（阵）。是故，末必阅（锐），刃必溥（薄），本必鳿（鸿、厚）。然则锥行之陈（阵）可以夬（决）绝矣。

【雁行之阵】：……中，此谓雁陈（阵）之任。前列若臃（牖），后列若狸，三……阙罗而自存，此之谓雁陈（阵）之任。

钩行之陈（阵）：前列必枋（方），左右之和必钩。参（三）声气（既）全，五菜（彩）必具，辩（辨）吾号声，知五旗。无前无后，无【左无右】……

玄翼（襄）之陈（阵）：必多旌旗羽旄，鼓罪罪庄，甲乱则坐，车乱则行，已治者□，榼榼啐啐，若从天下，若从地出，徒来而不屈，终日不拙。此之谓玄翼（襄）之陈（阵）。

火战之法：沟垒已成，重为沟渐（堑），五步，积薪必均疏数（密），从役有数（多余之数），令之为属枇，必轻必利。风辟……火气（既）自覆，与之战弗克（克），坐行而北。火战之法：下而衍以荪，三军之士无所出泄。若此，则可火也。陵猋蒋苏，薪荛气（既）积，营窟未谨。如此者，可火也。以火乱之，以矢雨之，鼓谍敦兵，以势助之。火战之法。

水战之法：必众其徒而寡其车，令之为钩楷苁柤赍辑□绛皆具。进则必遂，退则不戚（蹙），方戚（蹙）从流，以適（敌）之人为召（招）。水战之法，便舟以为旗，驰舟以为使。適（敌）往则遂，適（敌）来则戚（蹙），推攘因慎而饬之，移而革之，陈（阵）而□之，规而离之。故兵有误，车有御徒，必察其众少，击舟颒【毁】津，示民徒来。水战之法也。

七百八十七。

十　问

兵问曰：交和而舍，粱（粮）食钧（均）足，人兵適（敌）衡，客主两惧。適（敌）人员（圆）陈（阵）以胥，因以为固，击【之奈何？曰：】击此者，三军之众分而为四五，或傅而详（佯）北，而示之惧。皮（彼）见我惧，则遂分而不顾。因以乱毁其固。驷鼓同举，五遂（队）俱傅。五遂（队）俱至，三军同利。此击员（圆）之道也。

交和而舍，適（敌）富我贫，適（敌）众我少，適（敌）强我弱，其来有方，击之奈何？曰：击此者，【乱】陈（阵）而【诱】之，规而离之，合而详（佯）北，杀将其后，勿令知之。此击方之道也。

交和而舍，適（敌）人气（既）众以强，坙（劲）疌（捷）以刚，兑（锐）陈（阵）以胥，击之奈何？击此者，必参（三）而离之，一者延而衡，二者【引而劳，三者】恐而下惑，下上气（既）乱，三军大北。此击兑（锐）之道也。

交和而舍，適（敌）气（既）众以强，延陈（阵）以衡，我陈（阵）而侍（待）之，人少不能，击之奈何？击此者，必将参（三）分我兵，练我死士，二者延陈（阵）长罶（翼），一者财（材）士练兵，期其中极。此杀将击衡之道也。

交和而舍，我人兵则众，车骑则少，適（敌）人什（十）负（倍），击之奈何？击此者，当葆（保）险带隘，慎避光（广）易。故易则利车，险则利徒。此击车之道也。

交和而舍，我车骑则众，人兵则少，適（敌）人什（十）负（倍），击之奈何？击此者，慎避险且（阻），决而道（导）之，牴（抵）诸易。適（敌）唯（虽）什（十）负（倍），便我车骑，三军可击。此击徒人之道也。

交和而舍，粱（粮）食不属，人兵不足亻志（恃），绝根（垠）而攻，適（敌）人十负（倍），击之奈何？曰：击此者，適（敌）人气（既）【众】而守阻，我反而害其虚。此击争【粮】之道也。

交和而舍，適（敌）将勇而难惧，兵强人众自固，三军之士皆勇而毋虑，其将则威，其兵则武，而理（吏）强粱（粮）逮（捷、接），诸侯莫之或侍（待）。击之奈何？曰：击此者，告之不敢，示之不能，坐拙而侍（待）之，以骄其意，以随（惰）其志，使適（敌）弗织（识），因击其不【意】，攻其不御，厌（压）其骀（怠），攻其疑。皮（彼）气（既）贵气（既）武，三军徙舍，前后不相堵（睹），故中而击之，若有徒与。此击强众之道也。

交和而舍，適（敌）人葆（保）山而带阻，我远则不棲（接），近则毋所，击之奈何？击此者，皮（彼）敛阻移【庶，难其粮道】则危之，攻其所必救，使离其固，以揆其虑，施伏设爰（援），击其移庶。此击葆（保）固之道也。

交和而舍，客主两陈（阵），適（敌）人刑（形）箕，计適（敌）所愿，欲我陷复（覆），击之奈何？击此者，渴者不饮，饥者不食，三分用其二，期其中极，皮（彼）气（既）□□，财（材）士练兵，击其两翼，□皮（彼）□（既）喜□□，三军大北。此击箕之道也。

七百一十九。

略　甲

略甲之法，適（敌）之人方阵□□无……

……欲击之，其埶（势）不可，夫若此者，下之……

……以国章，欲单（战）若狂，夫若此者，少陈（阵）……

……反，夫若此者，少阵……

……反，夫若此者，以众卒从之，篡（选）卒因之，必将……

……篡（选）卒因之，必……

……左右旁伐以相趋，此谓镂钩击。

……之气不臧（藏）于心，三军之众□循之知不……

……威□□其难将之□也。分其众，乱其【阵】……

……陈（阵）不厉，故列不……

……远揄之，適（敌）券（倦）以远……

……治，孤其将，汤（荡）其心，击……

……其将勇，其卒众……

……彼大众将之……

……卒之道……

客主人分

兵有客之分，有主人之分。客之分众，主人之分少。客负（倍）主人半，然可適（敌）也。负……【主人者，先】定者也；客者，后定者也。主人安（按）地抚势以胥；夫客犯益（隘）逾险而至。夫犯益（隘）【逾险】……退敢物（刎）颈，进不敢距（拒）適（敌），其故何也？埶（势）不便，地不利也。埶（势）便地利则民【自进，埶（势）不便地不利则民】自退。所胃（谓）善战者，便埶（势）利地者也。带甲数十万，民有余粮弗得食也，有余……居兵多而用兵少也，居者有余而用者不足。带甲数十万，千千而出，千千而繼（继）之……万万以遗我。

所胃（谓）善战者，善翦断之，如□（蝉）会捝者也。能分人之兵，能安（按）人之兵，则锱【铢】而有余。不能分人之兵，不能案（按）人之兵，则数负（倍）而不足。众者胜乎？则投筭（算）而战耳。富者胜乎？则量粟而战耳。兵利甲坚者胜乎？则胜易知矣。故富未居安也，贫未居危也；众未居胜也，少【未居败也】。以决胜败安危者，道也。適（敌）人众，能使之分离而不相救也，受適（敌）者不得相【知也。故沟深垒高不得】以为固，甲坚兵利不得以为强，士有勇力不得以卫其将，则胜有道矣。故明主、智（知）道之将必先□，可有功于未战之前，故不失；可有之功于已战之后，故兵出而有功，入而不伤，则明于兵者也。

……焉。为人客则先人作……

……兵曰：主人逆客于竟（境）……

……客好事则……

……【安处不动可】使劳，三军之士可使異失其志，则胜可得而据也。是以安（按）左抶右，右败而左弗能救；安（按）右抶左，左败而右弗能救。是以兵坐而不起，辟（避）而不用，近者少而不足用，远者疏而不能【用】……

善　者

善者，適（敌）人军【强】人众，能使分离而不相救也，受適（敌）而不相知也。故沟深垒高不得以为固，车坚兵利不得以为威，士有勇力而不得以为强。故善者，制佥（险）量柤（阻），敦三军，利诎（屈）信（伸）；適（敌）人众能使寡，积粮盈军能使饥，安处不动能使劳，得天下能使离，三军和能使柴（猜）。故兵有四路、五动：进，路也；退，路也；左，路也；右，路也。进，动也；退，动也；左，动也；右，动也；墨（默）然而处，亦动也。善者四路必彻，五动必工。故进不可迎于前，退不可绝于后，左右不可臽（陷）于柤（阻），墨（默）【然而处，不患】于適（敌）之人。故使適（敌）四路必穷，五动必忧。进则傅于前，退则绝于后，左右则臽（陷）于柤（阻），墨（默）然而处，军不免于患。善者能使適（敌）卷甲趋远，倍道兼行，卷（倦）病而不得息，饥渴而不得食。以此薄（迫）適（敌），战必不胜矣。我饱食而侍（待）其饥也，安处以侍（待）其劳也，正静以侍（待）其动也。故民见进而不见退，道（蹈）白刃而不还婱（踵）。

二百□【十】□。

五名五恭

兵有五名：一曰威强，二曰轩骄，三曰刚至，四曰助忌，五曰重棨（柔）。夫威强之兵，则诎（屈）瑌（软）而侍（待）之。轩骄之兵，则共（恭）敬而久之。刚至之兵，则诱而取之。䳢忌之兵，则薄（迫）其前，譟其旁，深沟高垒而难其粮。重柔之兵，则谋而恐之，振而捅之，出则击之，不出则回之。

五名。

兵有五共（恭）五暴。何胃（谓）五共（恭）？入竸（境）而共（恭），军失其常。再举而共（恭），军无所梁（粮）。三举而共（恭），军失其事。四举而共（恭），军无食。五举而共（恭），军不及事。入竸（境）而暴，胃（谓）之客。再举而暴，胃（谓）之华。三举而暴，主人惧。四举而暴，卒士见诈。五举而暴，兵必大秏（耗）。故五共（恭）五暴，必使相错也。

五共（恭）。

二百五十六。

【兵失】

欲以適（敌）国之民之所不安，正俗所……【欲强长国兵之所短，以】难適（敌）国兵之所长，秏（耗）兵也。欲强多国之所寡，以应適（敌）国之所多，速诎（屈）之兵也。备固，不能难適（敌）之器用，陵兵也。器用不利，適（敌）之备固，莝（挫）兵也。兵不……者也。善陈（阵），知倍（背）乡（向），知地刑（形），而兵数困，不明于国胜、兵胜者也。民……兵不能昌大功，不知会者也。兵失民，不知过者也。兵用力多（而）功少，不知时者也。兵不能胜大患，不能合民心者也。兵多悬（悔），信疑者也。

兵不能见福祸于未刑（形），不知备者也。兵见善而怠，时至而疑，去非而弗能居，止道也。贪（贪）而廉，龙（怠）而敬（警），弱而强，柔而【刚】……起道也。行止道者，天地弗能兴也；行起道者，天地【弗能衰也】。

……之兵也。欲以国……

……内罢（疲）之兵也。多费不固……

……见適（敌）难服，兵尚淫天地……

……而兵强，国……

……兵不能……

将　义

将者，不可以不义，不义则不严，不严则不威，不威则卒弗死；故义者，兵之首也。将者，不可以不仁，不仁则军不剋（克），军不剋（克）则军无功；故仁者，兵之腹也。将者，不可以无德，无德则无力，无力则三军之利不得；故德者，兵之手也。将者，不可以不信，不信则令不行，令不行则军不槫（团），军不槫（团）则无名；故信者，兵之足也。将者，不可以不智胜，不智胜【则……故智者，兵之身也。将者，不可以不决，不决则】……则军无□，故夬（决）者，兵之尾也。

【将德】

……【视之若】赤子，爱之若狡童，敬之若严师，用之若土盖（芥），将军……

……不失，将军之知（智）也。不陉（轻）寡，不劫于適（敌），慎终若始，将军【之】……

……【将能】而不御，君令不入军门，将军之恒也。入军……

……将不两生，军不两存，将军之……

……将军之惠也。赏不榆（逾）日，罚不还面，不维其人，不何……

……外辰，此将军之德也。

将　败

将败：一曰不能而自能。二曰骄。三曰贪于位。四曰贪于财。【五曰……】。六曰轻。七曰迟。八曰寡勇。九曰勇而弱。十曰寡信。十【一曰】……十四曰寡决。十五曰缓。十六曰怠。十七曰□。十八曰贼。十九曰自私。廿曰自乱。多败者多失。

【将失】

将失：一曰失所以往来，可败也。二曰收乱民而还用之，止北卒而还斲之，无资而有资，可败也。三曰是非争，谋事辩讼，可败也。四曰令不行，众不壹，可败也。五曰下不服，众不为用，可败也。六曰民苦其师，可败也。七曰师老，可败也。八曰师怀，可败也。九曰兵遁，可败也。十曰兵【合】不【齐】，可败也。十一曰军数惊，可败也。十二曰兵道足陷，众苦，可败也。十三曰军事险固，众劳，可败也。十四【曰恃险无】备，可败也。十五曰日莫（暮）途远，众有至气，可败也。十六曰……，可败也。十七【曰】……众恐，可败也。十八曰令数变，众偷，可败也。十九曰军淮（淫），众不能（耐）其将吏，可败也。廿曰多幸，众怠，可败也。廿一曰多疑，众疑，可败也。廿二曰恶闻其过，可败也。廿三曰与（举）不能，可败也。廿四曰暴路（露）伤志，可败也。廿五曰期战心分，可败也。廿六曰恃人之伤气，可败也。廿七曰事伤人，恃伏诈，可败也。廿八曰军舆无□，【可败也。廿九曰暴】下卒，众之心恶，可败也。卅曰不能以成陈（阵），出于夹道，可败也。卅一曰兵之前行后行之兵，不参齐于陈（阵）前，可败也。卅二曰战而忧前者后虚，忧后者前虚，忧左者右虚，忧右者左虚，战而有忧，可败也。

【雄牝城】

城在渒（卑）泽之中，无亢山名谷，而有付丘于其四方者，雄城也，不可攻也。军食溜（流）水【者，生水也，不可攻】也。城前名谷，倍（背）亢山，雄城也，不可攻也。城中高外下者，雄城也，不可攻也。城中有付丘者，雄城也，不可攻也。营军趣舍，毋回名水，伤气弱志，可击也。城倍（背）名谷，无亢山其左右，虚城也，可击也。【薤】尽烧者，死襄（壤）也，可击也。军食泛水者，死水也，可击也。城在发泽中，无名谷付丘者，牝城也，可击也。城在亢山间，无名谷付丘者，牝城也，可击也。城前亢山，倍（背）名谷，前高后下者，牝城也，可击也。

【五度九夺】

……矣。救者至，有（又）重败之。故兵之大数（速），五十里不相救也。皇（况）近【者数里，远者】数百里，此程兵之极也。故兵曰：积弗如，勿与持久。众弗如，勿与椄（接）和。【□弗如，勿与□□。□弗如，勿】与□长。习弗如，毋当其所长。五度暨（既）明，兵乃衡（横）行。故兵……趋適（敌）数：一曰取粮。二曰取水。三曰取津。四曰取涂（途）。五曰取险。六曰取易。七曰【取隘。八曰取高。九】曰取其所读（独）贵。凡九夺，所以趋適（敌）也。

四百二字。

【积疏】

……【积】胜疏，盈胜虚，俓（径）胜行，疾胜徐，众胜寡，劮（佚）胜劳。

积故积之，疏故疏之；盈故盈之，虚【故虚之；径故径】之，行故行之；疾故疾之，【徐故徐之；众故众】之，寡故寡之；劮（佚）故劮（佚）之，劳故劳之。

积疏相为变，盈虚【相为变，径行相为】变，疾徐相为变，众寡相【为变，佚劳相】为变。

毋以积当积，毋以疏当疏；毋以盈当盈，毋以虚当虚；（毋以径当径，毋以行当行）；毋以疾当疾，毋以徐当徐；毋以众当众，毋以寡当寡；毋以劮（佚）当劮（佚），毋以劳当劳。

积疏相当，盈虚相【当，迳行相当，疾徐相当，众寡】相当，劮（佚）劳相当。適（敌）积故可疏，盈故可虚，径故可行，疾【故可徐，众故可寡，佚故可劳】。……

【奇正】

天地之理：至则反，盈则败，【日月】是也。代兴，代废，四时是也。有胜，有不胜，五行是也。有生，有死，万物是也。有能，有不能，万生是也。有所有余，有所不足，刑（形）埶（势）是也。故有刑（形）之徒，莫不可名；有名之徒，莫不可胜。故圣人以万物之胜胜万物，故其胜不屈。

战者，以刑（形）相胜者也。刑（形）莫不可以胜，而莫智（知）其所以胜之刑（形）。刑（形）胜之变，与天地相敝而不穷。刑（形）胜，以楚越之竹书之而不足。

刑（形）者，皆以其胜胜者也。以一刑（形）之胜胜万刑（形），不可。所以裚（制）刑（形）壹也，所以胜不可壹也。

故善战者，见適（敌）之所长，则智（知）其所短；见適（敌）之所不足，则智（知）其所有余。见胜如见日月，其错（措）胜也，如以水胜火。刑（形）以应形，正也；无刑（形）而裚（制）刑（形），奇也。奇正无穷，分也。分之以奇数，裚（制）之以五行，斗之以【众寡】。分定则有刑（形）矣，刑（形）定则有名【矣】。……同，不足以相胜也，故以异为奇。是以，静为动奇，失（佚）为劳奇，饱为饥奇，治为乱奇，众为寡奇。发而为正，其未发者奇也。奇发而不报，则胜矣。有余奇者，过胜者也。

故一节痛，百节不用，同礼（体）也；前败而后不用，同刑（形）也。故战埶（势），大陈（阵）□断，小阵□解。后不得乘前，前不得然后；进者有道出，退者有道入。

赏未行，罚未用，而民听令者；其令，民之所能行也。赏高罚下，而民不听其令者；其令，民之所不能行也。使民唯（虽）不利，进死而不筍（旋）踵，孟贲之所难也，而责之民，是使水逆留（流）也。

故战埶（势），胜者益之，败者代之，劳者息之，饥者食之。故民见【敌】人而未见死，道（蹈）白刃而不筍（旋）踵。故行水得其理，剽（漂）石折舟；用民得其生（性），则令行如留（流）。

四百八十七。

附：关于规范丛书各卷本书目的说明

《菏泽历史文化丛书》整个编撰工作，历时十一年完成。因时间跨度较大，根据实际情况，分三辑陆续编撰的各卷本，其封底内折页上的《书目》前后略有变化。最终以第三辑编撰成书的第五、六、八、十二、十三、十四卷本封底内折页上的《书目》为准，共计十四卷16册。

特此说明。